Michael Freytag (Hg.)

BETRUG IN DER DIGITALISIERTEN WELT

Erkennen. Vorbeugen. Schützen.

Michael Freytag (Hg.)

BETRUG IN DER DIGITALISIERTEN WELT

Erkennen. Vorbeugen. Schützen.

Frankfurter Allgemeine Buch

Bibliografische Information der Deutschen Nationalbibliothek
Die Deutsche Nationalbibliothek verzeichnet diese Publikation
in der Deutschen Nationalbibliografie; detaillierte bibliografische
Daten sind im Internet über http://dnb.d-nb.de abrufbar.

Michael Freytag (Hg.)
Betrug in der digitalisierten Welt
Erkennen. Vorbeugen. Schützen.

FAZIT Communication GmbH
Frankenallee 71–81
60327 Frankfurt am Main
Geschäftsführung: Peter Hintereder, Hannes Ludwig

Frankfurt am Main 2019

ISBN 978-3-96251-057-2

Franffurter Allgemeine **Buch**

Copyright	FAZIT Communication GmbH
	Frankenallee 71–81
	60327 Frankfurt am Main

Redaktion	Eric Czotscher, Georg Poltorak, Jacqueline Preußer, F.A.Z.-Institut für Management-, Markt- und Medieninformationen GmbH
Korrektorat	Kirstin Gründel
Satz	Jan Walter Hofmann
Umschlag	Daniela Seidel
Druck	CPI Books GmbH, Leck

Alle Rechte, auch des auszugsweisen Nachdrucks, vorbehalten.

Printed in Germany

Inhalt

Meine Identität gehört mir

Dr. Michael Freytag,
Vorstandsvorsitzender der SCHUFA Holding AG

Einleitung

Die Digitalisierung hat unsere Gesellschaft tiefgreifend verändert: die Art und Weise, wie wir miteinander kommunizieren, wie wir produktive Werte schaffen oder wie wir lernen. Wir verbringen immer mehr Zeit im Netz und verlassen uns bei immer mehr Aufgaben auf elektronische Unterstützung. Digitale und analoge Welt verzahnen sich auf diese Weise eng miteinander. Das „Internet der Dinge" wird nicht nur in der Industrie zu tiefgreifenden Veränderungen führen, und mit den Fortschritten bei der künstlichen Intelligenz werden zunehmend Entscheidungen an Computer delegiert – ob in der Medizin, im Straßenverkehr oder im Handel, um nur einige Bereiche herauszugreifen. Der Mensch profitiert in vielerlei Hinsicht von diesem Umbruch: durch mehr Komfort, mehr Möglichkeiten und letztlich auch mehr Sicherheit.

Diese Entwicklung hat auch Schattenseiten, denn Kriminelle haben ihren Fokus auf die digitale Welt erweitert und sich durch neuartige Werkzeuge und Kommunikationswege zusätzliche Angriffs- und Gewinnmöglichkeiten erschlossen. Die Anonymität im Netz, der Wegfall räumlicher Nähe und neue Verschleierungsmethoden wirken als Verstärker. Jedes Unternehmen, jede Institution und jede Person kann im Internet Opfer von Betrügern, Erpressern oder Saboteuren werden – nicht nur, wer arglos mit seinen Daten umgeht. Die Zahl der Deliktfälle und die Schadenshöhen sind in den vergangenen Jahren deutlich gestiegen und werden voraussichtlich weiter zulegen. Die Abgrenzung zwischen digitaler und herkömmlicher Kriminalität fällt schwer, da auch klassische Betrüger und andere Kriminelle kaum auf elektronische Hilfsmittel verzichten.

Betrug ist selbstverständlich kein neues Phänomen. Insgesamt weist die Polizeiliche Kriminalstatistik (PKS) des Bundeskriminalamts für 2017 rund 910.000 erfasste Betrugsfälle in Deutschland aus. Ihr Anteil an der Gesamtkriminalität, also an allen Straftaten, kam damit auf rund 16 Prozent. Im Bereich der Internetkriminalität war Betrug mit 74 Prozent sogar die vorherrschende Straftat. Allerdings lassen sich hierzu nur schwer belastbare Zahlen ermitteln, da von einer sehr hohen Dunkelziffer ausgegangen werden muss. Eines ist sicher: Betrug gehört zu den am schnellsten zunehmenden Delikten im Internet. Dabei bedeuten betrügerische Handlungen nicht nur einen wirtschaftlichen Schaden für die betroffenen Verbraucher und Unternehmen, sondern sie erzeugen einen hohen Aufwand auch für Behörden, Polizei und die gesamte Gesellschaft. Die Zeche zahlen letztlich die seriösen Unternehmer und ehrlichen Verbraucher, denn Betrugsschäden werden in der Preisgestaltung berücksichtigt.

Vielfältige Betrugsformen

Die Möglichkeit, Waren und Dienstleistungen aller Art im Internet von zu Hause bequem per Knopfdruck zu erwerben und zu bezahlen, ist ein fester Teil unserer Lebenswelt geworden. Immer größer und vielseitiger wird die Auswahl, und immer schneller läuft der Erfüllungsprozess von der Bestellannahme über den Versand bis zur Rechnungsstellung. Dies machen sich Täter zunutze. Das Internet gewinnt deshalb als Tatmittel zunehmend an Bedeutung, wobei die Phantasie der Täter kaum Grenzen kennt: Identitäten werden gestohlen oder gefälscht, Kundenkonten manipuliert oder falsche Lieferadressen angegeben.

Die häufigste Betrugsform ist der Warenkreditbetrug. Die Tatsache, dass eine Zahlung ausbleibt oder der Kunde nicht auf Zahlungsaufforderungen reagiert, ist allerdings allein noch kein zuverlässiges Verdachtsmoment. Deshalb wird Betrug oft erst mit einer erheblichen Zeitverzögerung erkannt – etwa im Rahmen eines Inkassoprozesses, wenn herauskommt, dass der säumige Kunde gar nicht existiert oder zumindest nicht an der angegebenen Anschrift lebt.

Aufgrund der hohen Kaufkraft und der verlässlichen Infrastruktur finden Betrüger in Deutschland besonders günstige Bedingungen für kriminelle Transaktionen. Auch die hierzulande übliche und besonders verbraucherfreundliche Möglichkeit des Rechnungskaufs ist in anderen Ländern nicht selbstverständlich. Unternehmen, die ihren

Kunden diese Bezahloption aus Sicherheitsgründen nicht anbieten, haben es schwer, sich im Wettbewerb zu behaupten.

Betrug verhindern

Weil Betrug innerhalb der Cyberkriminalität ein so hohes Gewicht hat, ist es sinnvoll, hier einen Schwerpunkt auf Präventionsmaßnahmen zu setzen. Das Vertrauen aller in Möglichkeiten und Angebote ist eine äußerst wichtige Voraussetzung, damit die Gesellschaft als Ganzes von den vielfältigen Vorteilen der Digitalisierung profitieren kann. Denn nur so kann die digitale Wirtschaft in Deutschland ihr Wachstumspotential heben – ob als Start-up oder als etabliertes Unternehmen. Die Fragen, die sich heute stellen, sind vielfältiger geworden. Neben der Frage „Kann der Kunde zahlen?" – also der Frage nach der Bonität – spielen immer häufiger auch Fragen wie „Ist der Kunde auch wirklich der, der er vorgibt zu sein?" (Identität), „Darf ich mit ihm überhaupt Geschäfte machen?" (Compliance) und „Will der Kunde überhaupt zahlen?" (Betrug) eine Rolle. Um Zahlungsausfälle zu verhindern, müssen Unternehmen deshalb bei allen Geschäften mit Neu-, aber auch mit Bestandskunden entscheiden, welches Spektrum an Bezahlarten sie anbieten wollen. Außerdem wägen sie ab, ob sie die Lieferung an eine von der Rechnungsadresse abweichende Lieferadresse ermöglichen. Im Spannungsfeld zwischen Betrugsvermeidung und Geschäft kommt dem Risikomanagement eine entscheidende Rolle zu. Ein gut funktionierendes Risikomanagement steigert den Umsatz.

Die SCHUFA ist bereits seit vielen Jahren mit Lösungen rund um Identität, Betrugsprävention und Compliance am Markt. Als Schutzgemeinschaft auf Gegenseitigkeit ist es ihr Ziel, Unternehmen, Bürger und die Gesellschaft wirksam vor Schaden durch betrügerische Handlungen zu schützen.

Gegenseitiger Austausch ermöglicht Schutz

Um einen wirksamen Schutz für alle zu gewährleisten, befassen sich die Sicherheitsbehörden verstärkt mit Cyberkriminalität und Identitätsmissbrauch. Das geschieht auch in Kooperation mit privaten Wirtschaftsunternehmen, denn von Cyberkriminalität betroffene Organisationen registrieren als erste, welche Betrugsformen und -muster zur Anwendung kommen. Aufbauend auf deren Erfahrungen, lassen sich dann entsprechende Lösungsansätze entwickeln. Beispielsweise kooperiert der German Competence Centre against Cyber Crime e.V. (G4C), in dem auch die SCHUFA engagiert ist, eng mit dem Bundeskriminalamt (BKA) und dem Bundesamt für Sicherheit in der Informationstechnik (BSI). Der G4C fördert den Austausch zwischen seinen Mitgliedern und Kooperationspartnern aus öffentlicher Hand und Privatwirtschaft. Erkenntnisse zu aktuellen Entwicklungen der Internetkriminalität und der Betrugsprävention werden unmittelbar geteilt. Auch die SCHUFA ermöglicht durch das bewährte Gegenseitigkeitsprinzip sowie durch neuartige Produkte und Verfahren, dass sich Unternehmen gegenseitig informieren und warnen – mit Informationen zur Bonität und Identität ihrer Kunden sowie zu Betrugsfällen. Auf diese Weise kann sich die Wirtschaft vor Schäden schützen, und eine schnelle und sichere Kreditvergabe wird möglich. Unternehmen und Verbraucher profitieren hiervon gleichermaßen.

Das vorliegende Buch befasst sich mit unterschiedlichen Formen des digitalen Betrugs und seinen weitreichenden Auswirkungen auf Wirtschaft, Gesellschaft und Kultur. Es zeigt aber auch Möglichkeiten auf, Menschen und Institutionen bei ihren alltäglichen Aktivitäten im digitalen Raum wirksamer zu schützen. Vor allem unterstreichen die Expertenbeiträge, dass der Kampf gegen Online-Betrug nur mit vereinten Kräften gewonnen werden kann. Das spiegelt die Vielfalt der zu Wort kommenden Experten und Expertinnen aus Wissenschaft, Unternehmenspraxis, Behörden und aus der Kultur deutlich wider. Den Autorinnen und Autoren dieses Buchs, die mit ihrer Expertise und ihrem Engagement dazu beitragen, dem digitalen Betrug einen Riegel vorzuschieben, gilt mein besonderer Dank. Sie werden im Folgenden mit ihren jeweiligen Themen in der Reihenfolge der Buchkapitel kurz vorgestellt.

Mit vereinten Kräften gegen Cyberkriminalität

Um Unternehmen und Verbraucher gleichermaßen gegen Cyberkriminalität zu schützen, hat die deutsche Internetwirtschaft besondere Maßnahmen ergriffen. Oliver Süme, Vorsitzender des eco – Verband der Internetwirtschaft e.V., stellt Projekte vor, die der eco gemeinsam mit seinen Partnern ins Leben gerufen hat und die bereits heute für Betrugsprävention im Internet sorgen. Nicht selten haben es Angreifer auf die Daten ihrer Opfer abgesehen, die sie weiterverkaufen oder für eigene kriminelle, betrügerische Zwecke nutzen. Im Gespräch erläutert der IT-Forensiker und Leiter des Bereichs Compliance &

Forensic bei der KPMG AG Wirtschaftsprüfungsgesellschaft, Alexander Geschonneck, wie Hacker bei ihren Angriffen auf Computersysteme vorgehen, und erklärt, was im Ernstfall eines IT-Sicherheitsvorfalls zu tun ist.

Die kontinuierlich zunehmende globale Vernetzung erleichtert es Kriminellen, sich auch über Landesgrenzen hinweg zusammenzuschließen und weltweit User zu schädigen. Um angesichts dieser digitalen Bedrohungslage die Bevölkerung schützen zu können, hat die EU eine eigene Institution gegründet: die European Union Agency for Network and Information Security (ENISA). Sie hat nicht nur zahlreiche Initiativen und Kooperationen gegen Cyberkriminalität gestartet, sondern formuliert Leitlinien für die Sicherheit im Internet. Der geschäftsführende Direktor der ENISA und Honorarprofessor der Universität der Bundeswehr München, Prof. Dr. Udo Helmbrecht, erklärt, wie seine Behörde Finanzdienstleister dabei unterstützt, Betrug frühzeitig zu erkennen und Angriffe abzuwehren. Oberstaatsanwalt Andreas May, Leiter der Zentralstelle zur Bekämpfung der Internetkriminalität (ZIT) in Gießen, ist mit seiner Ermittlungsarbeit Cyberkriminellen auf der Spur. Oftmals stößt er dabei an die Grenzen der deutschen Rechtsprechung, was Fragen zur Strafverfolgung im digitalen Raum aufwirft. Als nationales Pendant zur ENISA befasst sich das Bundesamt für Sicherheit in der Informationstechnik (BSI) unter anderem mit den Risiken der allgegenwärtigen Digitalisierung. Der Präsident des BSI, Arne Schönbohm, benennt zentrale Cyberbedrohungen und zeigt auf, worauf es bei einem wirksamen Schutz ankommt.

Gesellschaftliche Folgen betrügerischer Machenschaften

Welche tiefgreifenden Auswirkungen Betrug auf die Gesellschaft haben kann, beschreibt der Regisseur und Autor David Spaeth. In seinem Dokumentarfilm „Betrug" zeigt er, was einen Hochstapler dazu bewegte, sich das Ersparte einer Münchener Elterninitiative zu erschleichen. Zusätzlich beleuchtet er auch den Standpunkt der Opfer, die ihre Erfahrungen im Umgang damit beschreiben, von einem Betrüger systematisch getäuscht und finanziell sowie sozial ausgenutzt worden zu sein.

Prof. Dr. phil. Hans-Dieter Hermann, Hochschulprofessor an der Deutschen Hochschule für Prävention und Gesundheitsmanagement in Saarbrücken sowie Honorarprofessor an der Universität Tübingen, weist darauf hin, dass Vertrauen die Basis für eine funktionsfähige

Gesellschaft bildet. Anhand von Erkenntnissen aus der Soziologie, der psychologischen Forschung und der Neurobiologie erklärt der DFB-Teampsychologe der deutschen Nationalmannschaft, wie Vertrauen entsteht und welche Auswirkungen es auf unser gesellschaftliches Zusammenleben hat. Nicht nur im zwischenmenschlichen Kontext, sondern auch im Umfeld digitaler Märkte spielt Vertrauen eine entscheidende Rolle. Vor diesem Hintergrund diskutieren Prof. Dr. Lucia A. Reisch, Hochschulprofessorin an der Copenhagen Business School im Fachbereich Interkulturelle Konsumforschung und europäische Verbraucherpolitik, und Prof. Dr. Hans-Wolfgang Micklitz, Hochschulprofessor für Wirtschaftsrecht am Europäischen Hochschulinstitut in Florenz, über die Herausforderungen, denen sich der Verbraucherschutz und die Verbraucherpolitik im digitalen Zeitalter stellen müssen.

Doch was treibt Betrüger an? Dieser Frage widmen sich Prof. Dr. Detlef Fetchenhauer, Hochschulprofessor im Fachbereich Wirtschafts- und Sozialpsychologie an der Universität zu Köln, Anne-Sophie Lang, wissenschaftliche Mitarbeiterin am Lehrstuhl für Wirtschafts- und Sozialpsychologie an der Universität zu Köln, und Prof. Dr. Dominik H. Enste, Hochschulprofessor für Wirtschaftsethik an der TH Köln. Sie erläutern, welche Erkenntnisse die psychologische Forschung über betrügerisches Verhalten und dies begünstigende Faktoren hervorgebracht hat.

Mit der flächendeckenden Akzeptanz des E-Commerce durch die Verbraucher hat sich das Potential betrügerischen Verhaltens deutlich erhöht. Christoph Wenk-Fischer, Hauptgeschäftsführer des Bundesverbands E-Commerce und Versandhandel Deutschland (bevh), und Sebastian Schulz, Leiter des Bereichs Rechtspolitik & Datenschutz des bevh, informieren, wie Betrugsprävention im E-Commerce durch eine angemessene Risikosteuerung funktioniert.

Neue Technologien helfen, Betrug zu erkennen und zu verhindern

Die Journalistin Anna Biselli analysiert in einem gemeinsamen Beitrag mit Dr. Ivan Gudymenko, IT Security Architect bei der T-Systems Multimedia Solutions GmbH, und Prof. Dr. Thorsten Strufe, Inhaber des Lehrstuhls für Datenschutz und Datensicherheit an der Technischen Universität Dresden, die vielfältigen Betrugsmöglichkeiten im Internet. Dabei gehen die Experten für IT-Sicherheit auch auf die technischen Möglichkeiten ein, die Cyberkriminellen für ihre betrügerischen Aktivitäten zur Verfügung stehen. Als Manager Fraud Detection verantwortet Luisa Stock die Betrugsprävention beim Zahlungsanbieter Klarna. Im Interview erläutert sie, wie der Anbieter von Zahlungslösungen durch sein Angebot das Risiko, beim Online-Shopping betrogen zu werden, für Verbraucher und Online-Händler gleichermaßen reduziert.

Dr. Gjergji Kasneci, Chief Technology Officer und Bereichsleiter Innovation und strategische Analyse bei der SCHUFA Holding AG, beleuchtet, welche Technologien bei der Betrugserkennung angewendet werden können. Eine dieser Technologien ist künstliche Intelligenz (KI). Das Traditionsunternehmen Otto hat bereits langjährige Erfahrung mit Betrugsbekämpfung. Hans-Georg Spliethoff, Bereichsleiter Kreditmanagement bei Otto GmbH & Co. KG, weist im Gespräch darauf hin, dass Technologien mit dem Know-how von Experten kombiniert werden müssen, damit Verbraucher optimal vor Betrug im Online-Handel geschützt werden können.

Prof. Dr. Jürgen Bott, Professor im Fachbereich Betriebswirtschaftslehre an der Hochschule Kaiserslautern, und Dr. Udo Milkau, Chief Digital Officer im Transaction Banking der DZ BANK AG, veranschaulichen die Möglichkeiten bei der Betrugserkennung, die durch den Einsatz von KI im Rahmen von Echtzeitbezahlverfahren gegeben sind.

Achtsamkeit ist geboten

In der digitalen Welt sind Vertrauen und ethisches Handeln die Voraussetzung dafür, dass Innovation und neue Technologien eine breite gesellschaftliche Zustimmung erfahren können. Demgemäß erläutert Karl-Heinz Streibich, Präsident und Vorsitzender des Senats von acatech (Deutsche Akademie der Technikwissenschaften e.V.), den Ethikbegriff im Zusammenhang mit der Digitalisierung.

Zusätzlich spielt das individuelle Verhalten der Nutzer von digitalen Technologien und Internet eine zentrale Rolle bei der Betrugsprävention. Dr. Ibrahim Karasu, Geschäftsführer Retail Banking und Banktechnologie beim Bundesverband deutscher Banken e.V., plädiert in diesem Zusammenhang für einen bewussteren Umgang mit den weiter zunehmenden elektronischen Transaktionen. Er zeigt auf, wie sich Menschen in Berufsalltag und Privatleben vor potentiellen Angriffen und daraus entstehenden finanziellen Schäden schützen können. Vor allem bei der Preisgabe sensibler persönlicher Daten sei Vorsicht geboten.

Seit dem 25. Mai 2018 regelt die Datenschutz-Grundverordnung (DSGVO) den Umgang mit personenbezogenen Informationen. Prof. Eike Richter, Oberregierungsrat und Hochschulprofessor für Öffentliches Recht, Recht der Digitalisierung und für IT-Sicherheitsrecht an der Hochschule der Akademie der Polizei Hamburg, weist auf das Spannungsverhältnis zwischen Betrugsbekämpfung und Persönlichkeitsschutz hin. Der Rechtsanwalt und Leiter des Bereichs Recht & Regulierung beim Verband der Anbieter von Telekommunikations- und Mehrwertdiensten e.V. (VATM), Dr. Frederic Ufer, beleuchtet das Thema Betrugsbekämpfung und Verbraucherschutz bei mobilen Mehrwertdiensten. Er zeigt auf, welche Maßnahmen der Gesetzgeber und die Telekommunikationsbranche ergriffen haben, um das betrügerische Geschäft mit sogenannten Ping-Anrufen und Internetabofallen zu unterbinden.

Der Mensch im Fokus

Um an die persönlichen Daten ihrer Opfer zu gelangen, greifen Hacker und Online-Betrüger auch auf Methoden des sogenannten Social Engineering zurück. Prof. Dr. Stephan G. Humer, Leiter des Forschungs- und Arbeitsbereichs Internetsoziologie (FABIS) an der Hochschule Fresenius Berlin, und Denise Burkert, ehemalige Mitarbeiterin bei FABIS und derzeit Studierende im Masterstudiengang Security Management an der TH Brandenburg, erklären, was diese besondere Angriffsstrategie ausmacht. Damit der Mensch nicht zur Schwachstelle der Sicherheitsarchitektur wird, plädieren die Autoren für umfassende Schulungsangebote. Nur wer seinen Gegner und die entsprechenden Methoden der Betrüger kenne, könne sich effektiv vor Angriffen schützen.

Betrugsopfer müssen oft einen immensen Aufwand betreiben, um den Schaden in den Griff zu bekommen. Tina Groll, Autorin und Redakteurin bei ZEIT ONLINE im Ressort Politik & Wirtschaft, war in den Jahren 2009 und 2010 selbst Opfer von Identitätsmissbrauch und wehrte sich erfolgreich dagegen. Gemeinsam mit Cem Karakaya, ehemaliger Interpol-Agent und Experte für Internetkriminalität bei der Polizei München, berichtet sie von ihren Erfahrungen. Darüber hinaus geben beide wertvolle Hinweise, wie man sich vor Identitätsmissbrauch und -diebstahl schützen kann.

BETRUG UND SEINE BEDEUTUNG

Oliver Süme

*ist Rechtsanwalt und Vorstandsvorsitzender des
eco – Verband der Internetwirtschaft e.V.*

Alte Masche, neuer Schauplatz

Ob Phishing, Scamming oder Fake-Shops – der Kreativität
von Online-Betrügern sind kaum Grenzen gesetzt.
Trotzdem haben die heute populärsten Betrugsformen
ihren Ursprung zumeist in der analogen Welt. Damit die
Internetnutzer weiterhin von den Vorteilen der digitalen
Vernetzung profitieren können, hat die Internetwirtschaft
Maßnahmen zum Kampf gegen Online-Betrug ergriffen.

Der Bibel nach wurde der erste Betrug bereits im Paradies ausgeheckt.
Angeblich wurde der Verbraucher bei der Weitergabe von Obst nicht
hinreichend über die Produkteigenschaften aufgeklärt. Der Schaden
war immens. Sowohl für den Täter als auch für das Opfer führte das
zum Verlust angestammter Nutzungsrechte in einem als Paradies
bezeichneten Ort. Dazu kamen erhebliche Folgekosten für die erst-
malig erforderlich gewordene Beschaffung von Bekleidungsstücken.

Seither haben Betrüger stets versucht, sich neue Technologien
zunutze zu machen. Gottfried Kellers Novelle „Kleider machen
Leute" aus dem Jahr 1874 handelt etwa davon, wie der Schneiderge-
selle Wenzel Strapinski die nach der Vertreibung aus dem Paradies
eingeführte Oberbekleidung betrügerisch nutzt, um seine Umwelt
zunächst zu täuschen und dadurch zu Vermögen zu kommen. Eine
Anklage endet mit einer gesellschaftlichen Vorverurteilung, ohne
dass dem Hochstapler juristisch beizukommen ist, da das Delikt nicht
hinreichend gesetzlich erfasst ist.

Auf die Einführung der elektronischen Datenverarbeitung und die zunehmende Nutzung von EDV-Anlagen für betrügerische Zwecke reagierte der Gesetzgeber konsequenter: Bereits Mitte der 1980er Jahre wurde dem Computerbetrug ein eigener Paragraph (§ 263a) im Strafgesetzbuch (StGB) gewidmet. Datentechnik war durch die zunehmende Verbreitung des Personal Computers (PC) immer häufiger zum Ziel krimineller Handlungen geworden. Täuschungsähnliche Handlungen gegenüber Computersystemen waren jedoch durch den Paragraphen 263 nicht in hinreichend bestimmter Weise erfasst, so dass die bestehende Lücke im Strafgesetzbuch durch ein neues Gesetz geschlossen wurde. 2003 wurde Paragraph 263a StGB erweitert, um auch Betrug und Fälschung mit bargeldlosen Zahlungsmitteln unter Strafe zu stellen.

Was ist neu an digitalen Betrugsformen?

Die Digitalisierung markiert den wesentlichen Umbruch in Wirtschaft und Gesellschaft des ausgehenden 20. und beginnenden 21. Jahrhunderts. Neue Technologien bieten Vorteile für die zwischenmenschliche Kommunikation, für die persönliche kreative Entfaltung oder auch für den beruflichen Erfolg – das erkennen und schätzen viele. Obwohl digitale Technologie in ihrem Kern auf den sehr einfachen, logischen Prinzipen von „An" und „Aus" – oder null und eins – basiert, verstehen dennoch die wenigsten Menschen die zugrundeliegenden technischen Mechanismen. Vielen fällt es deshalb schwer, den durch die Digitalisierung angestoßenen Wandel in seiner Gänze nachzuvollziehen.

Mit der zunehmenden Vernetzung von Computersystemen suchen Betrüger heute auch verstärkt online nach potentiellen Opfern. Arglose Nutzer werden am heimischen Computer, in der gewohnten Büroumgebung oder am persönlichen mobilen Endgerät von Kriminellen getäuscht und (finanziell) ausgenutzt.

Um neue digitale Betrugsformen zu begreifen und ihnen wirksam zu begegnen, ist es zunächst wichtig, das Phänomen in Hinblick auf seine Auswirkungen und seine Ursachen zu erörtern. Die Digitalisierung ist dabei nicht die Ursache oder Quelle des Betrugs. Viele der angewandten Tricks und Täuschungsmuster haben sich seit Jahrhunderten kaum verändert. Sie wurden lediglich auf die digitalisierte Welt als Schauplatz oder Tatort übertragen. Die neuen Betrugsformen haben Betrüger geschaffen, die sich dabei die Digitalisierung und ihre technologischen Produkte zunutze machen.

Die wirtschaftliche Bedeutung von Online-Betrug

Online-Betrug ist kein Bagatelldelikt. Der Schaden, den Cyberkriminelle damit verursachen, hat eine beachtliche Dimension erreicht. Gleichermaßen ist der Anteil von Online-Betrug am Cybercrime insgesamt gestiegen. Laut „Bundeslagebild Cybercrime 2017" des BKA handelte es sich in 74,4 Prozent der erfassten Fälle von Internetkriminalität um Online-Betrug. Der Gesamtschaden durch Computerbetrug wird demnach mit 71,4 Millionen Euro beziffert. 2016 waren es noch 50,9 Millionen Euro. Das ist eine beachtliche Steigerungsrate. Gemessen am Gesamtumsatz, der durch Online-Käufe erzielt wird, ist das dennoch ein erstaunlich geringer Anteil. Laut der Studie „Payment und Shopping im Weihnachtsgeschäft 2016" von PAYONE, B+S Card Service und Statista betrug der Gesamtumsatz im deutschen E-Commerce 2016 über 51 Milliarden Euro.

Online-Betrug ist kein Bagatelldelikt, auch wenn der Schaden durch Ladendiebstahl aktuell noch größer ist.

In der direkten Gegenüberstellung zeigen diese Zahlen, dass der durch Online-Betrug verursachte Schaden noch nicht annähernd die Größenordnung erreicht hat, in der sich der durch Ladendiebstahl entstehende Schaden für den Einzelhandel wiederfindet: Dieser soll rund ein Prozent des deutschen Einzelhandelsumsatzes ausmachen. 2015 waren das etwa 4,3 Milliarden Euro – also das Hundertfache des vom BKA ausgewiesenen Schadens durch Online-Betrug. Dennoch sind die Auswirkungen des Online-Betrugs auf die wirtschaftliche Entwicklung des Online-Handels nicht zu unterschätzen, denn die Furcht der Verbraucher vor unbekannten Gefahren aus dem Web kann den Handel im Internet erheblich beeinträchtigen.

Formen des digitalen Betrugs

Es ist zu erwarten, dass der durch Online-Betrug verursachte Schaden in den kommenden Jahren weiter steigen wird, denn der Warenabsatz verlagert sich zunehmend aus den „Offline"-Einkaufslagen der Städte und Gemeinden auf Internetplattformen. Kriminelle passen sich deshalb weiterhin an die Digitalisierung an und entwickeln neue, digitale Varianten altbekannter Betrugsformen. Auf einige bereits heute gängige Formen des Online-Betrugs wird deshalb im Folgenden eingegangen.

Phishing

Gute Passwörter schützen sensible Daten und Anwendungen eigentlich wirkungsvoll. Das erschwert einen potentiellen Betrug. Cyberkriminelle versuchen deshalb, diese Zugangsdaten zu erbeuten. Das sogenannte Phishing ist wohl eine der häufigsten Betrugsformen im Internet. Der Begriff setzt sich aus dem englischen Wort für Angeln („fishing") und dem Anfangsbuchstaben des Worts „password" zusammen. Das bevorzugte Ziel von Phishing ist, Zugangsdaten zum Online-Zahlungsverkehr oder zum persönlichen Account bei Online-Versandhäusern zu stehlen. Mit diesen können dann Geldbeträge auf fremde Konten überwiesen oder Waren in fremdem Namen bestellt werden. Zur Datenbeschaffung werden meist Spam-Mails mit einem Link zu einer gefälschten Webseite verschickt, die offiziell und authentisch anmuten – beispielsweise, als wäre der Absender ein Kreditinstitut. Um die Aufmerksamkeit des Opfers zu erregen, wird ihm zunächst ein Schreck versetzt. Dazu kann die Ankündigung einer horrenden – natürlich gefälschten – Kontoabbuchung, eine drohende Kontosperrung, die Lieferung einer angeblich bestellten Ware oder eine andere Unannehmlichkeit dienen. Neben dieser direkten Ansprache der Opfer wird aber auch Schadsoftware eingesetzt. Sie soll – vom Nutzer unbemerkt – persönliche Daten abgreifen, so dass diese im Anschluss für Betrugsdelikte genutzt werden können. Potentielle Phishing-Opfer nutzen allesamt das Internet und können sowohl Verbraucher als auch Unternehmen sein. Aufgrund der vom Phishing ausgehenden Gefahren für die IT-Sicherheit hat der Kampf gegen Spam-Mails eine herausragende Bedeutung.

Fake-Webseiten

Um den Phishing-Betrug zu vollenden, setzen Cyberkriminelle oftmals gefälschte Webseiten und mittlerweile auch in ähnlicher Weise gefälschte Apps ein. Wurde ein Nutzer etwa durch eine betrügerische Spam-Mail dazu bewegt, einen Link anzuklicken, führt ihn dieser auf eine gefälschte Webseite. Auf täuschend echt wirkenden, originalgetreu nachgebauten Webseiten von Kreditinstituten oder Online-Shops wird das Opfer dazu verleitet, seine persönlichen Zugangsdaten preiszugeben. Benutzername und Passwort werden vom Betrüger gespeichert und können anschließend auf der originalen Webseite für kriminelle Aktivitäten missbraucht werden. Einige Fake-Webseiten geben nach der Passworteingabe eine Fehlermeldung aus, dass das Passwort falsch sei, und leiten den Nutzer sofort zur echten Webseite weiter. Da eine Fehleingabe des Passwortes nicht ungewöhnlich erscheint, schöpft das Betrugsopfer keinen Verdacht. Nach erneuter Eingabe der persönlichen Daten erhält das Opfer dann sogar Zugang zu seinem echten Account. Der Betrüger kann jedoch die auf diese Weise erlangten Zugangsdaten nutzen, um auf Kosten des Opfers Waren zu bestellen und diese an die eigene Adresse liefern zu lassen.

Fake-Shops

Im Fall des Bestellbetrugs mittels sogenannter Fake-Shops gibt es gleich mehrere Varianten. Fake-Shops täuschen Online-Käufer, die bei dubiosen Anbietern nach einer Vorauszahlung keine oder gefälschte Ware erhalten.

Eine Variante davon sind Webseiten, die das Design bekannter Anbieter imitieren und beispielsweise unter einer „Vertipper-Domain" seriöser Shops eingerichtet werden. Eine andere Variante setzt auf die Gier des Käufers. Das Internet bietet den Vorteil, bequem Angebote miteinander vergleichen zu können. Am Ende entscheidet sich ein Verbraucher sehr wahrscheinlich für den Anbieter mit dem günstigsten Preis. Obwohl jeder Kunde bei äußerst günstigen Angeboten, die weit unter dem regulären Neupreis liegen, misstrauisch werden sollte, schaltet die Freude über das vermeintlich besonders günstige Schnäppchen Vernunftüberlegungen häufig aus.

Dabei finden sich Fake-Shops inzwischen nicht nur auf eigens zum Zweck des Betrugs angelegten Webseiten. Zunehmend gibt es diese auch auf populären E-Commerce-Plattformen, auf denen Verkäufer selbständig Waren anbieten können.

Viele Fake-Shops bieten pro forma die Zahlung mit Kreditkarte, per Nachnahme oder über PayPal an. Während des Bestellvorgangs funktionieren diese Optionen dann aus vermeintlich technischen Gründen nicht mehr. Den Käufern werden dann lediglich die Zahlungsoptionen Vorkasse, Überweisung ins Ausland, Pay-Cash-Karten oder auch zunehmend die Zahlung mit Bitcoin zur Verfügung gestellt. Falls die Lieferung der bestellten Ware ausbleibt oder wenn minderwertige Ware in Form von Raubkopien oder dreisten Plagiaten geliefert wird, ist eine Rückerstattung oder Reklamation dadurch praktisch unmöglich. Besonders gefährlich ist der Betrug mit gefälschten Medikamenten, für deren Kauf besonders häufig mit Spam-Mails geworben wird. Eine weitere Variante der Fake-Shops sind gefälschte Online-Anzeigen für (Privat-)Verkäufe, Jobs oder Wohnungen. Vermeintlich attraktive Angebote führen zu Webseiten, auf denen persönliche Daten gesammelt werden sollen.

Trotz einiger erfolgreicher Beispiele für die Selbstregulierung in der Internetwirtschaft – wie das weit verbreitete Internet-Shop-Siegel – ist es für einen User nicht immer einfach, einen echten Online-Shop von einem Fake-Shop zu unterscheiden. Sie sehen seriösen Online-Shops oft täuschend ähnlich, indem sie authentische Produktbilder und -informationen zeigen. Dennoch gibt es einige Merkmale, durch die Fake-Shops von seriösen Verkaufsportalen unterschieden werden können: Die meisten verzichten auf eine Verschlüsselung der Website. Oft fehlt ein Impressum, die ausführlichen AGB oder Hinweise zu Versandkosten und Widerrufsbedingungen. Wenn die Webseite ein Gütesiegel zeigt, das nicht mit der Vergabestelle des Siegels verlinkt ist, ist das ein weiteres Indiz. Medien, Markenhersteller, Wirtschaftsverbände und Verbraucherverbände sowie viele weitere leisten daher Aufklärungsarbeit, um vor betrügerischen Shops zu warnen.

Identitätsdiebstahl

Im Kontext des digitalen Betrugs bezeichnet Identitätsdiebstahl (auch Identitätsbetrug oder Identitätsmissbrauch) die missbräuchliche digitale Nutzung der Identität einer natürlichen Person durch Dritte. Immer häufiger geht dem Identitätsdiebstahl das sogenannte Social Engineering voraus. Dabei spionieren Kriminelle das persönliche Umfeld ihres Opfers aus, um vertrauliche Daten zu erbeuten.

Scamming

Das sogenannnten Scamming entspricht dem aus der analogen Welt bekannten Vorschussbetrug. Mit massenhaft versendeten E-Mails sollen die Empfänger zur Zahlung von fiktiven Kosten veranlasst werden. Das bekannteste Beispiel hierfür ist die „Nigeria-Connection": Ein angeblich wohlhabender Geschäftsmann aus Nigeria täuscht vor, aus politischen Gründen aus seinem Land fliehen zu müssen. Dem Empfänger der Mail wird eine großzügige Belohnung versprochen – die selbstverständlich niemals bezahlt wird –, wenn er die Flucht finanziert. Diese Betrugsmasche ist älter als E-Mails. Bereits in den 1980er Jahren wurden Telefaxe mit fast identischem Inhalt an Geschäftsnummern verschickt.

Digitaler Enkeltrick

Der digitale Enkeltrick entspricht im grundlegenden Vorgehensmuster seinem analogen Pendant. Dabei werden gezielt ältere Personen telefonisch kontaktiert, um deren Hilfsbereitschaft für einen vermeintlich in Not geratenen Verwandten auszunutzen. Der Irrtum des Opfers führt in der Konsequenz zu einer Geldübergabe an einen Mittelsmann.

In der digitalen Welt wurde diese Betrugsmasche auf die Geschäftswelt übertragen. „Enkeltrick 4.0", „President-Scam", „CEO-Scam", „CEO-Fraud" oder „Zielphishen" sind Begriffe für das Vortäuschen von Überweisungsaufträgen durch einen angeblichen Vorgesetzten. Dabei werden gezielt Mitarbeiter aus der Buchhaltung oder dem Chefsekretariat von Cyberkriminellen angesprochen beziehungsweise angeschrieben. Diese geben sich beispielsweise als Niederlassungsleiter einer ausländischen Tochterfirma aus. Auf diese Weise wurde ein deutscher Automobilzulieferer um 40 Millionen Euro geprellt. In einem weiteren bekannten Fall war ein US-Netzwerkhersteller betroffen. Dabei wurden 46,7 Millionen US-Dollar an unbekannte Betrüger in China überwiesen. Selbst die Zentralbank von Bangladesch fiel auf den Trick herein.

Allerdings ist hierbei nicht die Technologie der Ausgangspunkt des Betrugs, sondern die im Internet verfügbaren Informationen über Mitarbeiter und Unternehmensstrukturen. Mitarbeiter für diese Betrugsform zu sensibilisieren ist daher sehr wichtig. Unternehmen, die solche E-Mails oder Anrufe von Cyberkriminellen erhalten, sollten auch einen missglückten Betrugsversuch an die Strafverfolgungsbehörden melden. Das ermöglicht, ein Lagebild zu erstellen, das zur effektiveren Verfolgung und Ergreifung der Täter beitragen kann.

Die Internetwirtschaft im Kampf gegen Online-Betrug

In einer zunehmend vernetzten Welt spielt IT-Sicherheit im Kampf gegen Online-Betrug und damit auch für die Zukunft der Internetwirtschaft eine entscheidende Rolle. IT-Sicherheit ist eine essentielle Voraussetzung für die „Industrielle Revolution 4.0". Sie trägt dazu bei, dass die wirtschaftliche Entwicklung nicht durch kriminelle Aktivitäten empfindlich gestört wird. Der eco – Verband der Internetwirtschaft e.V. setzt sich deshalb seit über 20 Jahren aktiv für IT-Sicherheit und Vertrauen in IT-gestützte Prozesse ein. Um die unternehmenseigene Infrastruktur, Kunden, Produkte und Dienstleistungen vor betrügerischem Missbrauch zu schützen, hat der eco-Verband gemeinsam mit seinen Mitgliedern mehrere Initiativen gegründet.

Eine Initiative für sichere Unternehmenswebseiten: SIWECOS

SIWECOS steht für „Sichere Webseiten und Content Management Systeme". Die Initiative wird als Gemeinschaftsprojekt des eco-Verbands und der Ruhr-Universität Bochum mit Unterstützung des CMS Garden e.V. und des Start-ups Hackmanit getragen. Auf der Webseite der Initiative können Unternehmen den Sicherheitsstatus ihres eigenen Internetauftritts kostenlos und binnen Sekunden überprüfen. Damit können Cyberangriffe frühzeitig identifiziert und potentieller Betrug vorgebeugt werden. Das Projekt ist Teil der Initiative „IT-Sicherheit in der Wirtschaft" des Bundesministeriums für Wirtschaft und Energie und richtet sich vor allem an kleine und mittelständische Unternehmen (KMU).

Zahlreiche kleine und mittelständische Unternehmen vernachlässigen die IT-Sicherheit.

Etliche KMU erkennen zwar die in der Digitalisierung liegenden Geschäftschancen, vernachlässigen aber die IT-Sicherheit. Das macht ihre Daten und Webseiten zu leichter Beute für Cyberkriminelle. Diese missbrauchen dann die gekaperte Infrastruktur des vertrauten Handwerkers oder eines rechtschaffenden Händlers für betrügerische Aktivitäten. Im Rahmen von SIWECOS schaffen IT-Sicherheitsexperten aus Wissenschaft, Wirtschaft und Verwaltung eine Grundlage dafür, den Mittelstand für die Bedeutung der IT-Sicherheit in der digitalen Wirtschaft zu sensibilisieren. Unternehmen sollen durch konkrete Unterstützungsmaßnahmen dazu befähigt werden, ihre IT-Sicherheit zu verbessern, um sich selbst und alle anderen Internetnutzer vor Betrug schützen zu können.

Bei einer im September 2018 durchgeführten Überprüfung von 1.142 Webseiten von KMU in Deutschland wurden mit den Scannern des SIWECOS-Projekts bei neun Prozent eklatante Sicherheitsmängel nachgewiesen. Cyberkriminelle nutzen solche Schwachstellen, die beispielsweise im Content Management System (CMS) auftreten, um Webseiten zu hacken. 52 Prozent der geprüften KMU-Webseiten waren nicht optimal konfiguriert und stellten somit ein potentielles Einfallstor für Cyberkriminelle dar. So lässt sich bei 22 Prozent aller geprüften KMU-Webseiten die Version des Content Management Systems oder eines darin installierten Plugins auslesen. Auch beim Schutz vor Phishing-Attacken besteht Nachholbedarf: 40 Prozent aller geprüften KMU-Webseiten enthalten maschinell auslesbare Telefonnummern und 44 Prozent maschinell auslesbare E-Mail-Adressen auf ihrer Startseite – was eine Grundlage für mögliche Phishing-Attacken bildet. Diese Ergebnisse zeigen, wie wichtig SIWECOS ist, um die Sicherheit der Webseiten von KMU langfristig zu erhöhen.

Der Kampf gegen Botnetze: botfrei.de und Advanced Cyber Defence Center (ACDC)

Ein Botnetz ist eine große Anzahl von durch Schadprogramme infizierten Computern, die per Fernsteuerung zu einem Netzwerk zusammengeschlossen sind. Sein Hauptanwendungszweck ist der Informationsdiebstahl, um beispielsweise Zugang zum Online-Banking einer ausgespähten Person zu bekommen. Aus diesem Grund werden Botnetze oft gegen Geld an Dritte weitervermietet, die sie für eigene Zwecke nutzen.

Als durch den eco-Verband 2009 die Initiative „botfrei.de" ins Leben gerufen wurde, gehörte Deutschland im Hinblick auf die Menge an mit Malware infizierten Arbeitsplatzrechnern noch zu den unrühmlichen Spitzenreitern. Der „Conficker-Wurm" brachte weltweit Computernetzwerke zum Erliegen und infizierte Krankenhäuser, Behörden, Unternehmen und kritische Infrastrukturen. Obwohl „Conficker" an sich relativ harmlos war, entstand dennoch ein immenser wirtschaftlicher Schaden – insbesondere in Deutschland.

Als Reaktion darauf wurde auf dem IT-Gipfel im Dezember 2009 das Projekt „botfrei.de" vorgestellt. Damit verfolgte der eco-Verband die

Absicht, die Wirtschaft und die Bevölkerung für die Bedrohungen kritischer Infrastrukturen durch Botnetze zu sensibilisieren. Mit der finanziellen Unterstützung durch das Bundesministerium des Inneren, der Beteiligung der großen deutschen Internet Service Provider, einiger Anbieter von Antivirussoftware sowie Medienpartnern wurden der eco-Verband und das Bundesamt für Sicherheit in der Informationstechnik mit dem Aufbau eines Beratungszentrums beauftragt. Dieses nahm 2010 den Betrieb auf. Deutschland sollte

Die Arbeit des ACDC fokussiert sich neben der Erkennung von Schadprogrammen auch auf die Prävention von Botnetzen.

damit aus den Top 10 der Länder herausgeführt werden, von deren PCs Netzkriminalität ausgeht. Nur zwei Jahre später war dieses Ziel bereits erreicht.

„botfrei.de" kämpfte 2012 federführend gegen die DNS-Changer-Infektionen und beteiligte sich an zahlreichen Botnet-Takedowns. Im Sommer 2015 war die Initiative an der Entdeckung der „Chimera-Ransomware" – der sogenannten Bewerbungs-Trojaner – beteiligt. Zuletzt nahm sie im Dezember 2016 das „Avalanche Botnet" ins Visier. Durch die Zusammenarbeit mit einem kommerziellen Softwareanbieter sollen sich für das Projekt eine Perspektive für künftige Finanzierung eröffnen und die von der Internetwirtschaft begonnene Pionierarbeit fortgesetzt werden.

Seit 2013 wird die Initiative durch das vom eco-Verband und 28 Partnern aus 14 europäischen Ländern gestartete „Advanced Cyber Defence Center" (ACDC) ergänzt. Das von der EU geförderte Projekt ist ein wichtiger Baustein in der Cybersecurity-Strategie des Staatenverbunds. Die Arbeit des ACDC fokussiert sich neben der Erkennung von Schadprogrammen auch auf die Prävention von Botnetzen. Zu den Partnern im ACDC zählen große Anbieter öffentlicher Netze, Softwarehersteller, wissenschaftliche Einrichtungen, Strafverfolger und Behörden sowie Banken und Zertifizierungsstellen. Die damalige EU-Kommissarin Neelie Kroes sagte anlässlich des Projektstarts: „Wir müssen unsere Netzwerke und Systeme schützen und ihre Widerstandsfähigkeit erhöhen. Um das zu erreichen, sollten wir sichergehen, dass alle Beteiligten ihren Teil dazu beitragen, Botnetze und Schadprogramme zu bekämpfen. Cyberbedrohungen machen nicht an nationalen Grenzen halt: Genauso wenig sollte dies Cybersecurity tun."

Kompetenzgruppen gegen Online-Betrug

IT-Sicherheit hat einen enorm hohen Stellenwert in der Internetwirtschaft. In insgesamt drei Kompetenzgruppen tauschen sich eco-Verbandsmitglieder regelmäßig zu diesem Thema aus. Spezialisierte Expertengruppen beschäftigen sich mit den Themen Infrastruktursicherheit und „Abuse". Dabei umfasst der englische Begriff „Abuse" sowohl die rechtswidrige als auch die regelwidrige Nutzung der Internetinfrastruktur. Im Allgemeinen dient der Begriff der moralischen Bewertung von Handlungsabsichten. Er geht also über den rechtlich relevanten Begriff des Betrugs hinaus. Dennoch ist er für die Betrachtung des Betrugsdeliktkomplexes relevant, da „Abuse" häufig Vorbereitungshandlungen von Betrug anzeigt.

Nicht jeder Online-Betrug gelingt: Oft werden potentielle Opfer rechtzeitig auf einen Betrugsversuch aufmerksam gemacht.

Bei vielen Internetprovidern werden deshalb spezialisierte „Abuse-Manager" oder auch „Abuse-Teams" gebildet, um die eigene Infrastruktur und Kunden durch Früherkennung vor Betrug zu schützen. Da die Angreifer ihre Aktivitäten oft über viele Server und Rechenzentren verteilen, dient der vertrauliche Austausch über die „Abuse-Kompetenzgruppe" des Verbandes der Abwehr von Gefahren über den einzelnen Betrugsfall hinaus.

Handlungsbedarf aus Sicht der Internetwirtschaft

Nicht jeder Online-Betrug gelingt. Das bestätigt auch die offizielle Statistik des Bundeskriminalamts. Aufgrund der Selbstregulierung des Marktes ist inzwischen ein hohes Maß an Aufklärung erreicht worden, so dass in vielen Fällen potentielle Opfer rechtzeitig auf einen Betrugsversuch aufmerksam werden. Die zahlreichen Maßnahmen, die die Internetwirtschaft zum Schutz ihrer digitalen Infrastruktur und ihrer Kunden ergriffen hat, und die internationale Zusammenarbeit von digitalen Infrastrukturanbietern haben ebenfalls dazu beigetragen, dass, entgegen mancher Zuspitzung, Betrugsaktivitäten im digitalen Raum weder überhandnehmen noch weitgehend unbehelligt ablaufen können. Im Kampf gegen den Online-Betrug ist die Internetwirtschaft mit ihrem Know-how und ihrer Infrastruktur ein wichtiger Verbündeter von Polizei und Strafverfolgungsbehörden.

Um einen nachhaltigen Erfolg im Kampf gegen Online-Betrüger zu erzielen, ist es unerlässlich, die Straftäter ausfindig zu machen und sie mit den vorhandenen Mitteln zur Rechenschaft zu ziehen. Hoheitliche Aufgaben – wie beispielsweise der Kampf gegen illegale und rechtswidrige Internetinhalte – dürfen jedoch nicht auf die Provider übertragen werden. Der Mangel an Fachkräften mit entsprechendem Know-how bei Polizei und Staatsanwaltschaften kann dafür keine Rechtfertigung darstellen. Stattdessen müssen die Bundesregierung und die Länder die entsprechenden Ressourcen im Bereich Polizei und Strafverfolgung aufstocken. Erfolgreiche Kooperationen mit der Wirtschaft – wie anhand der genannten Beispiele verdeutlicht – müssen dafür weiterhin gefördert werden. IT-Sicherheit ist seit Gründung des eco-Verbands eine seiner Kernthematiken. Auch in Zukunft wird sich die Internetwirtschaft als Partner der Politik für ein sicheres Internet einsetzen.

Im Interview

Alexander Geschonneck

ist IT-Forensiker und Partner bei der KPMG AG Wirtschaftsprüfungsgesellschaft. Dort leitet er den Bereich Compliance & Forensic.

„Jedes Unternehmen wird Opfer eines Cyberangriffs werden"

Daten gewinnen zunehmend an Bedeutung für Wirtschaft und Gesellschaft. Das hat zur Folge, dass immer mehr IT-Systeme ins Visier von Cyberkriminellen geraten, die die erbeuteten Informationen und Unternehmensgeheimnisse für ihre Zwecke nutzen. Ereignet sich ein IT-Sicherheitsvorfall, ist Alexander Geschonneck zumeist als Erster vor Ort. Als IT-Forensiker verfolgt er die Spuren, die Hacker bei einem Angriff auf die IT ihrer Opfer hinterlassen.

Herr Geschonneck, was versteht man unter dem Begriff IT-Forensik?
Wenn ein Hackerangriff oder ein Datendiebstahl stattgefunden hat, müssen elektronische Beweismittel in Form von Daten gesichert werden. Hier kommt die IT-Forensik zum Einsatz. Sie beschäftigt sich mit der Analyse und Aufklärung von IT-Sicherheitsvorfällen.

Was macht die Arbeit eines IT-Forensikers aus?
Ein IT-Forensiker muss immer davon ausgehen, dass die Ergebnisse seiner Arbeit im Rahmen einer straf- oder zivilrechtlichen Aufbereitung vor Gericht verwendet werden können. Deshalb muss er jeden seiner Arbeitsschritte so dokumentieren, dass eine sachkundige dritte Person jederzeit die gleiche Untersuchung durchführen und zu den gleichen Erkenntnissen kommen kann. Da besteht also eine Ähnlich-

keit zu gutachterlichen Tätigkeiten: Der IT-Forensiker stellt einen Vorgang nachvollziehbar und unabhängig dar.

Die besondere Herausforderung ist, dass ein IT-Forensiker auch in Krisensituationen gerufen wird: Ein Angreifer ist vielleicht gerade noch aktiv, die komplette IT ist lahmgelegt worden, oder das Unternehmen wird mit gestohlenen Daten erpresst. Er muss der geschädigten Person, dem Unternehmen oder der Organisation helfen, damit der Schaden nicht noch größer wird. Gleichzeitig muss er aber auch sehr hohen Anforderungen an die Dokumentation und Nachweisbarkeit gerecht werden. Viele der Daten können bereits innerhalb einer Sekunde nicht mehr verfügbar sein. Es muss also schnell reagiert werden. Falls eine konkrete Gefahr abzuwehren ist, muss ein IT-Forensiker auch abwägen, welche Schritte er als Erstes tut.

Wenn Sie in einem betroffenen Unternehmen angekommen sind, was tun Sie zuerst?
Ich verschaffe mir einen Überblick über die Systemarchitektur, in deren Umfeld sich der Vorfall ereignet hat. Dabei muss ich herausfinden: Wo liegen die beweiserheblichen Daten und Protokolldateien, die mich interessieren? Befinden sie sich im kompromittierten IT-System, auf einem Server, bei einem Dienstleister oder in der Cloud? Kann ich die Daten überhaupt noch sichern? Und wenn ja, wo sichere ich diese Daten? Damit ich für die Beweisführung brauchbare Daten erhalte, muss ausgeschlossen werden, dass sie nach der Speicherung absichtlich oder zufällig manipuliert werden können. Da sich der Angreifer noch im System befinden könnte, muss ich vorsichtig sein und auch eine hohe Eigensicherung betreiben. Jede Minute, die man in einem aktiven Sicherheitsvorfall wartet, kann dazu führen, dass der Täter vielleicht noch mehr Schaden anrichtet oder womöglich digitale Spuren verwischt.

Bringen Sie zu jedem Tatort Ihr eigenes Werkzeug mit?
Für die Analyse nutze ich meine eigene vertrauenswürdige Werkzeugsammlung, die ich auf einer CD oder auf einem USB-Stick dabei habe. Damit kann ich auf saubere Tools zugreifen, die an meine Bedürfnisse angepasst sind und von denen ich genau weiß, wie sie funktionieren. Das sind die optimalen Voraussetzungen, um möglichst schnell handeln zu können. Zusätzlich vermeide ich damit auch, die in der gehackten IT-Umgebung vorhandenen, oftmals durch den Angreifer manipulierten Systemwerkzeuge zu nutzen. In meiner eigenen Arbeitsumgebung habe ich Tools, die mich unter anderem über den Netzwerkstatus oder über die laufenden Programme informieren. Sie

zeigen mir beispielsweise auch an, welcher User in dem Moment eingeloggt ist oder eingeloggt war.

Wie gehen Sie bei der Untersuchung eines IT-Sicherheitsvorfalls vor?

Zuallererst sichere ich den Hauptspeicher, den sogenannten RAM, da es Angriffstools gibt, die nicht mehr auf der Festplatte, sondern nur noch dort zu finden sind. Das gibt mir häufig erste Anhaltspunkte darüber, was passiert ist. Als Nächstes sichere ich den Systemstatus, also sämtliche Informationen über Netzwerkverbindungen, laufende Dienste und eingeloggte Nutzer. Ist die Festplatte nicht zu groß, versuche ich, davon eine forensische Kopie zu erstellen. Damit kann ich jederzeit nachvollziehen, welche Daten sich darauf befinden.

Häufig haben Angreifer über mehrere Monate unerkannt Zugriff auf die IT ihrer Opfer, bis ein IT-Forensiker gerufen wird.

Mein Vorgehen ist aber auch von der Volatilität der Daten und natürlich vom vorliegenden Sachverhalt abhängig. Liegt der zu untersuchende Sicherheitsvorfall beispielsweise schon ein Jahr zurück, lasse ich mir eventuell etwas mehr Zeit. Kann ich jedoch genau beobachten, wie der Täter eine Datei herunterlädt, dann muss ich entsprechend schneller handeln. Genauso verhält es sich mit verschiedenen Technologien, die im Rahmen einer forensischen Analyse untersucht werden können. Bei Endgeräten, wie beispielsweise Mobiltelefonen, Servern oder vernetzten Anlagen im Bereich Internet of Things muss ich jeweils anders reagieren.

Legen Angreifer nicht auch falsche Fährten?

Man sollte nicht voreilig auf Ergebnisse setzen, die man schnell gewonnen hat. Oftmals hinterlassen Täter Spuren, die von ihnen und ihren eigentlichen Aktivitäten ablenken sollen. Häufig haben Angreifer über mehrere Monate unerkannt Zugriff auf die IT ihrer Opfer. Sie haben sich nicht erst frisch in dem Moment ins System gehackt, in dem der IT-Forensiker gerufen wird. Über unentdeckte Hintertüren oder versteckte Nutzeraccounts mit Administratorrechten können sich Hacker auf Servern einnisten. Das muss erkannt werden, bevor man leichtfertig annimmt, dass sich der Täter nicht mehr im System befindet.

Gibt es rechtliche Rahmenbedingungen, die Sie bei Ihrer Arbeit beachten müssen?

Die EU-Datenschutzgrundverordnung (EU-DSGVO) und das Strafgesetzbuch gelten natürlich auch für IT-Forensiker. Wir müssen darauf achten, dass es bei unserer Arbeit nicht unbeabsichtigt zu einem Datenmissbrauch kommt. Gewisse Maßnahmen, wie Durchsuchungen von Privaträumen oder das Cracken passwortgeschützter Daten, dürfen wir sowieso nicht durchführen. Uns ist auch nicht gestattet, „zurückzuhacken", um beispielsweise selbst an Daten und Informationen heranzukommen. Trotzdem ist unsere Arbeit natürlich weiterhin möglich. Um potentiellen juristischen Risiken vorzubeugen, muss im Vorfeld der eigentlichen IT-forensischen Analyse eine datenschutzrechtliche Prüfung aufseiten des Kunden sowie aufseiten des Dienstleisters stattfinden.

Mit welcher Art von Cyberangriffen sind Unternehmen, die Sie zu Hilfe rufen, am häufigsten konfrontiert?
In der täglichen Praxis ist Cybererpressung ein großes Thema. Dabei drohen Angreifer beispielsweise damit, die Unternehmens-IT mit einer Denial-of-Service-Attacke lahmzulegen, sensible Informationen zu veröffentlichen oder wichtige Daten zu verschlüsseln. Die Opfer sollen damit zur Zahlung eines Lösegeldes gedrängt werden. Ein Klassiker ist auch, dass Angreifer in ein IT-System eindringen, um Daten zu stehlen. Angenommen, die E-Mails eines CEO werden dabei mitgelesen. Darin könnten beispielsweise Zugriffsdaten, Informationen über geplante Transaktionen im Rahmen einer Übernahme oder Produktionsdaten enthalten sein. Es kommt relativ häufig vor, dass Auftragstäter solche Daten stehlen, um sie als Insiderwissen zu verkaufen. Adressdaten, Kreditkartendaten, Sozialversicherungsnummern oder User-Daten im Allgemeinen sind immer interessant für einen Angreifer. Für solche Informationen findet sich immer ein Käufer.

Was muss geschehen, damit sich Unternehmen besser vor Cyberangriffen schützen können?
Unternehmen müssen verstehen, dass sie unausweichlich Opfer eines Cyberangriffs werden. Man kann sie deshalb in zwei Gruppen einteilen: Unternehmen, die bereits betroffen waren, und Unternehmen, die betroffen sein werden. Hier gibt es keine dritte Gruppe. Auch wenn sich viele Unternehmen für total unattraktiv halten, sind sie immer noch ein gutes Angriffsziel. Es ist lediglich eine Frage der Zeit, dass jemand versucht, ihre Daten zu stehlen oder sie zu erpressen. Sobald das einmal verinnerlicht ist, kann sich ein Unternehmen auch ganz anders vorbereiten. Es muss dann überlegt werden: Wie und wann kann ein Angriff erkannt werden? Wie muss darauf reagiert

werden? Wer muss über einen Angriff informiert werden? Wer ist der zuständige IT-Forensiker?

IT-Forensik sollte also Bestandteil eines Notfallplans sein?

Aus meiner Sicht ist das absolut notwendig. Unternehmen müssen sich bereits im Vorfeld mit den Folgen von Cyberangriffen und Datenschutzpannen auseinandersetzen. Diese können genauso bestandsgefährdend sein wie ein Hochwasser im Rechenzentrum oder ein Feuer im Bürogebäude. Letztendlich führt auch der falsche Umgang mit einem Hackerangriff zu hohen Strafzahlungen. Im Rahmen der EU-DSGVO besteht beispielsweise eine Meldepflicht, sobald personenbezogene Daten kompromittiert wurden. Das soll Unternehmen dafür sensibilisieren, sich Gedanken über Krisen- und Notfallpläne zu machen.

Was können Unternehmen noch tun, um sich auf den Ernstfall vorzubereiten?

Sie müssen sich die Frage stellen, wo ihre kritischen Daten liegen, die weder in fremde Hände gelangen noch verändert werden dürfen. Die große Herausforderung besteht darin, im Moment eines Angriffs zu erkennen, dass diese kritischen Daten kompromittiert oder gestohlen wurden. In der Regel merkt man das aber erst, sobald diese Daten missbraucht werden. Das kann Wochen, Monate oder Jahre später passieren. Dann ist es bereits zu spät.

Angenommen, es wird etwas Verdächtiges in einem IT-System entdeckt: Wozu raten Sie den Betroffenen?

Die ideale Empfehlung hängt immer vom Sachverhalt ab. Eine Checkliste mit fallspezifischen Handlungsmöglichkeiten bietet im Ernstfall eine Orientierungshilfe. Sollten sich die Betroffenen dennoch unsicher sein und nicht einschätzen können, ob sich noch ein Angreifer im System befindet, dann sollten sie das System nach Möglichkeit isolieren – sprich vom Netzwerk trennen und nach der Spurensicherung stromlos schalten. Bei Servern ist das nicht immer so einfach, weil man nicht ins Rechenzentrum gehen und hinten einen Stecker ziehen kann. Das Isolieren verschafft aber Zeit, bis ein IT-Forensiker eintrifft. Dann gibt es die Möglichkeit, dem Angreifer eine Falle zu stellen oder den Datenverkehr mitzuschneiden. Auf jeden Fall sollte im Vorfeld mit Spezialisten besprochen werden, ob man diese Schritte gehen soll. Denn es besteht die Gefahr, dass man, statt strafbare Handlungen zu unterbinden, diese damit vielleicht sogar fördert. Es sollte ebenfalls beachtet werden, dass hierbei gegebenenfalls personenbezogene Daten gespeichert werden können.

Jedoch kann der Umgang mit IT-Sicherheitsvorfällen trainiert werden.

Wie bereiten Sie sich auf den Ernstfall vor?

Unser Vorgehen ist sehr stark strukturiert und standardisiert, damit wir uns in jeder Situation daran orientieren können. In Trainingsumgebungen üben wir anhand realitätsgetreuer Szenarien, Daten zu sichern und Cyberangriffe abzuwehren. Dafür setzen wir virtuelle Maschinen auf und simulieren Angriffe, um Methoden der Spurensicherung zu trainieren. Neben Technikern schulen wir auch Projektleiter, die beispielsweise ein Team von IT-Forensikern oder das Vorgehen aufseiten eines Mandanten koordinieren müssen. Dieses Training führen wir auch mit unseren Kunden durch, denn in vielen Fällen ist in den ersten Stunden nach einem Angriff kein externer IT-Forensiker in der Nähe. Trotzdem sollte alles richtig gemacht werden. Ziel ist es daher, einen komplexen Sicherheitsvorfall erkennen und managen zu können.

Um ein realistisches Angriffsszenario nachstellen zu können, müssen Sie sich auch mit Ihren Gegnern, also Hackern, auseinandersetzen?

Ein IT-Forensiker muss auf jeden Fall versuchen, den Angreifer zu verstehen. Dafür muss er Hacker beobachten und herausfinden, was ihre Absichten sind, wie sie dabei vorgehen und wie sie im Zweifelsfall auch ihre Angriffe verschleiern. Insofern muss ein IT-Forensiker auch verstehen, warum ein bestimmtes IT-System angegriffen wird und welchen Wert bestimmte gestohlene Daten für den Angreifer haben. Ohne diese Vorüberlegungen und Erfahrungswerte kann eine forensische Analyse ihren Zweck verfehlen.

Ist der Technikeinsatz ein Garant für IT-Sicherheit?

Wird das Thema IT-Sicherheit nur aus technischer Perspektive betrachtet, dann glaubt man schnell, dass Technik allein eine Lösung bietet. Es müssen aber auch über den Technikeinsatz hinaus Menschen sensibilisiert werden, weil sie im Umgang damit Fehler machen können. Sie müssen in Überlegungen zur IT-Sicherheit und in konkrete Sicherheitsmaßnahmen eingebunden werden. Deshalb müssen das Budget für IT-Sicherheit und die Anzahl des entsprechenden Fachpersonals auch den Stellenwert der Informationsverarbeitung in einem Unternehmen widerspiegeln.

Das Interview führte Georg Poltorak.

Prof. Dr. Udo Helmbrecht

ist geschäftsführender Direktor der European Union
Agency for Network and Information Security
(ENISA) sowie Honorarprofessor der Universität der
Bundeswehr München.

Finanzbetrug verlagert sich in die digitale Welt

Die Europäische Union sieht im Online-Betrug eine Bedrohung für die Finanzbranche und hat deshalb zahlreiche Initiativen und Kooperationen gegen Cyberkriminalität gestartet. ENISA unterstützt als europäische Agentur für Cybersicherheit Finanzdienstleister dabei, Betrug frühzeitig zu erkennen und Angriffe abzuwehren.

Heute werden mehr und mehr Einkäufe per Online-Zahlung erledigt. Die digitale Welt macht es für die Kunden bequem, immer mehr Güter und Dienstleistungen per Computer, Tablet oder Mobiltelefon einzukaufen und zu bezahlen. Allerdings sind Online-Zahlungen nicht ohne Risiko. Jedes Jahr berichtet der Finanzsektor von Milliardenverlusten. Laut britischem Rechnungshof verloren Verbraucher 2016 bei insgesamt fast zwei Millionen Cyberbetrugsfällen rund zehn Milliarden Britische Pfund (rund elf Milliarden Euro). Falls sich dieser Trend fortsetzt, könnte Cyberbetrug 2020 klassische Betrugsfälle mit Kredit- und Debitkarten überholt haben.

Gemäß einer Studie von Worldpay wird die EU in den kommenden drei Jahren eine führende Position bei elektronischen Geldbörsen und mobilen Zahlungen einnehmen. Elektronische Geldbörsen wie PayPal und AliPay gelten mittlerweile als Standard für Online-Einkäufe, und ihre Nutzung nimmt weiter zu. Derselben Studie zufolge wird der Einsatz von Kredit- und Debitkarten in den kommenden drei Jahren abnehmen, während der Einsatz elektronischer Geldbörsen wachsen und in Europa erste Wahl werden wird.

2015 und 2016 war die Society for Worldwide Interbank Financial Telecommunication (SWIFT) Ziel eines großangelegten Cyberangriffs und erlitt dabei Verluste in Höhe von rund 81 Millionen US-Dollar. Das SWIFT-Netz ermöglicht Banken tagtäglich die Durchführung von Auslandsüberweisungen und gilt als Rückgrat internationaler Geldtransfers. Einer internationalen Cyberbande war es gelungen, die SWIFT-Anmeldedaten eines Bankmitarbeiters zu stehlen und diese anschließend dafür zu verwenden, zuvor stornierte oder abgelehnte Zahlungsaufforderungen neu auszustellen. Dabei wurden die Beträge und Bestimmungsorte der Überweisungen geändert. Zu bestimmten Zeiten hat die Bande das Geld dann in Bankfilialen auf der anderen Seite des Globus abgehoben. Das Verbrechen war bestens organisiert und wurde offenbar von Menschen durchgeführt, die das SWIFT-System gut kennen und über internationale Kontakte verfügen.

Anfang August 2018 führte der Angriff auf die indische Cosmos Bank zu einem Diebstahl von 13,5 Millionen US-Dollar. Dabei traten Schwachstellen bei Maßnahmen zutage, die die Banken bis dahin gegen Cyberangriffe eingesetzt hatten. Es handelte sich um eine sorgfältig geplante und koordinierte Operation, die auf die Infrastruktur der Bank abzielte und dabei vier Sicherheitsbarrieren überwand. Als Folge wurden Informationen zur Genehmigung von Überweisungen vom Zahlungsportal nicht mehr an das Kernbankensystem weitergeleitet, so dass keine Überprüfung von Kartennummern, Kartenstatus oder PINs erfolgte. Stattdessen wurden alle Aufträge von einem von den Angreifern eingeschleusten Proxy-Schadprogramm bearbeitet, das falsche Antworten verschickte und alle Überweisungen genehmigte.

Ein ähnlicher Angriff erfolgte im August 2018 auf British Airways, wo Kreditkartendaten mit Hilfe eines eingeschleusten Codes direkt auf der – auch per Mobilfunk-App erreichbaren – Website des Unternehmens entwendet wurden. Über den Code wurden die Kreditkartendaten dann an eine von den Cyberkriminellen kontrollierte Website übertragen.

Gestohlene oder manipulierte Daten tauchen in der Regel im Darknet auf. Dort gibt es Marktplätze, auf denen illegale Waren und Inhalte zum Verkauf angeboten werden. Dazu gehören vor allem Drogen, neueste IT-Sicherheitslücken und entwendete vertrauliche Daten (Kreditkarten, Identitäten).

Das Darknet existiert innerhalb des normalen Internets, für den Zugriff ist jedoch eine bestimmte Software erforderlich, zum Beispiel The Onion Router (Tor) oder Invisible Internet Project (I2P). Das Ziel dieses Netzwerks besteht darin, einen anonymen Zugang zu gewähren, der nicht nachverfolgbar ist. Dennoch sind Regierungsbehörden laut Berichten in der Lage dazu, Personen, die das Darknet nutzen, zu verfolgen.

Im Darknet werden gegen Bezahlung auch Dienstleistungen von Hackern oder Hacking-Gruppen angeboten. Dazu gehören das Eindringen in Netzwerke oder Denial-of-Service-Angriffe, die durch eine Welle von Systemanfragen Server überlasten und damit deren Verfügbarkeit beeinträchtigen. Zahlungen im Darknet erfolgen in der Regel in Kryptowährungen, weil für deren Abwicklung lediglich ein Identifizierungskennzeichen auf beiden Seiten erforderlich ist. Die Kennung ist offiziell keiner Identität zugeordnet und erschwert es, die Zahlungen mit einer bestimmten Person oder einem Unternehmen zu verknüpfen.

Technische Herausforderungen bei der Betrugsbekämpfung

Für viele Betrugsformen werden E-Mails oder Online-Messaging-Dienste wie Whatsapp oder Facebook Messenger verwendet. Damit sollen die Opfer getäuscht werden, um sie zur Herausgabe personenbezogener Daten zu bewegen. In den meisten Fällen haben es die Straftäter auf Banking-Logins, Kreditkartendaten oder personenbezogene Daten abgesehen, mit denen sie sich später als die betroffene Person ausgeben. Die Bandbreite an Herausforderungen ist groß, die das Finanzsystem überwinden muss, um einen wirksamen Schutz gegen Online-Betrug aufzubauen. Dabei lassen sich technologische und rechtliche Aufgaben unterscheiden. Zunächst zu den technischen Verfahren von Online-Betrug.

Ziel von Phishing-E-Mails und von Social Engineering ist es, persönliche Daten von Nutzern abzugreifen. Dabei werden verschiedene Kommunikationskanäle wie Telefon, E-Mail oder SMS eingesetzt und Nutzerdaten verwendet, die über soziale Medien oder Suchmaschinen für jedermann zugänglich sind. Beim Social Engineering haben es die Angreifer vor allem auf Kreditkartendaten und personenbezogene Daten abgesehen. Entwendete Kredit- oder Debitkartendaten oder Daten von Prepaidkarten können entweder zu Geld gemacht (Verkauf im Darknet) oder für betrügerische Zahlungen eingesetzt werden. Entwendete, personenbezogene Daten können für Angriffe über die erschlichene Zugangsberechtigung oder für einen Identitätsdiebstahl verwendet werden.

Schadprogramme sind Teile von Software oder Codes, die mit krimineller Absicht programmiert wurden. Gemäß dem jüngsten ENISA-Bericht zur Bedrohungslage im Internet waren Schadprogramme 2017 die häufigste Cyberbedrohung. Laut Bericht waren Unternehmen in jenem Jahr insgesamt deutlich häufiger Bedrohungen ausgesetzt als 2016. Schadprogramme für Finanzdienstleistungen konzentrieren sich vor allem auf webbasierte Angriffe. Die meisten Schadprogramme wie Zeus, SpyEye oder Carbanak oder der „Newcomer" Disdain nutzen dafür Internetbrowser. Dazu gehören auch die sogenannten Man-in-the-Browser-Techniken. Dabei handelt es sich um Angriffe auf Rechner, bei denen zunächst ein Trojaner den Browser des Nutzers infiziert und dann bei Nutzung des Online-Bankings die Darstellung von Webseiten verändert und Transaktionen eigenständig durchführt.

Beim Hochladen von Schadprogrammen wie Carbanak oder Malum PoS auf Zahlungsterminals und Geldautomaten werden ebenfalls Sicherheitslücken genutzt. Nachdem das Schadprogramm auf dem Terminal installiert wurde, kann der Angreifer per Fernsteuerung die über Kartenlesegeräte eingegebenen Daten entwenden und diese für seinen Betrug einsetzen.

Mittlerweile sind mobile Geräte für die Abwicklung von Online-Zahlungen üblich. Die meisten Bedrohungen für diese Geräte sind denen von Desktopcomputern oder Laptops ähnlich. Allerdings bieten Mobilgeräte den Angreifern zusätzliche Möglichkeiten. So verfügen Mobilgeräte in der Regel nicht über ein so hohes Schutzniveau wie Desktops. Antivirusprogramme oder Firewalls werden deutlich seltener installiert. Die Nutzung neuer Zahlungsdienstleistungen macht sie deshalb zu einem attraktiven Ziel für Angreifer. Sehr verbreitet ist der Missbrauch verlorengegangener oder gestohlener Geräte für Online-Transaktionen. Eine weitere Bedrohung ist die Installation von Schadprogrammen auf dem Gerät, um manipulieren zu können oder um Zugang zu mobilen Anwendungen für Online-Transaktionen zu erhalten.

Zahlungsdienstleister stellen Händlern in der Regel Zahlungsterminals zur Verfügung, mit denen sich Daten aus unterschiedlichen Kanälen wie Kartenzahlung, Online-Zahlung und mobiles beziehungsweise kontaktfreies Bezahlen verarbeiten lassen. Ein attraktives
Ziel für Angreifer sind die Plattformen der Zahlungsdienstleister, auf
denen die Zahlungsdaten der Händler zu den zahlenden Banken weitergeleitet werden. Angreifer suchen Schwachstellen in der Software
der Zahlungsportale, um dort einzudringen, oder sie nutzen Lücken
in den internen Sicherheitskontrollen der Zahlungsdienstleister aus.

Denial-of-Service-Angriffe beziehungsweise Distributed-Denial-of-
Service-Angriffe (DoS/DDoS) können Online-Zahlungsdienste beeinträchtigen. Sie zielen auf die Verfügbarkeit von Dienstleistungen ab,
die von internetgestützten Zahlungsnetzunternehmen (Banken, Zah-
lungsdienstleistern) gehostet werden. Solche Angriffe können Transaktionen beeinträchtigen, bei denen Zahlungsanwendungen auf
einen Echtzeitzugriff auf Zahlungsdienste angewiesen sind. Außerdem können sie den Zugang von Verbrauchern auf ihre Bankkonten
blockieren und Online-Zahlungen beeinträchtigen.

Man-in-the-Middle-Angriffe (MiTM) auf Zahlungsterminals und Geldautomaten sind immer dann möglich, wenn die Ende-zu-Ende-Ver-
schlüsselung zwischen Terminal und Server Schwachstellen aufweist.
Falls die Verschlüsselung nicht ordnungsgemäß konfiguriert ist oder
Daten überhaupt nicht verschlüsselt sind, können Informationen entwendet und missbraucht werden. Angreifer können außerdem versuchen, Schwachstellen der Netzsicherheit wie das Fehlen von Firewalls
zum Schutz des internen Netzes oder Schwächen in der Software von
Zahlungsterminals oder Geldautomaten sowie Fehlkonfigurationen
auszunutzen. Die Komplexität des finanziellen Ökosystems macht es
schwierig, die stets neuen Angriffswege und -techniken rechtzeitig zu
erkennen und dagegen vorzugehen.

Auch bei der Nutzung externer Dienstleistungen entstehen Gefahren
für die digitale Sicherheit. Clouddienste sind mittlerweile ein weitverbreitetes Geschäftsmodell für die bedarfsbezogene Bereitstellung
von IT-Diensten. Sie basieren häufig auf Virtualisierung und auf ver-
teilten Rechnernetzen. Auch Finanzdienstleister überführen ihre
IT-Systeme immer mehr in die Cloud. Die Vorteile der Cloud wie Kos-
teneinsparungen und mehr Flexibilität sind attraktiv.

Mit Clouddiensten verändert sich aber auch die Sicherheitslage.
Obwohl die Haftung weiterhin beim Finanzdienstleister verbleibt,

übernimmt nun der Cloudanbieter einen Teil der Sicherheitskontrollen. Eine der größten Herausforderungen ist der Ausfall der Cloudisolierung, so dass einzelne Nutzer Zugriff auf die Daten anderer Nutzer erhalten. Ebenfalls gefährdet sind Schnittstellen im Kundenmanagement öffentlicher Cloudanbieter, die über das Internet Zugang zu deutlich mehr Ressourcen anbieten als gewöhnliche Hostinganbieter. Eine Kombination aus Fernzugang und Schwachstellen in Webbrowsern kann sich dabei als fatal erweisen.

Rechtliche und politische Anforderungen

Häufig heißt es, das Recht hinke der Technologie hinterher. Auf den Finanzsektor trifft dies in jedem Fall zu. Mit neuen digitalen Geschäftsmodellen, die Kosten einsparen sollen und für den Kunden mehr Flexibilität und Bequemlichkeit bringen, erweitern sich auch die Möglichkeiten für Finanzbetrug. Für Gesetzgeber und Aufsichtsorgane ist deshalb der Einsatz neuer Technologien eine Herausforderung. Wie man ein Mobiltelefon, das als elektronische Geldbörse für Transaktionen mit Kryptowährungen verwendet wird, rein rechtlich betrachten sollte, ist selbst für spezialisierte Rechtsanwälte und Strafverfolger nicht immer leicht zu beantworten.

Während die Finanzbranche bestrebt ist, digitale Technologien gewinnbringend einzusetzen, folgen die Nutzer diesem Trend mehr oder weniger freiwillig und sind oft nicht ausreichend informiert. So bleiben aus Verbrauchersicht grundlegende Fragen unbeantwortet: Verbraucher werden zwar dazu animiert, Online-Plattformen und Apps zu verwenden, um ihre Finanzdienstgeschäfte abzuwickeln, doch selbst Menschen, die sich mit Computern auskennen, sind damit oft überfordert.

Und was passiert, wenn etwas schiefgeht und Geld „verlegt" wird, verloren geht oder gar gestohlen wird? Gibt es eine Versicherung, die den Verlust ersetzt? Wer übernimmt die Haftung: Ist es der Hersteller der App, der Finanzdienstleister, der die Technologie empfiehlt, oder sind es die Sicherheitsexperten, die dafür sorgen sollten, dass die Technologie funktioniert? Oder ist es letztlich doch der arglose Verbraucher, der sich den Vorwurf der Fahrlässigkeit gefallen lassen muss und sich kaum dagegen verteidigen kann?

Eine Bedrohung, von der selten gesprochen wird und die selbst Teilnehmer im digitalen Finanztransaktionsprozess kaum verstehen, sind „Zero-Day-Exploits". Dabei handelt es sich um Angriffe, die am selben Tag erfolgen, an dem eine neue Schwachstelle in einer Software entdeckt wird. Auf diese Weise können dem Verbraucher Passwörter gestohlen werden, oder es wird ihm die Kontrolle über seinen Computer oder sein Mobilgerät entzogen, falls diese nicht geschützt sind. Im Bruchteil einer Sekunde kann sein Geld in einen beliebigen Teil des Erdballs transferiert werden. Über solche Gefahren werden Verbraucher viel zu wenig informiert.

Das Recht hinkt der Technologie hinterher.

Niemand hat ein Interesse daran, digitale Finanzdienstleistungen schlechtzureden, doch die Risiken müssen in allen europäischen Mitgliedstaaten offen und transparent dargestellt und letztlich auch bewältigt werden. Nur so lässt sich das Vertrauen aller Beteiligten gewinnen. Gesetzgeber und Aufsichtsorgane spielen hierbei eine zentrale Rolle.

Antworten der EU auf Online-Betrug

Die Europäische Union nimmt Online-Betrug als Bedrohung wahr und hat deshalb zahlreiche strategische Initiativen zu dessen Abwehr eingeleitet. Dazu gehören:

- Richtlinie (EU) 2015/849 zur Verhinderung der Nutzung des Finanzsystems zum Zwecke der Geldwäsche und der Terrorismusfinanzierung (4. Richtlinie zur Bekämpfung der Geldwäsche)

- Richtlinie (EU) 2015/2366 über Zahlungsdienste im Binnenmarkt (PSD2)

- Verordnung (EU) 2016/679 zum Schutz natürlicher Personen bei der Verarbeitung personenbezogener Daten und zum freien Datenverkehr (Datenschutz-Grundverordnung)

- Richtlinie (EU) 2016/1148 über Maßnahmen zur Gewährleistung eines hohen gemeinsamen Sicherheitsniveaus von Netz- und Informationssystemen in der Union (NIS-Richtlinie)

- Vorschlag für die Richtlinie (EU) 2017/0226 zur Bekämpfung von Betrug und Fälschung im Zusammenhang mit unbaren Zahlungsmitteln und zum Ersatz des Rahmenbeschlusses 2001/413/JI des Rates

Die 5. Richtlinie zur Änderung der 4. Richtlinie zur Bekämpfung der Geldwäsche wurde am 19. Juni 2018 im Amtsblatt der Europäischen Union veröffentlicht. Die Mitgliedstaaten sind verpflichtet, diese Richtlinie bis zum 10. Januar 2020 umzusetzen. Die überarbeitete Fassung beinhaltet auch virtuelle Währungen, elektronische Geldbörsen und den Austausch von Kryptowährungen. Grund ist die wachsende Verwendung von Kryptowährungen durch organisierte kriminelle Banden bei Erpressersoftware (Petya, NotPetya) und bei der Geldwäsche.

Die Organe der Europäischen Union haben ein hohes Interesse an der Sicherheit elektronischer Zahlungen. Dies zeigt sich in der Richtlinie (EU) 2015/2366 über Zahlungsdienste im Binnenmarkt (PSD2).

Die wichtigste Initiative für den Datenschutz war die Datenschutz-Grundverordnung (DSGVO) zum Schutz natürlicher Personen bei der Verarbeitung personenbezogener Daten. Seit dem 25. Mai 2018 müssen alle Wirtschaftsteilnehmer im europäischen Raum die DSGVO anwenden. Die Richtlinie enthält auch ein Mandat für eine strenge Kundenauthentifizierung (Strong Customer Authentication – SCA) bei Online-Zahlungen. Die Europäische Bankenaufsichtsbehörde hat weitere Leitlinien veröffentlicht, die sich mit der Meldung von Sicherheitsvorfällen befassen, sowie Leitlinien für operative Risiken und Sicherheitsrisiken von Zahlungsdienstleistungen.

Die „Strategie für einen digitalen Binnenmarkt" erkennt die Wichtigkeit eines sicheren und vertrauenswürdigen Cyberraums an. Zur Förderung der Cybersicherheit verabschiedeten das Europäische Parlament und der Rat das Gesetz zur Umsetzung der europäischen Richtlinie zur Gewährleistung einer hohen Netzwerk- und Informationssicherheit (NIS-Richtlinie). Die NIS-Richtlinie definiert gemeinsame Sicherheitsmaßnahmen und verpflichtet Betreiber Kritischer Infrastrukturen (KRITIS) und Anbieter digitaler Dienste dazu, Sicherheitsvorfälle zu melden. Die NIS-Richtlinie trat im August 2016 in Kraft.

Der Vorschlag für die Richtlinie 2017/0226 zur Bekämpfung von Betrug gilt als Meilenstein, weil sie den digitalen Binnenmarkt stärkt und gleichzeitig gegen organisierte Cyberstraftäter in der EU gerichtet ist. Hauptziele sind die Verhinderung von Cyberstraftaten mit neuen Technologien und die grenzübergreifende Zusammenarbeit.

Die Europäische Kommission setzt sich für die Umsetzung der EU-Cybersicherheitsstrategie ein, die gemeinsam mit der Europäischen

Sicherheitsagenda den strategischen Rahmen für Initiativen zur Cybersicherheit und zu Cyberstraftaten bildet. Die Europäische Union arbeitet an unterschiedlichen Initiativen für mehr Cybersicherheit – von der Unterstützung einzelner Mitgliedstaaten bis zur internationalen Zusammenarbeit für mehr Cybersicherheit und gegen Cyberstraftaten. Folgende EU-Einrichtungen sind auf diese Themen spezialisiert:

• Agentur der Europäischen Union für Netz- und Informationssicherheit – ENISA

• Europäisches Zentrum zur Bekämpfung der Cyberkriminalität bei Europol – EC3

ENISA wurde 2004 mit dem Ziel gegründet, die Netzwerk- und Informationssicherheit in der Europäischen Union zu stärken. Die Agentur arbeitet eng mit den Mitgliedstaaten und dem Privatsektor zusammen und bietet Ratschläge und Lösungen bei Cyberfragen an. Zu den Hauptaufgaben der Agentur gehört es, Cyberbedrohungen zu identifizieren und dabei mit den Computer Security Incident Response Teams (CSIRTs) zusammenzuarbeiten. Obwohl es sich um eine globale Zusammenarbeit handelt, die zahlreiche Branchen umfasst, ist der Finanzsektor für den gemeinsamen Informationsaustausch die wichtigste Branche.

ENISA war auch eines der Gründungsmitglieder des Financial Institutes – Information Sharing and Analysis Centre (FI-ISAC). Das europäische FI-ISAC ist eine unabhängige Einrichtung, die 2008 zur Förderung des Informationsaustauschs zwischen CSIRTs, Banken und Strafverfolgern gegründet wurde. Gemeinsam mit Europol EC3 hat das europäische FI-ISAC eine Absichtserklärung unterzeichnet, um die Zusammenarbeit zwischen dem europäischen Bankensektor und den europäischen Polizeibehörden zu verbessern.

Europol hat 2013 das Europäische Zentrum zur Bekämpfung der Cyberkriminalität (EC3) eingerichtet, um die Strafverfolgung von Cyberstraftaten in der EU zu verbessern. Seither war EC3 an zahlreichen Operationen gegen Cyberkriminalität beteiligt, wobei eine der jüngsten dazu führte, eine kriminelle Bande, die einen Schaden von 1 Milliarde Euro verursacht hatte, festzunehmen. Im März 2018 war EC3 an der Festnahme von Personen beteiligt, die mit dem Schadprogramm Carbanak Finanzdienstleister ins Visier genommen hatten. Mit Unterstützung der Gruppe für Cybersicherheit des Europäischen

Bankenverbands war EC3 auch in der Lage, koordinierte Cyberangriffe zu identifizieren und die dazugehörenden Geldströme zu verfolgen.

Wie geht es weiter?

Online- beziehungsweise digitale Zugänge bringen zwar mehr Komfort für den Verbraucher, erfordern zur Sicherung aber zusätzliche Anstrengungen seitens der Wirtschaft. Ohne wirksames Risikomanagement geht es nicht. Dieses muss kontinuierlich neue Bedrohungen und Angriffstechniken identifizieren.

Laut dem jüngsten ENISA-Bericht haben sich die Komplexität und das Ausmaß von Cyberangriffen weiter erhöht. Die Zusammenarbeit zwischen allen Beteiligten des Ökosystems muss ausgebaut werden, um auf die stetigen Veränderungen im Bedrohungsfeld zu reagieren.

Es ist davon auszugehen, dass immer mehr betrügerische Aktivitäten ins Internet verlagert werden. Deshalb müssen dort entsprechende Gegenmaßnahmen eingeleitet werden. Sowohl in der Wirtschaft als auch in den Aufsichtsbehörden müssen zusätzliche Kompetenzen aufgebaut werden. Die Politik muss dafür sorgen, dass im Bereich Cybersicherheit mehr Know-how gebildet und vermittelt wird. Dazu gehören neuartige technische Verfahren, um Trends bei Schadprogrammen und Cyberangriffen schnell zu identifizieren und entsprechende Schutzmaßnahmen zu entwickeln. Künftig könnte auch der Einsatz maschinellen Lernens und von künstlicher Intelligenz sinnvoll sein.

Die jüngsten legalen Eingriffe in den Cyberraum zeigen, dass es einen erhöhten Regulierungsbedarf gibt, um die Entdeckung digitaler Schwachstellen, die Wiederherstellung verschlüsselter Daten und legales Hacking staatlich unterstützen zu können. Zu beachten sind dabei prozessuale, technische und rechtliche Aspekte.

Governance-Strukturen festigen

Die EU bekräftigt in ihrer Strategie für Cybersicherheit ihren bisherigen Governance-Ansatz, der auf der Zusammenarbeit aller Beteiligten beruht. Dieser Ansatz ist für die erfolgreiche Entwicklung von Standards unabdingbar. Dies gilt gerade für den Bereich Cybersicherheit, wo staatliche Stellen auf Dienstleister aus der Privatwirtschaft angewiesen sind.

Die Europäische Kommission hat deshalb eine öffentlich-private Partnerschaft für Cybersicherheit (cPPP) gegründet. Ziel der Partnerschaft ist die Zusammenarbeit öffentlicher und privater Stellen bei der Forschung und Entwicklung. Menschen in Europa sollen bei IKT-Produkten und -Dienstleistungen sowie bei Software Zugang zu innovativen und vertrauenswürdigen europäischen Lösungen haben.

Die EU ist auf Meldungen der zuständigen nationalen Behörden angewiesen, wenn sie sich einen Überblick über die aktuelle Risikolage und über potentielle Bedrohungen verschaffen will. ENISA spielt dabei eine entscheidende Rolle, da sie auf EU-Ebene die entsprechenden Meldesysteme koordiniert und für konsistente Informationen über Sicherheitsvorfälle in allen Mitgliedstaaten sorgt.

Die Überwachung von IT-Infrastrukturen sollte durch die entsprechenden Einrichtungen selbst oder – bei kleinen Einrichtungen mit begrenzten finanziellen Ressourcen – durch Dritte erfolgen. Bei Bedarf sollten öffentliche Stellen diese Einrichtungen unterstützen, um Überwachungskapazitäten aufzubauen und Meldesysteme zu verbessern.

Die obligatorische Meldung von Sicherheitsvorfällen durch die Betreiber sollte mit einer Verpflichtung für die zuständigen Behörden verbunden sein, alle Einrichtungen über aktuelle Bedrohungen und Probleme zu informieren. Damit erhalten die Betreiber einen zusätzlichen Anreiz, Sicherheitsvorfälle zu melden.

Die Gemeinschaft sollte in die Lage versetzt werden, sich laufend über neue Bedrohungen und Angriffswege und -methoden auszutauschen und wirksame Gegenmaßnahmen zu ergreifen. Dazu gehört auch die Entwicklung neuartiger Schutzmechanismen gegen neue Angriffsmuster. Nur so lassen sich größere Verluste vermeiden. Die EU-Kommission hat Plattformen für den internationalen Informationsaustausch als Hauptinstrumente hierfür identifiziert. Auch das durch die NIS-Richtlinie geschaffene CSIRT-Netzwerk setzt auf eine gemeinsame Plattform für den Informationsaustausch unter den Mitgliedstaaten.

Es sollte ein wirksames Risikomanagementprogramm entwickelt werden, um Risiken für den Online-Zahlungsverkehr zu minimieren und um Angriffe und Betrugsfälle schnell aufzudecken. Alle Teilnehmer der Wertschöpfungskette sollten über ein zuverlässiges Betrugsüberwachungssystem verfügen, um ungewöhnliche Kontobewegungen schnell zu identifizieren und Zahlungen von manipulierten Konten schnell zu unterbinden.

Um das Sicherheitsniveau zu kontrollieren, sollten regelmäßig Test an kritischen Punkten des Netzes durchgeführt werden. Dazu gehört auch eine intelligente Gefährdungsanalyse, um die Vorgehensweise von Straftätern nachvollziehbar zu machen. Da das Finanzsystem insgesamt sehr komplex ist und zahlreiche Akteure umfasst, sollten die Tests entsprechend groß dimensioniert werden, aber mit minimalen Systemunterbrechungen auskommen.

Internationale Kooperationen sind auch in Zukunft für die Betrugsbekämpfung im Finanzsektor unabdingbar. ENISA steht als europäische Agentur für Cybersicherheit im Zentrum dieser Kooperationen und unterstützt den Finanzsektor aktiv, um kriminelle Aktivitäten in der digitalen Welt zu verhindern oder wenigstens zu minimieren.

Im Interview

Andreas May

ist Oberstaatsanwalt bei der Generalstaatsanwaltschaft in Frankfurt am Main. Er leitet die Zentralstelle zur Bekämpfung der Internetkriminalität (ZIT) in Gießen. Die ZIT wurde zum 1. Januar 2010 als Sonderdezernat der Generalstaatsanwaltschaft – damals als erste Spezialeinheit ihrer Art in Deutschland – eingerichtet.

© BKA

„Schnelligkeit ist für uns am wichtigsten"

Das World Wide Web ist einer der größten Tatorte der Welt. Um Cyberkriminelle zwischen Anonymität, Verschlüsselung und technischen Verschleierungstaktiken zur Rechenschaft zu ziehen, haben die deutschen Ermittlungsbehörden aufgerüstet. Gemeinsam mit seinem Team bei der ZIT ist Oberstaatsanwalt Andreas May den Tätern auf der Spur. Nicht selten zeigen seine Ermittlungen im Web die Grenzen der Rechtsprechung auf. Trotzdem gibt es effektive Wege und Mittel, digitale Verbrechen aufzuklären und den Opfern zu helfen.

Herr May, wie sind die deutschen Ermittlungsbehörden im Bereich Cyberkriminalität aufgestellt?

Inzwischen sind wir hier insgesamt gut aufgestellt. Seit 2011 gibt es die „Cyber-Sicherheitsstrategie für Deutschland". Als Bestandteil dieser Strategie sind eine ganze Reihe von Cybersicherheitsbehörden entstanden. Ein Beispiel dafür ist das Cyberabwehrzentrum. Darin werden auf Bundesebene ganz unterschiedliche Player an einen Tisch gebracht: das Bundesamt für Sicherheit in der Informationstechnik, das Bundesamt für Verfassungsschutz, der Militärische Abschirmdienst, der Bundesnachrichtendienst, das Bundeskriminalamt, das Zollkriminalamt und die Bundespolizei. Das ist aus meiner Sicht eine sehr gute Maßnahme. Auch die Landesbehörden haben deutlich aufgerüstet. In Hessen wurde der Bereich Cyberkriminalität aufseiten der Polizei dezentralisiert. Hier werden entsprechende kriminelle Aktivitäten in der Fläche bekämpft – in den sogenannten Zentralkommissariaten der Polizei, die bei den Flächenpräsidien angesiedelt sind. Dort ist auch das Personal verstärkt worden. Das sind keineswegs nur weitergebildete Polizeibeamte. Es wurden gezielt IT-Spezialisten in diese Einheiten geholt – und mit ihnen auch eine Menge an Fachkompetenz. Natürlich haben auch die Staatsanwaltschaften aufgerüstet. Viele Bundesländer sind unserem hessischen Beispiel gefolgt und haben eine Zentralstelle geschaffen, die sowohl operativ als auch fortbildend tätig ist. Wir versuchen mit eigenen Ansprechpartnern für Cyberthemen, unser Know-how in die Staatsanwaltschaften und Landgerichte zu transportieren.

Was macht die ZIT besonders?
Schon als Pilotprojekt widmete sich die ZIT zwei Aufgabenbereichen: der Aus- und Fortbildung sowie dem Führen eigener Ermittlungsverfahren. Wir waren von Anfang an der Auffassung, dass wir gerade aufgrund der Schnelllebigkeit dieses Kriminalitätsbereichs nur vernünftig aus- und fortbilden können, solange wir mit eigenen Ermittlungsverfahren und der Expertise, die wir dadurch gewinnen, auch immer am Puls der Zeit sind.

Wann werden Sie in der ZIT als Ermittler aktiv?
Da besteht ein ganz wesentlicher Unterschied zwischen uns und einer landgerichtlichen Staatsanwaltschaft. Bei einer landgerichtlichen Staatsanwaltschaft beginnt ein Großteil der Verfahren mit Strafanzeigen: Bürger sind geschädigt worden und zeigen die entsprechenden Straftaten bei der Polizei an. Sie nimmt die Ermittlungen auf und gibt die Verfahren dann zu einem bestimmten Zeitpunkt an die Staatsanwaltschaften ab. Strafanzeigen gehen dann häufig mit deutlicher Zeitverzögerung bei den Staatsanwaltschaften ein, da bei Straftaten im Netz oft relativ lange überlegt wird, bevor überhaupt eine Anzeige erstattet wird. Dann sind die Datenspuren in der Regel kalt und die Ermittlungen häufig erfolglos. Zudem haben wir keine Vorratsdatenspeicherung zur Verfügung. Deshalb ist Schnelligkeit für uns am wichtigsten. Bei der ZIT kommt ein Ermittlungsverfahren in der Regel anders in Gang: Wir ergreifen selbst die Initiative. Diese sogenannten Initiativermittlungen kommen ohne Anzeigenerstatter aus. Das Bundeskriminalamt ist dabei in den meisten Verfahren unser Kooperationspartner. Dort gibt es die sogenannte virtuelle Streife. Diese richtet ihren Fokus sehr stark auf neue Kriminalitätsphänomene im Netz

und sucht nach Ermittlungsansätzen. Straftaten gibt es dort zuhauf, aber nicht alle bieten tatsächlich erfolgversprechende Ermittlungsansätze. Hierbei können wir uns dann sehr schnell in einer Sackgasse befinden. Solche Verfahren müssen wir einstellen und uns auf erfolgversprechende Ermittlungen konzentrieren. Wir erhalten aber auch – häufig anonym – eine ganze Reihe von Hinweisen von Privatpersonen. Diese von uns als „Vertrauenspersonen" eingestuften Informanten weisen uns nicht selten auf sehr gravierende Straftaten im Netz hin.

Mussten Sie dafür Ihre Ermittlungsmethoden an den digitalen Raum anpassen?

Dadurch, dass sich unser Leben heute zunehmend im digitalen Raum abspielt, nehmen die dort verübten Straftaten natürlich zu. Das hat die Art, wie wir ermitteln, völlig verändert. Gerade die Anonymisierung im Internet führt dazu, dass technische Ermittlungsansätze oftmals nicht mehr vorhanden sind. Deshalb setzen wir vermehrt auf verdeckte, personale Ermittlungen. Als wir vor neun Jahren gestartet sind, gab es den verdeckten Cyberermittler in vielen Polizeidienststellen überhaupt nicht. Man hatte fast keinerlei Erfahrungen damit. Heute ist das durchaus kein Neuland mehr, sondern geübte Praxis.

Angenommen, bei einem Cyberangriff werden Benutzerdaten gestohlen und anschließend auf einer Plattform im Darknet zum Verkauf angeboten: Wie gehen Sie in diesem Fall vor?

Da gibt es verschiedene Ansatzpunkte. Ich kann zuerst versuchen, die dort angebotenen Daten zu überprüfen. Wo kommen diese Daten her? Ist beispielsweise das geschädigte Unternehmen bekannt, kann ich nachfragen, ob dort ein Datenleck festgestellt wurde. Geht mit dem Datenverlust überhaupt eine Straftat einher? Das wäre klassische Polizeiarbeit. Auch Testkäufe können weiterhelfen. Dadurch kann ich ausprobieren, ob diese Daten überhaupt funktionieren. Denn auch hier kann ein Betrug vorliegen: Immer wieder werden Daten zum Verkauf angeboten, die es gar nicht gibt oder die nicht funktionieren. Über Testkäufe kann ich auch versuchen, Informationen über den Verkäufer zu erhalten. Das ist aber erfahrungsgemäß eine relativ langwierige und schwierige Aufgabe. Ein weiterer Ansatzpunkt ist, den Server, auf dem die entsprechende Darknet-Plattform gehostet wird, zu lokalisieren. Gelingt das, dann kann ich vielleicht auch direkt an den Plattformbetreiber herankommen und darüber eventuell an den jeweiligen Verkäufer.

Sind diese Verkäufer in Banden organisiert?

Da sprechen Sie ein besonderes Problem an. Im Bereich der Cyber-kriminalität müssen wir uns von diesen klassischen strafrechtlichen Begriffen lösen. Mit den herkömmlichen Klassifizierungen von Täter-schaft, Mittäterschaft, Teilnahme, Bande oder krimineller Vereini-gung tun wir uns oft schwer. Diese Begriffe lassen sich nicht eins zu eins auf Cyberkriminalität übertragen. Was wir im klassischen straf-rechtlichen Sinne unter einer Bande verstehen, ist gewissermaßen eine feste Vereinigung von Personen mit bestimmten Organisations-strukturen und eventuell auch mit einem Bandenchef, der Befehle gibt, die andere wiederum befolgen. Das entspricht jedoch über-haupt nicht unserer Wahrnehmung davon, wie sich Menschen im Netz zusammentun, um Straftaten zu begehen. Das sind wesentlich lockerere Vereinigungen mit viel flüchtigeren Strukturen. Die Leute kennen sich nicht einmal und wollen das im Grunde genommen auch gar nicht. Um gemeinsam Straftaten begehen zu können, ist das oft auch gar nicht nötig.

Haben Cyberkriminelle einen technischen Vorsprung?
Das glaube ich nicht. Sie nutzen einfach nur das, was ihnen der Markt bietet. Wir beobachten zunehmend, dass sich ein sogenanntes Crime-as-a-Service-Modell durchsetzt. Diese Art von Online-Dienstleistungen hat den Vorteil, dass sie unglaublich nutzerfreundlich ist. Das hat zur Folge, dass sich auch ein völlig unbedarfter User dieser Produkte – häufig auch noch kostenlos angeboten – bedienen kann. Damit kann er schwerste Straftaten begehen und ist dabei nur noch sehr schwer ermittelbar. Das ist natürlich ein Problem. Im Netz werden heute Dienstleistungen angeboten, die man kaum für möglich hält: Wenn jemand heute einen Trojaner programmiert, dann kann er das Schadprogramm durch einen Dritten testen lassen. Dieser zeigt ihm dann, welche Antivirensoftware auf den Trojaner reagiert. Oder ihm wird die Möglichkeit angeboten, diesen Trojaner im Web zu verbreiten. Bezahlt wird dann, wenn das Schadprogramm auch tatsächlich auf den Zielsystemen angelangt ist – das wäre ein sogenannter Pay-per-Install-Dienst. Für jede Art von Kriminalität findet sich im Netz die passende Dienstleistung.

Das Internet ermöglicht Kriminellen, sich auch über Ländergrenzen hinweg zusammentun zu können. Wie funktioniert da die internationale Kooperation zwischen den Strafverfolgungsbehörden?
Das stellt uns vor nicht unerhebliche Schwierigkeiten. Rechtshilfe ist im klassischen Sinne eine relativ zeitaufwendige Angelegenheit. Auch multinationale Ermittlungen müssen relativ rasch erfolgen. Das hat der europäische Gesetzgeber erkannt. Es gibt Bemühungen,

den Datenaustausch über Grenzen hinweg deutlich zu beschleunigen und zu vereinfachen. Dafür soll eine E-Evidence-Richtlinie geschaffen werden. Diese soll uns ermöglichen, direkt – ohne Notifizierung des jeweils betroffenen Staates – auf Daten im Ausland zugreifen zu können. So könnten dann Beweise sehr schnell gesichert werden.

Warum wird das Internet von manchen Menschen als vermeintlich „rechtsfreier Raum" wahrgenommen?

Das Problem besteht darin, dass das Fachwissen zum Thema Cyberkriminalität nicht in der Breite und bei allen Ermittlungsbehörden gleichermaßen vorhanden ist. In Sondereinheiten wie der ZIT verfügen wir natürlich über entsprechendes Know-how, weil wir ausschließlich in diesem Kriminalitätsfeld arbeiten. Wir kennen die technischen und rechtlichen Möglichkeiten, die uns bei einer Ermittlung zur Verfügung stehen. Im Idealfall müsste auch der Bürger aus der Kleinstadt, der Opfer von Online-Betrügern geworden ist, zu seinem Polizeibeamten vor Ort gehen können, und dieser müsste wissen, welche Ermittlungsansätze es gibt und wie Beweise schnell gesichert werden können. Oftmals fehlt jedoch dieses Know-how. Dann kann es passieren, dass der Bürger zu hören bekommt, dass da nichts zu machen sei. Und das geschieht nicht, weil sich die Polizei Arbeit sparen möchte. Es fehlt vielmehr an Know-how. Das kann zur Folge haben, dass sich der Bürger gewissermaßen schutzlos fühlt.

> Eine große Strafbarkeitslücke ist durch die Einführung des Straftatbestands „Datenhehlerei" geschlossen worden.

Das Thema Cyberkriminalität muss also verstärkt in der Ausbildung von Polizisten und Juristen behandelt werden?

Ja, in der Tat. Sowohl in der Polizisten- als auch in der Juristenausbildung spielt diese Sondermaterie eine absolut untergeordnete Rolle. Ich befürworte, dass sich die Kollegen innerhalb ihrer Einheiten weiterentwickeln und sich beispielsweise zum IT-Forensiker ausbilden lassen. Um sich weiterentwickeln zu können, wird einem sowohl bei der Polizei als auch bei den Staatsanwaltschaften eine gewisse Verwendungsbreite empfohlen. Das bedeutet, dass die Verbleibdauer in den einzelnen Einheiten doch vergleichsweise kurz ist. In einer rechtlich so anspruchsvollen Materie wie Cyberkriminalität, die obendrein auch noch ein tiefgehendes technisches Know-how erfordert, muss die Verbleibdauer von spezialisierten Fachkräften einfach sehr viel länger sein. Gerade in unserem Bereich sind Technik und

Recht sehr stark miteinander verbunden. Für mich ist ein interdisziplinärer Ansatz bei der Ausbildung mit Abstand am gewinnbringendsten.

Kommt es vor, dass die derzeitige Rechtsprechung Ihre Arbeit auch einschränkt? Was tun Sie dann?
Es gibt eine Vielzahl von Fällen, bei denen wir in der ZIT sehen, dass unser materielles Strafrecht häufig nicht mehr passt. Möglicherweise fehlen dann sogar Straftatbestände, die in der digitalisierten Welt neu hinzukommen müssen. Deswegen ist es schon immer ein wesentliches Anliegen der ZIT gewesen, Politikberatung zu betreiben. Im Zuge unserer Verfahren sammeln wir praktische Erfahrungswerte und können deshalb benennen, wo unser Recht an seine Grenzen stößt. Ein klassisches Beispiel dafür ist die Datenhehlerei. Wir haben schon sehr früh darauf hingewiesen, dass in der sogenannten Underground Economy massenhaft Daten zum Verkauf angeboten werden, ohne dass wir davon ausgehen müssen oder gar nachweisen können, dass diese Daten auch vom Verkäufer selbst gestohlen worden sind. Hier existierte eine Strafbarkeitslücke, die mit der von uns initiierten Einführung des Straftatbestands der Datenhehlerei geschlossen wurde. Dennoch glaube ich, dass wir sehr häufig noch nicht verstehen, welchen Wert Daten haben. Heutzutage beinhaltet ein PC oder ein Smartphone unsere gesamte digitale Identität.

Wie kann dafür ein Bewusstsein geschaffen werden?
Die Strafverfolgungsbehörden müssen mit ihrem Einsatz in erster Linie Vertrauen aufseiten der Bürger schaffen. Menschen, die Opfer von Cyberkriminalität werden und Anzeige erstatten, müssen ernst genommen werden. Wir müssen alles Erdenkliche tun, um die angezeigte Straftat aufzuklären. Allerdings gehen gerade sehr viele junge Leute fahrlässig mit ihren persönlichen Daten um. Vor allem Bilder werden relativ sorglos im Netz verbreitet. Da gibt es auch den Ansatz, die Provider zu verpflichten, bestimmte Daten zu löschen. Auf alle Fälle muss hier sensibilisiert werden. Meines Erachtens kann das aber nicht allein die Aufgabe des Gesetzgebers, der Polizei oder der Staatsanwaltschaften sein. Hierbei haben ganz klar alle Verantwortlichen einen Präventionsauftrag zu erfüllen. Die Menschen müssen zunehmend dafür sensibilisiert werden, was mit ihren Daten passieren kann, für was sie genutzt werden können und wo der Datenlöschung Grenzen gesetzt sind.

Das Interview führte Georg Poltorak.

© BSI

Arne Schönbohm

*ist Präsident des Bundesamtes für Sicherheit in der
Informationstechnik (BSI).*

Gemeinsam Cybergefahren abwehren

Cybersicherheit ist die Grundlage erfolgreicher Digitalisierung. Anwendungen wie Smart Home, E-Health, selbstfahrende Autos und E-Government eröffnen Chancen, beinhalten aber auch hohe Risiken. Das BSI informiert Unternehmen und Verbraucher aktuell über Gefahren und bietet Unterstützung.

Leistungsfähige und sichere IT- und Kommunikationssysteme sind das Nervensystem der Gesellschaft im 21. Jahrhundert. Kaum ein Bereich kommt ohne sie aus: Für eine funktionierende Wirtschaft sind sie essentiell. Die Systeme schaffen die Voraussetzung für den Datenaustausch und für Kapital-, Waren- und Dienstleistungstransfers. Sie ermöglichen das einfache Telefonieren und lassen uns via Kurznachrichtendienste, soziale Netzwerke oder Instant Messenger miteinander in Verbindung treten. Außerdem sorgen sie für die Vernetzung medizinischer Geräte im Operationssaal und sind Voraussetzung für Industrie 4.0, die Energiewende oder den Betrieb Kritischer Infrastrukturen.

Wertschöpfungsketten, die durch IT- und Kommunikationssysteme vernetzt sind, ermöglichen systemische, energie- und ressourcenschonende Produktionsprozesse und neue Lösungen für Mobilität und Logistik. Hier ist die Dynamik der Digitalisierung ungebrochen: Schon heute kommunizieren und kooperieren weltweit 1,3 Millionen

Industrieroboter miteinander. Im Internet der Dinge werden bis 2020 schätzungsweise 50 Milliarden Endgeräte interagieren. Mit der immer stärkeren Verbreitung entstehen auch neue Abhängigkeiten des Menschen: Die Systeme müssen einwandfrei funktionieren. Gerade die rasanten Entwicklungen im Internet der Dinge, aber auch die Vernetzung von Systemen und Prozessen in der industriellen Produktion machen ein störungsfreies Funktionieren unabdingbar. Wie die physische ist auch die virtuelle Sicherheit zu einer Alltagsaufgabe für alle Beteiligten geworden. Denn mit der fortschreitenden Digitalisierung aller Systeme nimmt auch deren Bedrohung durch Angreifer zu.

Rechtsrahmen für Cybersicherheit ausbauen

Die Bundesregierung hat mit der „Cyber-Sicherheitsstrategie für Deutschland" bereits 2011 den Grundstein für mehr Sicherheit gelegt. Die dort verankerten strategischen Ziele werden mit der 2014 beschlossenen „Digitalen Agenda" der Bundesregierung weiterverfolgt. Das im Juli 2015 in Kraft getretene IT-Sicherheitsgesetz ist ein erstes konkretes Ergebnis dieser Agenda, insbesondere im Bereich Kritischer Infrastrukturen (KRITIS). Deren Ausfall und die Beeinträchtigung der Versorgungsdienstleistungen hätten dramatische Folgen für Wirtschaft, Staat und Gesellschaft in Deutschland. Mit verbindlichen Mindestanforderungen an die IT-Sicherheit, flankiert durch die Verpflichtung, erhebliche IT-Sicherheitsvorfälle zu melden, will das Gesetz den KRITIS-Schutz verbessern und die Netzsicherheit erhöhen.

Im Mai 2016 ist der erste Teil der Rechtsverordnung zur Umsetzung des IT-Sicherheitsgesetzes in Kraft getreten. Dort wird geregelt, welche Unternehmen aus den KRITIS-Sektoren Energie, Informationstechnik und Telekommunikation sowie Wasser und Ernährung unter das IT-Sicherheitsgesetz fallen. 2017 wurden durch eine Änderungsverordnung auch Betreiber in den KRITIS-Sektoren Transport und Verkehr, Gesundheit sowie Finanz- und Versicherungswesen identifiziert.

Im August 2016 ist zudem die europäische Richtlinie zur Gewährleistung einer hohen Netzwerk- und Informationssicherheit (NIS-Richtlinie) in Kraft getreten. Sie ist seit Mai 2018 in allen Mitgliedstaaten der EU rechtswirksam. Deutschland hatte auf Basis des IT-Sicherheitsgesetzes bereits frühzeitig die Anforderungen der NIS-Richtlinie ins deutsche Recht überführt. Mit dem Gesetz zur Umsetzung der NIS-Richtlinie wurden die übrigen notwendigen Anpassungen und Erweiterungen durchgeführt.

So solide dieser Rechtsrahmen damit auch ist, die Entwicklung der Digitalisierung erlaubt kein Innehalten. Vor dem Hintergrund der aktuellen Bedrohungslage bedarf es einer Fortschreibung des IT-Sicherheitsgesetzes zu einem IT-Sicherheitsgesetz 2.0. Nur so können die Kritischen Infrastrukturen und weitere Teile der Wirtschaft geschützt und das Sicherheitsniveau erhöht werden.

Kooperative Gestaltung der Cybersicherheit

Das Bundesamt für Sicherheit in der Informationstechnik (BSI) gestaltet als nationale Cybersicherheitsbehörde die Informationssicherheit in der Digitalisierung zum Schutz von Staat, Politik, Gesellschaft und Wirtschaft. Das BSI nutzt dafür in einem kooperativen Ansatz die drei Elemente Prävention, Detektion und Reaktion. Es setzt auf ein enges und gleichberechtigtes Zusammenarbeiten aller Akteure und stellt dafür seinen umfassenden, unabhängigen und neutralen Sachverstand zur Verfügung. Das BSI verfügt über eine integrierte Wertschöpfungskette der Cybersicherheit mit technisch tiefgehender Expertise: von der Abwehr von Cyberangriffen über die Beratung und Entwicklung sicherheitstechnischer Lösungen bis hin zur Standardisierung und Zertifizierung. Auf diese Weise verfügt Deutschland über eine funktionierende Cyberabwehr aus einer Hand. Im Bereich der Kritischen Infrastrukturen werden die Aufgaben und Befugnisse des BSI durch das IT-Sicherheitsgesetz und das Gesetz über das Bundesamt für Sicherheit in der Informationstechnik (BSIG) geregelt:

- KRITIS-Betreiber müssen die Einhaltung von IT-Sicherheit nach dem Stand der Technik regelmäßig gegenüber dem BSI nachweisen (§ 8a BSIG). Sofern Sicherheitsmängel aufgedeckt werden, darf das BSI im Einvernehmen mit den Aufsichtsbehörden deren Beseitigung anordnen.

- Das BSI ist nach § 8b BSIG die zentrale Meldestelle für die IT-Sicherheit Kritischer Infrastrukturen. Die Betreiber müssen dem BSI „erhebliche Störungen" ihrer IT melden, sofern sie Auswirkungen auf die Verfügbarkeit kritischer Dienstleistungen haben können. Das BSI bewertet und analysiert diese Meldungen und setzt sie mit weiteren Meldungen und Erkenntnissen aus anderen Quellen in Beziehung. Daraus entsteht ein Lagebild, auf dessen Basis beispielsweise kurzfristige Warn- und Alarmmeldungen sowie Handlungsempfehlungen für Betroffene erstellt werden können.

- Umgekehrt hat das BSI sämtliche Informationen zu sammeln, die zur Abwehr von Angriffen auf die IT-Sicherheit Kritischer Infrastrukturen relevant sind. Es muss diese bewerten und an die Betreiber sowie die zuständigen (Aufsichts-)Behörden weiterleiten. Die Betreiber erhalten somit Informationen und Know-how und profitieren von der Auswertung der Meldungen aller Betreiber sowie vieler anderer Quellen durch das BSI.

- Sofern bei einem KRITIS-Betreiber meldepflichtige Störungen auftreten, darf das BSI gemäß § 8b BSIG erforderlichenfalls auch die Hersteller der entsprechenden IT-Produkte und -Systeme zur Mitwirkung verpflichten.

- Dem BSI wird die Befugnis eingeräumt, zur Wahrnehmung seiner Aufgaben IT-Produkte auf ihre Sicherheit hin zu untersuchen.

Meldeprozesse dafür sind im BSI bereits etabliert. Das Bundesamt kann auf Erfahrungen zurückgreifen, die es im Rahmen der bereits seit langem geltenden Meldepflicht für IT-Sicherheitsvorfälle in der Bundesverwaltung gewonnen hat.

Aktuelle Meldungen zu Cyberbedrohungen

Im KRITIS-Bereich kooperiert das BSI im Rahmen der öffentlich-privaten Partnerschaft UP KRITIS über seine Aufgaben aus dem IT-Sicherheitsgesetz hinaus mit den KRITIS-Betreibern, deren Verbänden und den zuständigen staatlichen Stellen. Der Umsetzungsplan (UP) betrifft acht der neun Sektoren Kritischer Infrastrukturen. Den Sektor Staat und Verwaltung deckt auf Bundesebene der UP BUND ab. Die notwendigen Regelungen für Länder und Kommunen treffen die jeweiligen Länder. Das zentrale Ziel von UP KRITIS ist es, die Versorgung mit Dienstleistungen Kritischer Infrastrukturen in Deutschland auch im Zeitalter der Digitalisierung jederzeit möglichst uneingeschränkt aufrechtzuerhalten.

Außerhalb von KRITIS werden die Aufgaben und Befugnisse des BSI durch das 2009 verabschiedete Gesetz zur Stärkung der Sicherheit in der Informationstechnik des Bundes geregelt. Hiernach soll das BSI

- als zentrale Meldestelle für IT-Sicherheit Informationen über Sicherheitslücken und neue Angriffsmuster auf die Sicherheit der Informationstechnik sammeln und auswerten (§ 4 BSIG). Es soll damit ein verlässliches Lagebild erstellen, Angriffe frühzeitig erkennen und Gegenmaßnahmen empfehlen sowie

- die betroffenen Stellen und die Öffentlichkeit vor Sicherheitslücken in informationstechnischen Produkten und Diensten sowie vor Schadprogrammen warnen (§ 7 BSIG).

Auch hier verfolgt das BSI einen kooperativen Ansatz. Mit der „Allianz für Cyber-Sicherheit", die 2012 mit dem ITK-Branchenverband Bitkom initiiert wurde, soll die Widerstandsfähigkeit des Standorts Deutschland, insbesondere aber die von kleinen und mittelständischen Unternehmen, gegenüber Cyberangriffen gestärkt werden. Dies erfolgt unter anderen durch die Bereitstellung von IT-Sicherheitsempfehlungen durch das BSI und durch Partner der Allianz. Der Allianz gehören inzwischen nahezu 3.000 Institutionen an, davon knapp 100 Partnerunternehmen und mehr als 40 Multiplikatoren.

Über eine Mitgliedschaft in der Allianz können Unternehmen auch auf den „Leitfaden Cyber-Sicherheits-Check" zugreifen, den das BSI und der Information Systems Audit and Control Association (ISACA) Germany Chapter e.V. gemeinsam entwickelt haben. Damit können Unternehmen ihren Cybersicherheitsstatus bestimmen und aktuellen Bedrohungen aus dem Cyberraum wirksam begegnen. Darüber hinaus erhalten sie Zugriff auf die „Cyber-Sicherheits-Warnungen" des BSI. Außerdem stellt das BSI über das externe Angebot des Warn- und Informationsdienstes (WID), den das Computer Emergency Response Team der Bundesverwaltung (CERT-Bund) betreibt, Informationen zu Schwachstellen bereit.

Unterstützung für private Nutzer

Damit auch Bürger das Internet sicher nutzen können, stellt das BSI diesen ebenfalls seine Erkenntnisse zum Schutz von IT-Systemen und Daten zur Verfügung. So betreibt das BSI die Webseite www.bsi-fuer-buerger.de, auf der private Nutzer neben Beiträgen und Informationen zu aktuellen Themen auch Checklisten, Erklärvideos und Infografiken zu Risiken im Internet und zur sicheren IT-Nutzung finden. Neben Informationen bietet das BSI dort auch konkrete Handlungsempfehlungen an, zum Beispiel zur Verschlüsselung von Daten.

Der kostenlose Warn- und Informationsdienst „Bürger-CERT" ist ebenfalls Teil des Informationsangebots auf www.bsi-fuer-buerger.de.

Damit informiert das BSI auf der Webseite und per E-Mail-Abonnement entweder in Form „technischer Warnungen" oder mit dem vierzehntäglichen Newsletter „Sicher • Informiert" über Schwachstellen, Sicherheitslücken und andere Risiken und gibt entsprechende Hilfestellungen. Mit der Facebook-Seite www.facebook.com/bsi.fuer.buerger und dem Twitter-Kanal www.twitter.com/BSI_Presse ist das BSI auch in den sozialen Netzen vertreten, informiert dort Nutzer und bietet den Dialog an. Durch den aktuellen Koalitionsvertrag vom Februar 2018 werden die Möglichkeiten des BSI ausgeweitet, für Cybersicherheit zu sorgen. Konkret heißt es dort, dass der „digitale Verbraucherschutz" als zusätzliche Aufgabe des BSI etabliert werden soll. Als herstellerunabhängige und kompetente technische Stelle unterstützt das BSI Verbraucher durch Empfehlungen, IT-Sicherheitskennzeichen und Zertifizierungen, aber auch durch die Risikobewertung von Technologien, Produkten, Dienstleistungen und Medienangeboten.

Gefährdungslage auf hohem Niveau

Die hohe Innovationsfrequenz und die intensive Nutzung von Informations- und Kommunikationstechnologie eröffnen täglich neue Sicherheitslücken und Schwachstellen. Damit erhalten Cyberangreifer immer wieder neue Angriffsflächen und Möglichkeiten, um Informationen und Forschungsergebnisse auszuspähen, Geschäfts- und Verwaltungsprozesse zu sabotieren oder sich auf Kosten Dritter kriminell zu bereichern. Die Angreifer sind nicht zuletzt deswegen so erfolgreich, weil immer noch „digitale Sorglosigkeit" herrscht. Virenscanner und Personal Firewalls sind bei Privatnutzern noch nicht in zufriedenstellendem Maße verbreitet. Auch Sicherheitsupdates für das Betriebssystem oder für Anwenderprogramme werden nur unregelmäßig eingespielt. Weniger als die Hälfte der privaten Internetuser verwendet die automatischen Update-Funktionen ihrer Betriebssysteme und Anwendungen.

Die Zahl der IT-Angriffe steigt von Jahr zu Jahr. Zudem zeugt die Art der Cyberangriffe und IT-Sicherheitsvorfälle der vergangenen Monate von einer neuen Qualität: Schadprogramme wie WannaCry und NotPetya hatten eine erhebliche Schadenswirkung in der Breite. Es gab Hardwareschwachstellen wie Spectre und Meltdown, die praktisch jeden Computer betreffen und nicht komplett durch Updates zu beseitigen sind, es gab hochspezialisierte Angriffe auf Bundeseinrichtungen wie das Auswärtige Amt und mit „eFail" eine Möglichkeit zur Aushebelung verschlüsselter Kommunikation.

Zurzeit gibt es rund 800 Millionen PC-basierte Schadprogramm-varianten, und täglich kommen rund 390.000 Varianten hinzu. Doch wir befinden uns erst am Anfang einer Ära der Digitalisierung, die unseren Alltag und unsere Gesellschaft jeden Tag mehr beeinflussen wird. Die Kombination aus neuer Angriffsqualität und zunehmender Digitalisierung hebt die Gefährdungslage auf ein Niveau, dem wir uns als nationale Cybersicherheitsbehörde und als Gesellschaft stellen müssen. Die Angriffe werden immer professioneller, ihre Konsequenzen folgenschwerer: Erfolgreiche Attacken auf Kommunikationssysteme und Krankenhäuser, auf Medien, auf Unternehmen und Produktionssysteme sowie auf Verwaltungseinrichtungen und demokratische Institutionen zeigen Facetten und Dimensionen dieser Entwicklung. Die Angreifer nutzen technische oder organisatorische Schwachstellen in den Zieleinrichtungen und verfügen über einen wohlgefüllten Werkzeugkasten. Dazu zählen unter anderem

- Computerbetrug und Betrug mit Zugangsberechtigungen zu Kommunikationsdiensten (Identitätsdiebstahl)

- Fälschung von Daten (CEO-Betrug)

- Täuschung im Rechtsverkehr bei der Datenverarbeitung

- Datenveränderung

- Computersabotage, Ausspähen und Abfangen von Daten

Im weiteren Sinne zählen aber auch alle Delikte dazu, die über das Internet erfolgen. Dazu gehören Phishing im Bereich Online-Banking, Straftaten mit Distributed-Denial-of-Service-Attacken, digitale Erpressung sowie die Herstellung und Verbreitung von Hacker-Tools für illegale Zwecke. Zwei dieser Betrugsdelikte sollen im Folgenden ausführlicher dargestellt werden.

Identitätsdiebstahl in vielen Varianten

Identitätsdiebstahl kann durch verschiedene Methoden erfolgen. Sie alle haben das Ziel, dem Angreifer Zugriff auf ein E-Mail-Konto oder auf Social Media oder Webshops zu gewähren. Im Wesentlichen sind drei Vorgehensweisen zu unterscheiden: Phishing, Malware (Schadsoftware) und Datenleaks.

Phishing-Nachrichten sollen Benutzer dazu bewegen, ihre Zugangsdaten zu Internetbanking, Bezahldiensten, sozialen Netzwerken oder Einkaufsportalen auf Webseiten einzugeben, die unter der Kontrolle der Angreifer stehen. Der Versand dieses Spams erfolgt in den meisten Fällen über kompromittierte Server, infizierte Client-Systeme oder mit Hilfe ausgespähter Zugangsdaten über legitime E-Mail-Konten. Häufig sind die Spam versendenden Systeme zu einem Botnetz zusammengeschlossen. Diese Methode des Identitätsdiebstahls tritt vermehrt bei Großereignissen auf. So wurden beispielsweise die Fußballweltmeisterschaft 2018 in Russland oder die seit Mai 2018 geltende Datenschutzgrundverordnung (DSGVO) von Kriminellen genutzt, um möglichst viele Personen anzusprechen und sie zur Herausgabe persönlicher Daten zu bewegen. Des Weiteren werden personalisierte Phishing-Angriffe durch Informationen aus Social Media oder aus Datenleaks begünstigt. Als Datenleak (Datenleck) bezeichnet man einen Vorfall, bei dem Unberechtigte Zugriff auf eine Datensammlung erhalten.

Mit Spam versuchen Angreifer, Systeme der Empfänger mit Schadprogrammen (Malware) zu infizieren. Dies kann direkt durch ein Schadprogramm im E-Mail-Anhang oder indirekt durch einen Link im E-Mail-Text oder im Anhang erfolgen, der auf ein Schadprogramm oder eine Webseite mit Drive-by-Exploits verweist. Ein Drive-by-Exploit nutzt Schwachstellen in Browsern aus, um ohne Kenntnis des Nutzers Schadsoftware auf dem Computer zu installieren. Es genügt dafür, eine Webseite mit infizierten Werbebannern zu besuchen.

In den vergangenen Jahren, besonders 2017, wurden große Mengen vertraulicher Datensätze im Internet veröffentlicht. Solche Datenleaks können unterschiedliche Informationen enthalten, zum Beispiel IP-Adressen (Adressen im Internet oder anderen Computernetzen, die auf dem Internetprotokoll basieren), Vor- und Nachnamen oder Postanschriften. Solche Informationen werden meist aus Datenbanken von Shops oder anderen Plattformen erbeutet. Zu den größten Datenraubzügen gehörten massenhaft gestohlene Daten von Portalen wie Ashley Madison, Minecraft, Skype, Facebook oder Twitter. Auch Dating- und Seitensprungportale waren Ziele der Hacker.

CEO-Betrug als neue Masche

Vor allem der CEO-Betrug (CEO-Fraud), auch als „Fake President" bezeichnet, nimmt immer mehr zu. „Chief Executive Officer" (CEO) ist die US-amerikanische Bezeichnung für den Geschäftsführer, Direktor beziehungsweise Vorstandsvorsitzenden eines Unternehmens. Beim CEO-Betrug handelt es sich um eine Variante des Social Engineerings, die Angreifer mit großem Aufwand betreiben. Dieser Aufwand erklärt sich durch signifikante Schadensummen, die Kriminelle erzielen können und die in Einzelfällen mehrfache Millionenhöhe erreichen. Das BSI stellt fest, dass diese Betrugsmasche immer ausgefeilter und professioneller wird. Zwischen 2013 und 2016 haben Kriminelle damit weltweit 5,3 Milliarden US-Dollar erbeutet, wie der US-Netzwerkausrüster Cisco jüngst in einer Studie veröffentlicht hat.

Beim CEO-Betrug wird in besonderem Maße Zielaufklärung betrieben. Zu den technischen Grundfertigkeiten der Angreifer gehört es, Informationen über Unternehmen und Mitarbeiter zu beschaffen. Dazu werden unterschiedliche Quellen genutzt: Unternehmenswebseite, Presse- und Börsenmitteilungen, Einträge in sozialen Medien und im Handelsregister. Auch gibt es Fälle, in denen Angreifer im Vorfeld Mitarbeiter angerufen haben, um Ansprechpartner und weitere Details über das Unternehmen in Erfahrung zu bringen. Mitunter werden dabei auch Techniken genutzt, die dem Opfer eine bekannte Rufnummer vortäuschen.

Für den eigentlichen Betrug fordert eine gefälschte E-Mail mit Absenderadresse aus dem eigenen Unternehmen und mit korrekter Signatur Mitarbeiter aus der Finanzabteilung zu einer finanziellen Transaktion auf. Der technische Aufwand ist für die Verbrecher vergleichsweise gering. Es handelt sich meist um einfache E-Mails, die keine Schadsoftware oder verdächtigen Links enthalten. Somit wird der Chefbetrug von den meisten Sicherheitsprogrammen nicht erkannt.

Inhaltlich werden die an die Opfer versendeten E-Mails allerdings mit großer Professionalität und Sorgfalt vorbereitet und zugestellt. Der Angreifer gibt sich als Geschäftsführer, Finanzchef oder ein vergleichbares Mitglied der Geschäftsleitung aus und versucht, das Opfer zur schnellstmöglichen und zugleich vertraulichen Überweisung größerer Geldbeträge zu veranlassen.

Um das Opfer von der Echtheit der Anfrage zu überzeugen, imitiert der Angreifer durch Wortwahl und Bilder die echten E-Mails aus der Chefetage so gut, dass auf den ersten Blick nichts Ungewöhnliches auffällt. Häufig werden real existierende Mitarbeiter als Referenz angegeben, um die Rechtmäßigkeit der Transaktion zu bestätigen.

Teilweise wird die „dringende" Zahlungsanweisung der E-Mail durch Telefonanrufe unterstützt, die von dem angeblichen Mitarbeiter der Managementebene oder einem hinzugezogenen „Berater" stammen. Damit dieser Betrugsversuch erfolgreich ist, suggerieren Angreifer und Berater dem Opfer hohen Zeitdruck, indem sie den Geschäftserfolg oder gar die Existenz des Unternehmens von einer zeitnahen Transaktion abhängig machen.

Im Rahmen eines Ermittlungsverfahrens gegen die organisierte Kriminalität gelang es Strafverfolgungsbehörden im Juli 2017, in den Besitz einer Liste mit rund 5.000 potentiellen Zielpersonen für CEO-Betrugsangriffe zu gelangen. Diese Liste wurde dem BSI übermittelt. Das BSI veröffentlichte dazu eine Pressemitteilung und informierte die betroffenen Zielpersonen beziehungsweise Unternehmen auch direkt. Einige Unternehmen bestätigten, kurz zuvor Opfer von CEO-Betrugsangriffen geworden zu sein. Eine vom BSI durchgeführte Stichprobe zeigte, dass viele dieser Zielpersonen Profile in Karriereportalen oder sozialen Netzen hatten, in denen der Name des Unternehmens und ihre Position als Mitarbeiter der Finanzabteilung genannt waren.

Professionelle Angreifer arbeiten international zusammen

In Form internationaler Arbeitsteilung haben sich Täter und Gruppen auf unterschiedliche Aufgaben spezialisiert, um Schwachstellen zu finden, Schadcodes zu programmieren und IT-Angriffe durchzuführen. Die Täter begehen Cyberangriffe mit Hilfe von IT- und Kommunikationstechnik: Computer, Netzwerk oder Hardwaregerät. Der Computer ist Agent, Vermittler und Ziel des Verbrechens zugleich.

Die Akteure profitieren von der globalen Vernetzung und von den Tarnungsmöglichkeiten des Internets. Ihre Spur ist oftmals schwer zu verfolgen und stößt schnell an nationale Grenzen. Die Offenheit und Ausdehnung des Cyberraums erlaubt es ihnen, ihre Angriffe zu verschleiern und verwundbare Opfersysteme als Werkzeug für Angriffe zu missbrauchen. Häufig kann bei Angriffen weder auf die Identität noch auf die Hintergründe des Angreifers geschlossen werden.

Erst wenn über einen längeren Zeitraum eine größere Zahl von Angriffen beobachtet wird, die sich in ihrer technischen Vorgehensweise und ihrem strategischen Ziel ähneln, liegen genügend Daten vor, um wiederkehrende Muster zu erkennen und auszuwerten. Bei wiederholten Angriffen erhöht sich auch die Wahrscheinlichkeit, dass die Täter Fehler machen. Spuren lassen sich manchmal in den Schadprogrammen (Spracheinstellungen, Zeitstempel, regionale Betriebssystemkonfigurationen), in der verwendeten Infrastruktur (Werkzeuge auf Kontrollservern, Fehler beim Verschleiern der eigenen Verbindung, Fehler beim Registrieren und Mieten von Kontrollservern), in der Auswahl der Ziele und in der Täterkommunikation finden.

Wirksamer Schutz gegen aktuelle Bedrohungen

Ein Schutz vor solchen Angriffen und Betrugsversuchen ist durchaus möglich. Er setzt aber ein hohes Risikobewusstsein voraus und erfordert die kontinuierliche Information der Nutzer, das regelmäßige Einspielen von Sicherheitsupdates beziehungsweise die Nutzung von Sicherheitsfeatures wie Virenscannern. Erfolgsentscheidend ist das Zusammenwirken aller Akteure. Der Merksatz, dass jede Kette nur so stark ist wie ihr schwächstes Glied, gilt für die Abwehr von Cyberangriffen ganz besonders.

Als Schutz vor Phishing ist die Zwei-Faktor-Authentifizierung für virtuelle private Kommunikationsnetze (VPN), Webmail oder Online-Banking geeignet. Dabei werden statt einem zwei Faktoren zur Authentifizierung verwendet. Diese beiden Faktoren müssen unterschiedlichen Kategorien (Besitz, Wissen, Biometrie) angehören, damit sich die Stärken der Faktoren gegenseitig ergänzen. Sie müssen miteinander verknüpft sein, so dass sie nicht unabhängig voneinander angegriffen werden können.

Kriminelle profitieren von der globalen Vernetzung und den Tarnungsmöglichkeiten des Internets.

Beispielsweise wird der Faktor Wissen (ein Passwort oder eine PIN) mit dem Faktor Besitz (zum Beispiel eine Smartcard als Sicherheitselement) sicher kombiniert. Die PIN dient beispielsweise zum Freischalten der Smartcard. Durch kryptografische Methoden weist das Sicherheitselement dann den Besitz der Karte auf dem Authentifizierungsserver nach.

Als Mitglied der Fast-Identity-Online-Allianz (FIDO) beteiligt sich das BSI an der Definition nachweisbar sicherer Hilfsmittel zur Authentifizierung – sogenannter Token. Der Nachweis eines hohen Sicherheitsniveaus lässt sich durch Zertifizierung nach dem internationalen Standard „Allgemeine Kriterien für die Bewertung der Sicherheit von Informationstechnologie" (Common Criteria) erbringen. Das BSI hat bereits ein Schutzprofil für sichere FIDO-U2F-Token veröffentlicht. U2F ist ein offener Zwei-Faktor-Authentifizierungsstandard, FIDO (Fast IDentity Online) die internationale Allianz für Internetsicherheit.

Um das Risiko eines CEO-Betrugs zu minimieren, sollten sich öffentliche Kontaktdaten eines Unternehmens auf allgemeine Adressen beschränken. Gleichzeitig sollten Unternehmen ihre Mitarbeiter regelmäßig auf diese und andere Risiken der Digitalisierung hinweisen und im sicheren Umgang mit Informationstechnik schulen. Im Fokus stehen dabei Mitarbeiter aus kritischen Bereichen wie der Buchhaltung.

Als Präventivmaßnahme gegen fehlgeleitete Zahlungsanweisungen ist das Vier-Augen-Prinzip zu empfehlen. Speziell bei Zahlungsanweisungen, die vom Üblichen abweichen, sollten vor Veranlassung der Zahlung Kontrollmechanismen greifen. Die Zahlungsaufforderung kann durch Rückruf oder schriftliche Rückfrage beim vermeintlichen Auftraggeber verifiziert, die Absenderadresse und die Plausibilität des Inhalts der E-Mail sollten überprüft werden. Über Angriffe sollten die Geschäftsleitung oder der Vorgesetzte sowie der IT-Sicherheitsbeauftragte informiert werden. Unternehmen, die von (versuchten) CEO-Betrugsangriffen betroffen sind, sollten unbedingt Strafanzeige stellen.

Das BSI steht bei allen Fragen der IT-Sicherheit als nationale Cybersicherheitsbehörde gern als Ansprechpartner und Ratgeber bereit. Im Rahmen der Allianz für Cyber-Sicherheit bietet das BSI praxisnahe Handlungsempfehlungen und Möglichkeiten des Erfahrungsaustauschs mit anderen Unternehmen.

BETRUG BETRIFFT JEDEN

David Spaeth

ist Regisseur und Autor. Er realisiert Dokumentarfilme
und Dokumentationen für öffentlich-rechtliche
Sender. An der Filmakademie Baden-Württemberg
ist er als Dozent tätig. An der Hochschule für
Fernsehen und Film München ist er Teil der
Dokumentarfilmabteilung.

Und dann stellt sich heraus: Es war alles nur Verrat und Täuschung

Im Jahr 2018 hat David Spaeth einen Dokumentarfilm mit dem Titel „Betrug" fertiggestellt. Er lief in der ARD und auf Festivals. Der Film wurde in Feuilletons sowie von der Zeitung „Bild" besprochen. Angesichts der überschaubaren Geldsumme des Betrugs war das überraschend. In der Regel wäre das höchstens ein Fall für die Regionalnachrichten gewesen.

Der Dokumentarfilm handelt von einem Hochstapler. Der arbeitslose Vater eines behinderten Sohnes bringt einen Kindergarten beziehungsweise eine Elterninitiative um ihr Erspartes. Eigentlich ein kleiner Fall. Er ist kein Banker, der die Millionen seiner Kunden verzockt. Kein Waffenschieber, der den Fiskus um Riesensummen prellt und nebenbei Menschenleben vernichtet. Was ist hier also besonders? Warum ein Film über einen Kindergartenbetrüger?

Zwei Dinge sind dabei bemerkenswert: An der Sache selbst ist interessant, dass sich alle Beteiligten persönlich und aus einem primär unschuldigen Umfeld kennen – der Kindergarten ihrer Töchter und Söhne. Es ist nicht so wie beim Betrug über Bankkonten oder im Internet. Dort bleiben die handelnden Personen meist abstrakt. Im Internet plündert irgendwer – wer weiß, ob alt oder jung, ob Mann oder Frau. In diesem Fall leben alle in einem engen sozialen Netz, in einem sozialen Biotop. Für die Beteiligten schlägt da der Betrug wie eine Bombe ein.

Da unsere Kinder in dieser Kindertagesstätte waren, war ich selbst unmittelbar betroffen. Nach anfänglichem Schreck wurde mir klar, dass ich Zeuge eines exemplarischen Falls von Hochstapelei und Betrug geworden war. An diesem Exempel war unmittelbar zu beobachten, welche psychologischen und sozialen Verstrickungen und Verwerfungen sich in einem Betrugsfall offenbaren. Man kann fast sagen, dass der Betrug den Fokus auf Strukturen und Mechanismen lenkte, die sonst kaum in Erscheinung treten. Die andere bemerkenswerte Sache ist, dass für den Film beide Parteien gewonnen werden konnten – der Betrüger sowie die Betrogenen.

„Betrug" – die Story

Die private Elterninitiative im Münchener Stadtteil Schwabing hat einen ausgezeichneten Ruf: Wer in der Auswahl nicht berücksichtigt wird, trauert dieser verpassten Chance oft lange hinterher. Der arbeitslose Basti denkt, dass er die Chancen seines Sohnes auf einen Platz erhöhen kann, indem er seine Vita poliert. Er erfindet ein BWL-Studium, das er nie gemacht hat, und macht sich zum erfolgreichen Selbständigen. Es funktioniert: Sein Sohn wird aufgenommen und Basti wird Teil einer Gruppe, zu der er sich schon immer hingezogen fühlt. Für ihn scheint das eine Gesellschaftsschicht zu sein, in der sich das Leben von einem Genuss zum nächsten schwingt. Basti, in Halle aufgewachsen und klischeehaft mit Komplexen beladen, saugt diese Welt auf, dringt in sie ein. Aus Dank für die liebevolle Zuwendung, die sein Sohn im Kindergarten erfährt, stellt er sein „Knowhow" als erfolgreicher BWLer in den Dienst der Elterninitiative. Er wird Finanzvorstand.

Jahrelang ist das eine Erfolgsgeschichte: Basti avanciert zum Wundervater. Er zeigt, dass das Unmögliche möglich ist: großes Geld im Job verdienen, immer im Kindergarten präsent sein, für seine Frau da sein und Lebensfreude versprühen – der lebensbedrohlichen Behinderung seines Sohnes zum Trotz. Soweit der Schein. Hinter dieser Maske spielt sich aber etwas anderes ab. Basti erkennt sofort, dass er in der Elterninitiative ohne große Aufwärmphase direkt den Posten des Finanzvorstands übernehmen kann. „Vorstand", „Finanzvorstand" – er ist wieder ein Schritt weiter in Richtung Wichtigkeit. Und wer weiß, vielleicht bleibt ja der eine oder andere Euro bei ihm

Auf dem heimischen Sofa: Basti schildert seine Sicht der Dinge.

hängen. Kaum hat er den Posten übernommen, stellt er verblüfft fest, dass auf dem Konto massenhaft Geld liegt. Er beginnt, ein ausgeklügeltes System von Überweisungen, Ablenkungsmanövern und Lügenkonstrukten zu entwerfen und plündert die Rücklagen.

Endlich hat er die Mittel, um genau den Basti zu inszenieren, der er gern wäre: Bewundert von allen, begehrt von den Frauen. Ein Mann, der mit Geld um sich wirft, dicke Autos fährt und von Erfolg zu Erfolg schwebt. Basti liebt den Nervenkitzel und verpulvert das Geld des Kindergartens am liebsten vor den Augen der Eltern. Er lädt die Eltern aus der Gruppe ein, kauft vorher neue Gartenmöbel, einen neuen Fernseher und eine Espressomaschine. Zusätzlich leiht er sich Sportwagen, rast übers Wochenende nach Hamburg, bucht sich Escort-Girls und bezahlt mit der EC-Karte des Kindergartens. Zwischendurch – wenn er nach Hause kommt – bricht der graue Alltag über ihn herein: Seine Frau, die Probleme, die Kinder und seine reale Existenz. Ob seine Frau ihn wohl bewundert? Alles fing so schwierig an: Sein Sohn war häufig im Krankenhaus. Sie hatten kein Geld, waren total pleite. Und jetzt – seit gut einem Jahr – läuft es plötzlich.

Die meisten Eltern belächeln diesen etwas prolligen Angeber, der so neureich sein Geld zur Schau stellt. Allerdings müssen sie sich eingestehen, dass Basti ungeheuer viel leistet. Neben seinem anscheinend irrsinnig stressigen Job ist er fast immer im Kindergarten anzutreffen – wie auch immer er das macht. Er geht liebevoll mit seiner Frau um, umsorgt das Kind, ist immer witzig, gut gelaunt und großzügig. Eine Elterninitiative lebt davon, dass sich die Eltern einbringen. Aber viele scheitern daran, dass sie im Job massiv eingebunden sind. Basti schafft beides. Eine Elterninitiative lebt auch von der Offenheit, vom Austausch untereinander. Basti ist offen. Immer wieder erzählt er intimste Erlebnisse und Sorgen, die seinen Sohn betreffen. Ohne Scheu stülpt er das Innerste nach außen. Und er weint – mit Eltern und Erziehern gemeinsam. Er ist der Super-Dad der Elterninitiative – nur eben ein wenig prollig.

Von Anfang an gibt es unter den 40 Eltern im Kindergarten zwei, die Basti nicht über den Weg trauen. Je mehr Zeit vergeht, desto deutlicher versuchen sie, ihre Zweifel zu äußern. Allerdings gibt Basti ihnen jedes Mal konkrete Zahlen, wenn sie konkrete Zahlen fordern. Wenn sie Bankauszüge sehen wollen, gibt Basti ihnen Bankauszüge. Dass alles gefälscht ist, weiß niemand. Wenn Basti keine Antwort parat hat, sagt er, dass er zu Hause nachschaue. Prompt hat sein Sohn in der Nacht einen Anfall und Basti muss die folgenden Tage auf der Intensivstation verbringen. Irgendwann wird der Verdacht aber erdrückend, und die, die er über zwei Jahre an den Rand drängen konnte, verschaffen sich Gehör. Für Basti wird die Luft immer dünner, seine Unterstützer werden weniger, und dann fliegt er auf, beziehungsweise er sagt selbst, dass er damals aufgegeben habe, da kein Geld mehr da gewesen sei. Die Einrichtung ist zahlungsunfähig, und für ihn gibt es nichts mehr zu holen.

Also stellt sich Basti. Er weint, schreit und kriecht im Schmutz. Die Eltern sind entsetzt. Sie besorgen ihm einen Therapeuten, da sie Angst haben, dass er sich etwas antut. Erst allmählich kommt die Wut. „Na, dann muss Basti seinen Ferrari verkaufen", denken sich die Eltern. Der ist gar nicht von ihm? Schlimmer noch – das Auto ist vom Kindergartengeld gemietet. Basti ist nicht wohlhabend und war es noch nie. Er ist kein erfolgreicher Geschäftsmann, sondern arbeitslos. Er hat keinen reichen Schwiegervater und auch nicht BWL studiert. Von Finanzen hat er nachweislich keine Ahnung. Der Kindergarten ist pleite. 40 Familien sind in Panik.

Oberflächlich geht es nur um einen Kindergartenplatz. In Wirklichkeit ist das aber ein umfassender Angriff auf alles, woran die Leute in der Elterninitiative glauben. Natürlich greift hier das Rechtssystem: Basti wird angeklagt und nach einem Prozess mit drei Verhandlungstagen zu zweieinhalb Jahren Gefängnis verurteilt. Die Eltern, die im Innersten getroffen und von ihrem Anliegen vollkommen überzeugt sind, lassen alles liegen – Arbeit, Urlaub und Beziehung – und schaffen es, innerhalb von vier Wochen Spendengelder über 80.000 Euro aufzutreiben. Der Betrieb kann weiterlaufen.

Basti wäscht seine Hände in Unschuld. Haben nicht alle bekommen, was sie wollten? Die Eltern hatten viele Gelegenheiten, ihn zu entlarven. Anzeichen gab es genug. Aber niemand wollte sie sehen: Ein dreißigjähriger, Ferrari fahrender Karrierist, der seine Zeit im Kindergarten verbringt, immer hilfsbereit, sozial und großzügig ist. Einer mit Geld, der mit seinem Alltag, dem schwerkranken Kind und der unscheinbaren Frau zufrieden und glücklich ist. Wer das akzeptiert, der will einfach unbedingt daran glauben. Jedenfalls hätte Basti selbst sofort gemerkt, dass da etwas nicht stimmt. Er hätte die Lüge sofort entlarvt. „Einen Betrüger kannst du nicht betrügen", sagt Basti.

Betrügen – ein interaktives Spiel

Basti: *„Es geht nur in diesem Umfeld, woanders fällt es auf. Aber da war es ja für viele normal. Und wurde, selbst wenn es nicht normal ist, nicht hinterfragt und als normal empfunden. Die konnten sich ja teilweise Dinge leisten … Da waren Eltern dabei, das war unvorstellbar."*

Man kann sich zwar auch selbst betrügen – aber nur im übertragenen Sinne. Zum materiellen Betrug gehören mindestens zwei: ein Betrüger und der Betrogene oder die Betrogenen. Täter und Opfer sind miteinander verknüpft. Wenn man eine Betrugsaffäre verstehen möchte, muss man beide Seiten betrachten.

Natürlich geht es beim Aufarbeiten des Delikts zuerst um die Frage: Wie viel Absicht, wie viel böser Wille und wie viel Strategie stecken von Anfang an im Vorgehen des Betrügers? Basti stellt sich der Elterninitiative von Anfang an mit Lügenmärchen vor. Für sein weiteres Handeln wird die Behauptung relevant, er habe BWL studiert und sei Einzelhandelskaufmann. Das ebnet ihm den Weg zum Finanzvorstand der Elterninitiative. War diese anfängliche Lüge bereits ein strategischer Kunstgriff? Oder war sie ein Zufall und stellte sich erst im Verlauf der Zeit als hilfreich heraus?

Die Betrugskarriere hat mehrere Stufen. Auf jeder dieser Stufen gibt es Möglichkeiten, die genutzt werden können oder nicht. Dabei stellt sich jedes Mal die Frage: Ist das jetzt nur die Konsequenz eines vorliegenden Plans? Oder macht hier die Gelegenheit den Dieb? Es sind

Eines der hintergangenen Elternpaare spricht über Bastis Betrug.

tatsächlich verblüffende Gelegenheiten, die sich Basti bieten. Selbstverständlich hat Basti kein behindertes Kind, um sich in einen Kindergarten einzuschleichen. Aber dieser Umstand nützt ihm. Die Vertrauensverhältnisse in einer Elterninitiative sind ein hohes Gut. Aber die Vertrauensseligkeit, mit der Basti die Kasse anvertraut wird – ohne Kontrolle und ohne Nachfrage –, weckt die finanziellen Gelüste erst so richtig. Natürlich erleichtert eine auf den Kindergarten ausgestellte Bankkarte die Arbeit eines Finanzvorstands ungemein. Aber sie ist auch das Wunschhandwerkszeug des Schwindlers. Es ist also eine ganze Kette von Gelegenheiten, die hier den Dieb machen.

Der Hauptakteur

> **Eltern:** *„Du Betrüger! Du Lügner! Du skrupelloser, moralloser Lügner!"*

Es ist eine Mutter in der Elterninitiative, die diese Worte in den Raum schleudert. Es spiegelt das Entsetzen der Eltern wider, die sich hintergangen fühlen. Ihr Vertrauen ist verletzt. Das wollen sie nicht ohne ein hartes moralisches Urteil hinnehmen. Das gerichtliche Verfahren mit seinem Urteil ist eine Sache. Für die Eltern ist auch wichtig, dass sie es nicht nur mit einem Menschen zu tun haben, der sich in einer zufälligen Situation zum Betrügen verführen ließ. Basti ist durch und durch ein Betrüger. Dennoch lohnt es sich, sein Verhalten genauer zu betrachten.

Basti macht Karriere als Betrüger. Auf dem Kindergartenkonto liegen weit mehr als eine viertel Million Euro: Geld, das Basti ein Leben in Saus und Braus ermöglicht. Sozialhilfe bezieht er weiterhin. Da er aber einen mustergültigen Elterninitiativvater darstellt, ist er vollkommen unverdächtig. Er bekommt Beruf, Erfolg, Familie, sein behindertes Kind und die Präsenz im Kindergarten scheinbar unter einen Hut.

Welchen Ansprüchen will er damit gerecht werden? Welche Klischees muss er bedienen, um unverdächtig zu bleiben? Der Film begleitet detailliert, wie die Maske entsteht, dann Risse bekommt und schließlich vor den Augen der entsetzten Eltern sowie vor seiner ahnungslosen Frau zu Bruch geht.

Die neue Identität, die sich Basti verschafft, ist dabei durchaus gespalten. Auf der einen Seite will er sich in die Schwabinger Gesellschaft, wie er sie sich vorstellt, einfügen. Es ist eine Gesellschaft, in der das nötige Geld immer zur Verfügung steht und das Leben interessant ist. Ein Leben, das eben von der Leichtigkeit des Seins geprägt ist. Auf der anderen Seite verzerrt Basti dieses Leben durch seine Exzesse, bei denen er in eine zweite dubiose Existenz abdriftet.

Als Interviewter macht Basti eine gute Figur. Klar, sympathisch und frei erzählt er Dinge, für die sich jeder sonst genieren würde und die zugleich faszinierend sind. Der Zuschauer nimmt an Bastis Gedanken, Motiven und Handlungen intensiv teil. Die Welt, die Basti beschreibt, in der er sich bewegt und in der er seinen Betrug ansiedelt, ist die Welt eines Jeden. Basti erzählt also nicht, wie Betrug in einer Welt fern der unseren, sondern in der Mitte der Gesellschaft funktioniert.

Härtegrade des Betrugs

> **Eltern:** *„Wie schaffst du, das mit dir zu vereinbaren? Jeden Tag schaust du den Leuten in die Augen und zwei Minuten später beklaust du sie. Sie und den Kindergarten. Und du zerstörst das glückliche Leben deines Sohnes. Wie machst du das?"*

Den Vertrauensbruch gegenüber seinen Miteltern in der Kita empfindet Basti durchaus als „krass". Aber es ist fraglich, ob er das Ausmaß seiner Vertrauensbrüche richtig einschätzt. Da es für ihn Teil seiner Hochstapelei ist, seine Rolle perfekt zu spielen, fühlt er sich bis zu einem gewissen Grad wie ein guter Schauspieler. Für so einen gehört

Betrug betrifft jeden

die Täuschung des Publikums dazu. Für die Eltern sprengt die Perfidie seines Verhaltens alle Maßstäbe. Sie sind täglich mit ihm zusammengetroffen, haben mit ihm gelacht, geweint und sich ganz offen ausgetauscht. Auf einer Hütte in den Bergen verbrachten sie Tage zusammen. Sie haben ihm alle Türen geöffnet. Und dann stellt sich heraus: Es war alles nur Verrat und Täuschung. Betrug ist eben nicht gleich Betrug. Wer im Internet betrogen wird, ärgert sich über den Verlust, aber er fühlt sich nicht als Mensch verletzt – zumindest nicht in gleichem Maße. Das Ausmaß des Vertrauens und der menschlichen Nähe bestimmen eben auch die Tiefe der Verletzungsgefühle.

Basti meint, er habe letztlich nicht die anderen Eltern betrogen, sondern „nur" den Kindergarten – also eine Institution. Er will nicht einsehen, dass dieser Kindergarten – weil es nun einmal eine private Initiative ist – selbst ein umsorgtes Kind dieser Eltern ist. Darin steckt viel Zeit und Engagement der Eltern.

Das Ausmaß des Vertrauens und der menschlichen Nähe bestimmen eben auch die Tiefe der Verletzungsgefühle.

Es ist völlig abgründig und nur schwer nachvollziehbar, dass Basti sein behindertes Kind erst als Hilfsmittel benutzt, um einen Kitaplatz zu bekommen. Er ist gerührt und begeistert, wie gut sich sein Kind in der Kita entwickelt. Doch schließlich bringt er das Umfeld, für dessen Hilfe er allein schon mit Rücksicht auf sein Kind dankbar sein müsste, mit seinen Betrügereien an den Rand der Zerstörung. Vielleicht ist das die härteste Erfahrung für die Eltern.

Soziogramm der Betrogenen

Eltern: *„Man muss auch sagen, das Kinderhaus ist auch Schwabing. Die Leute haben eigentlich denselben sozialen Hintergrund."*

Basti: *„Da ist alles von etepetete bis etepetete dabei. Da gibt es eigentlich nicht viel Unterschicht, sage ich mal. Das sind alles Architekten, Juristen, Leute aus der Filmbranche, Unternehmer und Vertriebler. Da, wo halt die Papis ständig auf Dienstreise sind und die Muttis vielleicht zu Hause sind, weil sie nicht arbeiten gehen müssen. Oder sie können sich frei entfalten und machen halt ihr Künstlerisches. Verkaufen mal hier ein Bild oder machen da ein bisschen Innenausstattung. Es ist schon sehr schicki."*

Im Film wird Bastis Betrug in fiktiven Zwischensequenzen zusammengefasst.

In dem merkwürdig verzerrten Blick, den Basti auf die Eltern hat, steckt auch mindestens eine Teilwahrheit. Das macht seine Beobachtungen so spannend. Auch die Gespräche mit den Eltern sind bemerkenswert, denn sie sind die Betrogenen. Wer betrogen wurde, der verdrängt oder verschweigt das meistens. Ein Opfer zu sein, ist immer ein Makel – gerade in der heilen Welt der Mittelschicht.

Alle Eltern wollen das Beste für ihre Kinder. Diese Eltern haben den Eindruck, dass ein staatlicher Kindergarten zwar vielleicht gut, aber nicht das Beste ist. Also wählen sie den Kindergarten der Elterninitiative. Dort werden genau die Werte gepflegt, die ihnen am Herzen liegen. Nebenbei gibt es beim Erledigen der diversen Dienste – vom Putzdienst übers Kochen bis hin zum Wändestreichen – aber genau die Gespräche mit genau den Menschen, die diese Eltern gern um sich haben. Sie finden in den anderen ihren Lebensstil und ihre Themen wieder. Deshalb sehen sie Bastis Betrug auch als Frontalangriff an. Tatsächlich höhlt er systematisch so ziemlich jeden Wert aus, den die Eltern verteidigen. Er torpediert ihr Wertekonstrukt und zerstört den Schutzraum, den sie für ihre Kinder geschaffen haben.

Bastis Bild, das er von den Eltern hat, ist stark auf deren finanziellen Hintergrund fixiert. Die Gleichheit in Bezug auf die finanziellen Möglichkeiten der Eltern ist aber mit Sicherheit viel weniger ausgeprägt, als ihre Ähnlichkeit in kultureller Hinsicht. Die Eltern in der Initiative denken viel darüber nach, wie ein Miteinander funktionieren kann. Sie überlegen, wie ihre Kinder gestärkt und zuversichtlich in die Welt gehen können, aber auch lernen, verantwortungsvoll mit ihr umzugehen. Wie entwickeln die Kinder einen Blick für die Umwelt, in der sie aufwachsen? Wie integrieren sie andere Kinder, die beispielsweise aufgrund einer Behinderung benachteiligt sind?

Diese Art von sozialem Denken muss man sich natürlich erst einmal leisten können. Wenn Basti sich diese Gutmenschen in ihrem Wohlstandskäfig anschaut, bekommt er vielleicht den Eindruck, dass ihm das auch zusagt. Vielleicht bekommt er auch das Gefühl, dass er diese heile Welt ruhig ein wenig aufrütteln kann. Denn so heil ist die Welt da draußen nicht.

Betrug braucht Technik

> **Basti:** „*Ich habe das gelebt! Wenn du anfängst, dir diese Scheinwelt zu generieren, entscheidest du dich irgendwann, mit dieser Lüge da reinzugehen. Das fängt ja beim Dialekt an. Die Lüge beginnt aber schon viel früher: Du verheimlichst, wo du herkommst. Das ist schon ein Stück weit ein kleines Kartenhaus. Dann kommt das BWL-Studium im nächsten Schritt. Jetzt hast du erreicht, dass du der Vorstand bist. Jetzt bist du oben, und irgendwann fängst du an zu denken, ich lebe genau das. Ich bin das! Und dann denkst du nicht mehr daran: Wie kommt das bei anderen an? Wie wirkt das? Du machst es einfach.*"

Zum Betrügen braucht es oft ein gewisses Talent – eine gewisse Geschicklichkeit. Ein Hütchenspieler auf dem Jahrmarkt braucht eine gut trainierte Fingerfertigkeit, die es ihm erlaubt, die Augen seines Gegenübers zu täuschen. Ein Bankangestellter, der seinen Arbeitgeber betrügen will, muss die Abläufe und Schwachstellen in der Organisation kennen. Oft braucht er dazu auch technische Mittel, mit denen Kontrollmechanismen überlistet werden können.

Basti ist in erster Linie ein guter Schauspieler. Wer ihn im Film reden hört, ahnt, dass Basti ihm auch ohne Schwierigkeiten ein Schrottauto andrehen könnte. Die Rolle des zu Geld gekommenen Prolls nimmt man ihm genauso ab, wie die des liebevollen und fürsorglichen Familienvaters oder des Kumpels, der jede freie Minute für den Kindergarten aufopfert. So wie gute Schauspieler genießt er die Präsenz auf der Bühne. Er ist sogar in der Lage, unvorhergesehene Hürden zu meistern. Basti überspielt es geschickt, wenn ihm der Text ausgeht. Er bleibt cool, wenn er um Haaresbreite daran vorbeischlittert,

Da hatte noch niemand Verdacht geschöpft: der Betrug auf seinem Höhepunkt.

entlarvt zu werden. Dabei ist Basti nicht nur Schauspieler, sondern auch Regisseur, der die Szenen zu arrangieren weiß und die Spektakel seiner angenommenen Identität konsequent inszeniert.

Das Hohe Gericht und das Urteil der Beteiligten

> **Basti:** *„Wenn du dir das Ganze durchliest, das große Ganze, da liest du ja deine Anklageschrift. Dann hast du deine Bilder dazu. Auf dem Papier steht die eine Wahrheit. Du kennst ja noch deine Wahrheit dazu. Dann sagst du: Krasse Sache! Was wäre, wenn ich jetzt einer der Betroffenen gewesen wäre? Also ich hätte das aufgedeckt. Ich hätte das erkannt. Einen Betrüger kannst du nicht betrügen."*

Den Rahmen des Films bildet Material zum Prozess gegen Basti, der im Landgericht München stattfand. Für Basti markiert das Filmmaterial von drei Verhandlungstagen das Ende einer wilden Zeit. Gefilmt wurde, wie üblich, nur bis unmittelbar vor und nach dem Klopfen der Richterin. Lange genug, um Basti und die Eltern als einander gegenüberstehende Streitparteien zu etablieren.

Das Gericht spricht Basti des Betrugs in über 50 Fällen schuldig: zweieinhalb Jahre Gefängnis. Für Basti ist die Schuldfrage nicht ganz so eindeutig zu beantworten. Ja, er hat einen Fehler gemacht. Aber wenn man das Wort „Fehler" genauer anschaut und die Buchstaben umdreht, entsteht „Helfer". „Jeder Fehler ist auch ein Helfer", sagt Basti. Das ist sein Rückblick auf das Geschehene.

Auch hier ist die Perspektive der Eltern völlig anders. Sie diskutieren vor allem, wie viel Absicht hinter Bastis Vorgehen stand und wo er teilweise entschuldigt werden konnte, weil die Situation ihn verführte. Wie viel kriminelle Energie steckt in seinem Verhalten? Die meisten unter den Eltern trauen ihm zu, von Anfang an planvoll gehandelt zu haben. Ihren Schuldspruch begründet schon die Erkenntnis, dass Basti nicht aus einer Notsituation heraus die Gelder gestohlen hat, sondern, um ein Leben zu finanzieren, das von Protzautos, Luxus und sexuellen Großmannstaten charakterisiert war. An den Betrüger kommt die Anklage der Eltern nicht wirklich heran. Er hat das Gefühl, dass sie eben hereingefallen sind, weil sie nicht clever genug waren, ihn zu durchschauen.

Eine Krise, kein Desaster

> **Eltern:** *„Für mich ist das Kinderhaus dadurch erwachsen geworden. Und es hat jetzt wieder etwas ganz Standhaftes. Es steht jetzt wieder so richtig wie ein Bollwerk da."*

Die Katastrophe, in die der Betrüger die Elterninitiative und die Institution des Kinderhauses gestürzt hat, wird zunächst als finaler Schock erlebt. Ein Fehlbetrag in dieser Höhe lässt sich nicht wiedergutmachen. Zunächst kommen also Entsetzen und Tränen. Die Verletzung ist deshalb so schlimm, weil sich die Eltern mit dem Kinderhaus derartig stark identifiziert haben. Es ist ihr Haus für ihre Kinder, das sie mit ihrem Engagement, ihrer Arbeit, ihrer Freizeit und Liebe betrieben haben. Für die Kinder war es als Ort der Geborgenheit gedacht, für sie selbst als Ort der Freundschaften, der Kollegialität und des Vertrauens. Genau in Bezug auf all diese positiven Werte hat sie jemand vorgeführt.

In der nächsten Phase herrscht blanke Wut. Wo ist der Kerl, der das angestellt hat? Wie kann man ihn haftbar machen? Kann man ihm vielleicht noch einen Teil seiner Beute abjagen? Es kommen Rachegedanken hoch, die in Münchens zivilisierter Welt ohne reale Aussichten sind. So sehr die Wut ins Leere läuft, so hat sie einen konstruktiven Sinn. Denn wenn man den Schwindler schon nicht direkt büßen lassen kann, so soll er doch auch nicht den Triumph ihrer Niederlage erleben.

Da beginnen die Gedanken, sich auf das zu konzentrieren, was noch machbar erscheint. Gibt es nicht doch Möglichkeiten, das scheinbar Unabwendbare abzuwenden? Was die Eltern jetzt leisten, ist vielleicht das Erstaunlichste an der ganzen Geschichte: Sie nehmen sich Zeit. Sie rechnen die Situation durch. Wann sind welche Zahlungen fällig? Sie nehmen sich von der Arbeit frei. Sie lassen den Urlaub verstreichen. Sie machen die notwendigen Stunden im Kinderhaus. Sie setzen sich mit den Behörden in Verbindung und versuchen, dort Gelder lockerzumachen. Sie spenden, sammeln und bringen schließlich ihr Projekt aus der Gefahrenzone. Viele der Eltern haben den Eindruck, dass die Krise sie nur noch enger zusammengeführt hat. Das ist so etwas wie ein äußeres Happy End.

Die Interviews mit den Eltern, die dem Dokumentarfilm zugrunde liegen, lassen aber auch noch ein anderes Ergebnis der Krise deutlich werden. Sie sind durch den Film gezwungen, das Geschehene zu reflektieren. Man spürt, wie sie die Hintergründe und Abgründe des Betrugs umtreiben. Allein die naheliegenden Überlegungen sind bereits quälend: War man zu naiv? Hat man nicht bemerkt, was eigentlich offen dalag? Warum hat man das nicht bemerkt? Hätte man sich viel früher bemühen müssen, das zu klären?

Viele der Eltern haben den Eindruck, dass die Krise sie nur noch enger zusammengeführt hat.

Dann werden die Fragen schon kniffliger: Was dachte der Schwindler über sie? Warum waren sie ideale Opfer für ihn? Und dann noch tiefergehend: Hatte dieser Hochstapler Sehnsucht nach einem Leben, das er bei ihnen vermutete? Wurden die betrügerischen Begierden des Schwindlers vielleicht auch dadurch verstärkt, dass er das soziale Gefälle von unten wahrnehmen musste?

Es versteht sich von selbst, dass die Eltern – wie übrigens auch der Betrüger selbst – mit diesen Widerhaken im Gedankenspiel sehr unterschiedlich umgehen. Jeder hat seine eigene Variante, um die Krise einzuordnen. Man kann auch sagen, um sie „einzufrieden". Denn es geht nicht nur darum, selbst damit zurechtzukommen, sondern auch gemeinsam mit den anderen in der Elterninitiative mit der ganzen Krise abzuschließen.

Vielen der Eltern wird es im Rückblick so gehen wie mir: Das ist einfach eine Geschichte, die ich selbst erlebt habe. Ich war mit Basti

Betrug betrifft jeden

in der Kindergruppe, war mit ihm in den Ferien und bei Festen. Ich hatte auch Spaß mit ihm, sehe ihn jetzt aber als „arme Wurst", wie ein Elternteil formuliert. Ich weiß nun, wie eine Welt zusammenbricht, wenn man erkennt, dass der eigene Instinkt nichts wert ist. Ich schaue fasziniert in den aberwitzigen Zerrspiegel, den Basti uns vorgehalten hat, und fühle mich irgendwie ertappt.

Prof. Dr. phil. Hans-Dieter Hermann

*ist Diplom-Psychologe, Hochschulprofessor
an der Deutschen Hochschule für Prävention
und Gesundheitsmanagement in Saarbrücken,
Honorarprofessor an der Universität Tübingen
sowie Teampsychologe der Deutschen
Fußballnationalmannschaft der Herren.*

Vertrauen als Garant einer funktionierenden Gesellschaft

Soziologie, Psychologie und Neurobiologie haben zahlreiche Erkenntnisse zur Entstehung, Wirkung und Funktion von Vertrauen hervorgebracht. Vertrauen hilft, die Komplexität der digitalisierten Welt zu reduzieren. Ohne ein Mindestmaß an Vertrauen wäre ein funktionierendes, gesellschaftliches Zusammenleben aber nicht möglich.

Die digitalisierte Welt fasziniert und ängstigt Menschen gleichermaßen. Sie fasziniert uns, weil die Handlungsmöglichkeiten in allen Lebensbereichen so groß sind, dass sie schon heute kaum abschätzbar sind. Gleichzeitig haben viele Menschen das Gefühl, mit der zunehmenden Digitalisierung die Kontrolle zu verlieren. Es wird schwieriger, Prozesse und Abläufe nachzuvollziehen und sich die zukünftige Welt vorzustellen. Egal, ob man die Digitalisierung befürwortet oder ablehnt: Sie ist ein unumkehrbarer Prozess. Die Welt wird mit jedem Tag digitaler, und niemand kann sich den Veränderungen entziehen. Deshalb ist Vertrauen auch in der digitalisierten Welt die Basis für ein Leben in einer funktionierenden Gesellschaft. Aber können wir das, was wir unter „Vertrauen" verstehen, einfach so in eine Welt übertragen, in der Maschinen intelligenter und vor allem viel schneller sind als Menschen, in der Algorithmen eine rein mechanische Logik verfolgen und in der vieles im Anonymen bleibt? Die Prinzipien der Entstehung und des Auf-

Betrug betrifft jeden

rechterhaltens von Vertrauen sind in analoger und digitaler Welt die gleichen.

Vertrauen ist allgegenwärtig

Bei fast allem, was wir im Alltag tun, schwingt ein Mindestmaß an Vertrauen mit. Dessen sind wir uns aber häufig nicht bewusst: Wir steigen morgens in den Zug, ohne wirklich darüber nachzudenken, dass wir dem Zugführer in dem Moment unser Leben anvertrauen. Genauso folgen wir – meist ohne jegliche Zweifel – der Empfehlung des Arztes. Wir vertrauen dem Babysitter unsere Kinder an, obwohl wir ihn nur oberflächlich kennen. Wir unterschreiben Verträge, deren erste Seiten wir nicht einmal vollständig gelesen haben. Außerdem vertrauen wir darauf, dass der Automechaniker unsere Bremsen ordentlich repariert hat. Beim Einkaufen zählen wir das Wechselgeld nicht nach und sind voller Zuversicht, dass die Kassiererin uns den korrekten Betrag zurückgegeben hat. Wir akzeptieren die Allgemeinen Geschäftsbedingungen sämtlicher Social-Media-Plattformen, ohne sie gelesen zu haben, und posten private Bilder und Videos sorglos im Netz.

Obwohl wir im Alltag kontinuierlich mit Vertrauen konfrontiert sind und implizites Wissen darüber haben, was Vertrauen bedeutet, existiert bislang keine einheitliche wissenschaftliche Definition dafür. Das liegt vor allem daran, dass es unterschiedliche Formen von Vertrauen gibt. Wird im Alltag von Vertrauen gesprochen, so denken wir meist an personales Vertrauen auf zwischenmenschlicher Ebene. Grundsätzlich vertrauen wir Menschen, die wir als verlässlich einschätzen.

Der Soziologe Niklas Luhmann beschreibt Vertrauen als „die generalisierte Erwartung, dass der andere seine Freiheit, das unheimliche Potential seiner Handlungsmöglichkeiten im Sinne seiner Persönlichkeit … handhaben wird. … Vertrauenswürdig ist, wer bei dem bleibt, was er bewusst oder unbewusst über sich selbst mitgeteilt hat." Dabei können wir unseren Mitmenschen sowohl spezifisches als auch unspezifisches Vertrauen entgegenbringen. Spezifisches Vertrauen ist auf einen bestimmten Wirkungsbereich begrenzt: Auch wenn ich große Stücke auf meinen Steuerberater halte, käme ich nicht auf die Idee, ihm das Reparieren meines Kühlschranks anzuvertrauen. Solch eine Spezifizierung kann durch Lernerfahrung entstanden sein. Laut Luhmann kann diese aber auch auf ein „selektives Interesse des Systems zurückgehen", das das Lernerlebnis beeinflusst. Von meinem Steuerberater erwarte ich nicht mehr, als dass er mich in steuerrelevanten Angelegenheiten unterstützt. Dieses vorgeschaltete Interesse führt dazu, dass ich keine Lernerfahrungen über ein mögliches Vertrauen in anderen Bereichen anstrebe und daher auch nicht entwickeln werde. Im Gegensatz dazu ist unspezifisches Vertrauen auf keinen bestimmten Bereich begrenzt. Vielmehr drückt es unser generelles Vertrauen in eine uns nahestehende Person aus.

Neben personalem Vertrauen gibt es weitere Formen des Vertrauens, die uns im Alltag oftmals kaum bewusst sind. So prägte der Psychoanalytiker Erik H. Erikson den Begriff des Urvertrauens, unter dem er das Vertrauen in die Beständigkeit der Welt versteht. Damit ist ein aus Erfahrungen gewachsenes, natürliches Vertrauen gemeint, das sich in der Kindheit entwickelt. Wir vertrauen zum Beispiel darauf, dass auf jede Nacht ein neuer Tag folgt, weil unsere Erfahrung uns genau das gelehrt hat. Zusätzlich entwickeln wir ein Grundvertrauen in das Funktionieren der Gesellschaft und in gewohnte Abläufe.

Darüber hinaus weist das Urvertrauen einige Ähnlichkeiten zu dem von Luhmann diskutierten Systemvertrauen auf, das wir gesellschaftlichen Systemen – wie zum Beispiel Organisationen oder Institutionen – entgegenbringen. Diese besondere Vertrauensform hilft uns, in einer unkontrollierbaren Welt zurechtzukommen, in der wir uns nicht mehr zwingenderweise selbst informieren oder Geschehnisse selbst kontrollieren müssen. Laut Luhmann müssen wir Systemvertrauen entwickeln, weil wir in einer komplexen Welt leben, in der wir nicht zu jedem Menschen ein persönliches Vertrauen aufbauen können. Der Soziologe verdeutlicht die Notwendigkeit des Systemvertrauens am Beispiel des Geldes: „Wer in die Stabilität des Geldwertes und in die Kontinuität einer Vielfalt von Verwendungschancen vertraut, setzt im Grunde voraus, dass ein System funktioniert, und setzt sein Vertrauen nicht in eine bekannte Person, sondern in dieses Funktionieren. Ein solches Systemvertrauen wird durch sich laufend bestätigende Erfahrungen in der Geldverwendung gleichsam von selbst aufgebaut."

Ein Beispiel für enttäuschtes Systemvertrauen ist die im Jahr 2008 erfolgte Insolvenz der damals am besten gerateten amerikanischen Investmentbank Lehman Brothers. Noch am Vortag der Pleite verkauften renommierte Bankhäuser die Papiere der Lehman Brothers an vertrauensvolle Kleinanleger. Die Käufer waren sich sicher, dass die Papiere nicht angeboten würden, wenn es irgendwelche Zweifel an ihrer Solidität und ihren Gewinnerwartungen geben könnte. Die Bankhäuser wiederum vertrauten darauf, dass die Ratingagenturen sie alarmieren würden, falls irgendeine Gefahr bestünde.

Ähnliche Mechanismen kann man zum Beispiel auch am Fall des sogenannten Contergan-Skandals aufzeigen: Anfang der 1960er Jahre wurde das rezeptfreie Schlaf- und Beruhigungsmittel Contergan insbesondere Schwangeren empfohlen, was – wie man später herausfand – zu Fehlbildungen bei Neugeborenen führen konnte. Auch die Nuklearkatastrophe im ukrainischen Tschernobyl hat das Systemvertrauen der meisten Menschen, die der Kernenergie positiv gegenüberstanden, nachhaltig erschüttert. Laut Luhmann liegt Systemvertrauen Folgendes zugrunde:

Das Urvertrauen, das sich in der Kindheit entwickelt, hilft uns, in einer unkontrollierbaren Welt zurechtzukommen.

„Jeder verlässt sich beim Bezug solchen Wissens darauf, dass im System genug Kontrollen der Zuverlässigkeit eingebaut sind und dass diese Kontrollen unabhängig von den persönlichen Motivationsstrukturen der jeweils Beteiligten funktionieren, so dass er diejenigen, die das Wissen erarbeitet haben, nicht persönlich zu kennen braucht."

Systemvertrauen ist also wesentlich diffuser und dadurch auch robuster als personales Vertrauen. Die genannten Beispiele zeigen jedoch, dass Enttäuschungen meist durch spezifische Umstände erklärt oder auf einzelne Mitglieder der Gesellschaft zurückgeführt werden können, so dass das Vertrauen ins System aufrechterhalten werden kann.

Vertrauen hilft, Komplexität zu reduzieren

Besonders am Beispiel des Systemvertrauens lassen sich die Notwendigkeit, der Wert und die Funktion von Vertrauen darstellen. In unserem Alltag gibt es viele Situationen, die unsicher und so komplex sind, dass keine vollständige Kontrolle möglich ist. Luhmann bezeichnet diese zunehmende Komplexität als eine der Ursachen, die Vertrauen notwendig machen. Daraus resultiert auch die für ihn bedeutendste Funktion dieses Konstrukts: Da weitaus mehr mögliche Ausgänge der Zukunft vorstellbar seien, als in der Gegenwart tatsächlich stattfinden könnten, müsse der Mensch Komplexität reduzieren, um in der Welt zurechtzukommen. Vertrauen ermöglicht es, die vielen denkbaren Ausgänge der Zukunft auf einen zu reduzieren. „Wer Vertrauen erweist, nimmt Zukunft vorweg. Er handelt so, als ob er der Zukunft sicher wäre", erklärt Luhmann. Den Psychologen Martin Schweer und Barbara Thies zufolge ermöglicht Vertrauen, einige theoretisch vorstellbare Geschehnisse bereits im Vorfeld auszuschließen. Im Privatleben kann das zum Beispiel dazu führen, dass wir uns keine Sorgen machen, wenn sich unsere Lebenspartnerin mit einem attraktiven Kollegen auf Geschäftsreise befindet. In diesem Sinne verstehen Schweer und Thies Vertrauen auch als eine „psychologische Risikominimierung".

Im Umkehrschluss würde fehlendes Vertrauen ein Bedürfnis nach totaler Kontrolle oder Zustände der ständigen Sorge verursachen: Wir könnten keinen Zug mehr besteigen, weil wir nicht darauf vertrauen könnten, sicher ans Ziel zu kommen. An der Supermarktkasse würden wir das Wechselgeld jedes Mal nachzählen. Genauso würden wir uns nicht darauf verlassen, dass die Bremsen unseres Autos funktionieren, nachdem es in der Werkstatt war. Fremden Menschen wären wir feindlich gesinnt. Damit wären der fundamentale Glaube in die Beständigkeit der Welt und in die Funktionsfähigkeit gesellschaftlicher Systeme und Organisationen verloren. Ferner wäre ein „normales" Leben ohne ein gewisses Level an personalem und systemischem Vertrauen kaum möglich, denn ein Mindestmaß an Vertrauen garantiert, dass unsere Gesellschaft funktioniert.

Am Beispiel großer Unternehmen und Organisationen lässt sich der Nutzen von Vertrauen am einfachsten darlegen: Je weniger Vertrauen innerhalb einer Organisation herrscht, desto mehr muss kontrolliert werden und desto komplexer und zeitintensiver werden die Abläufe. Vertrauen kann dazu beitragen, Missverständnisse zu verringern, Abläufe zu optimieren, das Zeitmanagement effektiver zu gestalten und (materielle beziehungsweise immaterielle) Kosten einzusparen. Eine Kosteneinsparung kann sich beispielsweise daraus ergeben, dass Vertragspartner seltener gewechselt, Verhandlungen, Vertragsentwürfe und Vereinbarungen auf ein Minimum reduziert und weniger kostspielige Kontrollaktivitäten (durch Sichtkontrollen, Überwachungssysteme etc.) durchgeführt werden (müssen). Der Managementtheoretiker Reinhard K. Sprenger weist auch darauf hin, dass Kosten, die durch den Versuch entstehen, Mitarbeiter durch monetäre Anreize zu motivieren, durch Vertrauen gesenkt werden können: „,Wenn ich vertraue, muss ich nicht kaufen, was ich umsonst erhalten kann' – zum Beispiel: die Leistungsbereitschaft meiner Mitarbeiter." In diesem Zusammenhang spricht Matthias Nöllke auch vom „Hebeleffekt des Vertrauens". Demnach können wir durch Vertrauen Dinge erreichen, zu denen wir allein nicht in der Lage wären. Wir müssen uns nicht mehr selbst um alles kümmern, müssen manche Dinge nicht einmal verstehen und können dennoch einen Nutzen daraus ziehen.

Darüber hinaus hat Vertrauen auch positive Einflüsse auf die Qualität der Kommunikation. Vertrauensvolle Beziehungen sind durch intensivere Kommunikation gekennzeichnet. Zusätzlich sind Interaktionspartner in einem vertrauensvollen Verhältnis mit der Kommunikation und der zwischenmenschlichen Beziehung zufriedener. Das erleichtert wiederum zukünftige Kommunikation. Die Psychologen John Butler und Stephen Cantrell konnten zeigen, dass ein mangelndes Vertrauen mit einer verringerten Weitergabe von Informationen einhergeht: Menschen, die einander nicht vertrauen, reduzieren ihre Kommunikation auf das Nötigste.

Entstehung von Vertrauen

Gute Kommunikation ist nicht nur eine Folge von Vertrauen. Sie ist auch gleichzeitig eine Voraussetzung dafür, dass Vertrauen entstehen kann. Vertrauen entwickelt sich dort, wo interagiert und kommuniziert wird und dadurch positive Lernerfahrungen generalisiert werden können: Haben wir einige gute Erfahrungen mit einer Person gemacht, in denen diese sich als verlässlich erwiesen hat, übertragen wir diese spezifischen Verhaltensweisen unseres Mitmenschen auf ähnliche Situationen und beginnen, Vertrauen zu schenken.

Damit eine Generalisierung stattfinden und Vertrauen entstehen kann, braucht es zunächst einen Grund, um Vertrauen überhaupt zu zeigen beziehungsweise zu entwickeln. Dafür ist es notwendig, dass sich der Vertrauensgeber in einer Situation befindet, in der er auf die Hilfe seines Gegenübers angewiesen ist. Der Vertrauende muss also eine „riskante Vorleistung" erbringen, denn sein Vertrauen kann enttäuscht werden. Damit das eintritt, muss sein Gegenüber nicht nur die Gelegenheit dazu, sondern auch Interesse daran haben, das Vertrauen zu missbrauchen. Handelt das Gegenüber nur zum eigenen Vorteil, kann kein Vertrauen entstehen. Damit sich Vertrauen entwickeln kann, muss das Gegenüber seine persönlichen Interessen den Bedürfnissen des Vertrauenden unterordnen. Diesen Prozess bezeichnet Luhmann als eine erste Sequenz der Vertrauensbildung: „Es ist klar, können wir nunmehr verallgemeinern, dass sich Lernvorgänge dieser Art nur vollziehen, wenn der, dem vertraut werden soll,

Gelegenheiten zum Vertrauensbruch bekommt und nicht nutzt." Für den Vertrauensgeber ist dabei „seine Verwundbarkeit das Instrument, mit dem er eine Vertrauensbeziehung in Gang bringt". Der von Luhmann beschriebene Zyklus ist nur der erste Schritt auf dem Weg zu Vertrauen. Dabei wird in den meisten Fällen zunächst ein geringer Einsatz gemacht, so dass eine höfliche Zurückweisung im frühen Stadium noch möglich wäre. Je häufiger sich solche Sequenzen wiederholen, desto höher können Einsatz und Risiko werden.

Zum Aufbau eines Vertrauensverhältnisses bedarf es also einer Möglichkeit der Vertrauensbestätigung. Um eine solche Vertrauensbestätigung erhalten zu können, muss der Vertrauensgeber zunächst einen Vertrauensvorschuss leisten, der mit einem gewissen Risiko eines enttäuschten Vertrauens verbunden ist. Demnach ist Vertrauen ohne Risiko unmöglich. Erlebt der Vertrauensgeber keine Enttäuschung, werden das Vertrauen gestärkt und die Wahrscheinlichkeit für folgende Vertrauensakte steigt.

Häufig ist dem Vertrauenden das Risiko, das er dabei eingeht, nicht einmal bewusst, denn Vertrauen minimiert das subjektiv wahrgenommene Risiko. Im Rahmen einer Geschäftsbeziehung wäre deshalb folgender Standpunkt denkbar: „Ich kenne meine Geschäftspartnerin sehr gut. Ich weiß, sie würde mich nie betrügen." Dennoch sehen Menschen das theoretische Risiko oftmals nicht: Es ist durchaus möglich, dass die Geschäftspartnerin, die voll unterschriftsberechtigt ist, sich sehr wohl einen persönlichen Vorteil zu Lasten des anderen Geschäftspartners verschafft.

Interessant ist hierbei auch die Perspektive des Vertrauensnehmers. Die riskante Vorleistung des Vertrauensgebers kann vom Vertrauensnehmer geradezu als Sog empfunden werden, der mit steigendem Risiko stärker wird. In diesem Zusammenhang weist Sprenger darauf hin, dass „Vertrauen verpflichtet". Wird uns Vertrauen entgegengebracht, so haben wir das starke Bedürfnis, diesem gerecht zu werden. Allein dadurch kann der Druck verringert werden, den wir aufgrund des uns entgegengebrachten Vertrauens empfinden. Deshalb ist es kaum möglich, dass Vertrauen in Unternehmen entsteht, in denen die Mitarbeiter streng kontrolliert werden. Kontrollen verhindern, dass es zu einer Sogwirkung kommt und geben den Mitarbeitern unter Umständen das Gefühl, ihnen werde misstraut.

Einige Wissenschaftler argumentieren daher, dass Vertrauen weit weniger risikobehaftet sei, als zunächst angenommen. So sorge der

Druck, den das in eine Person gesetzte Vertrauen auslöst, dafür, dass der Vertrauensnehmer – wenn er den Regeln des gesellschaftlichen Zusammenlebens folgt – gar keine andere Wahl habe, als das Vertrauen zu bestätigen.

Misstrauen als generalisierte Lernerfahrung

Genauso wie Vertrauen erlernt wird, kann auch Misstrauen als generalisierte Lernerfahrung verstanden werden. Tatsächlich ist es vergleichsweise einfach, Vertrauen in Misstrauen umzuwandeln. Häufig genügt schon das Hörensagen („Ich spende nicht mehr, da von dem Geld kaum etwas bei den Betroffenen ankommt.") oder ein einziger Vertrauensbruch, um den Verlust von Vertrauen und die Entstehung von Misstrauen zu bewirken. Hingegen ist es ungleich schwerer, Misstrauen in Vertrauen umzuwandeln, denn eine nicht genutzte Chance zum Vertrauensbruch ist noch lange kein Beweis für Vertrauenswürdigkeit.

Welche Folgen ein Vertrauensmissbrauch hat, hängt unter anderem davon ab, wie dieser aufgefasst wird. Wird ein Vertrauensmissbrauch als Veranlagung eines Menschen interpretiert, wird der betreffenden Person in Zukunft nicht mehr vertraut werden – unabhängig davon, ob die Situation, in der der Vertrauensbruch stattfand, zukünftigen Situationen ähnelt. Nimmt die geschädigte Person den Vertrauensbruch aber als situationsbedingtes Ereignis wahr, wird das entstandene Misstrauen auf ähnliche Situationen übertragen. Letztendlich kann ein Vertrauensmissbrauch – je nach Schweregrad – auch dazu führen, dass das generelle Vertrauen in andere Menschen (zumindest teil- oder zeitweise) verlorengeht.

So wie sich Vertrauen in einem wechselseitigen Prozess verstärken kann, kann sich auch gegenseitiges Misstrauen in einem Kreislauf intensivieren. Studien zur sogenannten selbsterfüllenden Prophezeiung konnten immer wieder zeigen, welchen Einfluss die Erwartung des Gegenübers auf das Verhalten des Akteurs hat. So verhalten sich Menschen, die vertrauenswürdig behandelt werden, mit großer Wahrscheinlichkeit vertrauenswürdig. Dasselbe gilt für Misstrauen: Begegnet uns eine Person mit Misstrauen, so verhalten wir uns tendenziell defensiver als sonst. Das Gegenüber wird unser Verhalten als Bestätigung seiner Erwartungen interpretieren. Infolgedessen entsteht ein sich selbst verstärkender Kreislauf des gegenseitigen Misstrauens.

Nicht nur das personale Vertrauen kann durch einen Vertrauensmissbrauch beeinflusst werden. Obwohl Urvertrauen und Systemvertrauen robuster gegenüber Enttäuschungen sind, kann auch das Vertrauen in die Funktionsfähigkeit und Verlässlichkeit der Welt beziehungsweise in Organisationen oder Institutionen verlorengehen. Ein aktuelles Beispiel dafür sind die Manipulationen von Abgaswerten bei Dieselfahrzeugen und die entsprechenden Folgen für die Automobilindustrie. Urvertrauen verlieren – zumindest temporär – auch die meisten Einbruchs- oder Überfallopfer. Ihr Vertrauen in ihre grundlegende Sicherheit wurde durch ein entsprechendes Erlebnis maßgeblich erschüttert.

Förderung von Vertrauen

Es gibt einige Faktoren, die die Entstehung von Misstrauen verhindern und stattdessen die Entstehung von Vertrauen fördern können. Wie bereits erwähnt, ist eine verbesserte Kommunikation auch eine Folge von Vertrauen und umgekehrt. Alles, was wir tun oder eben nicht tun, kann als Kommunikation interpretiert werden und hat demnach Auswirkungen auf unsere Vertrauenswürdigkeit. Dementsprechend weisen Schweer und Thies darauf hin, dass Vertrauen ohne Kommunikation nicht möglich ist: „Sowohl die Vertrauenswürdigkeit eines Interaktionspartners als auch eine Vertrauenshandlung werden oftmals an Merkmalen der Kommunikation dekodiert."

Nicht nur personales, sondern auch Systemvertrauen benötigt Kommunikation. Zwar unterscheiden sich die Kommunikationswege beider Vertrauensformen. Laut Schweer und Thies sind „Grundkomponenten und strukturelle Aspekte der Kommunikation sowie die Störungsanfälligkeit" jedoch ähnlich. Häufig wird hierbei über Medien, wie zum Beispiel Broschüren, Fernsehberichte, Webseiten oder heutzutage vermehrt über Social-Media-Auftritte kommuniziert.

Die Psychologin Kim Giffin untersuchte, welche Einflussgrößen direkter Kommunikation die Vertrauensbildung erleichtern. Vertrauen wird vor allem dann entwickelt, wenn der Sprecher durch Kompetenz, Konsistenz, wahrgenommene Intentionen, dynamisches Kommunikationsverhalten und wahrgenommene Attraktivität charakterisiert ist. Ein weiterer bedeutender Faktor ist die Meinung der Mehrheit. Menschen scheinen tendenziell – trotz eigener Skepsis – jenen zu vertrauen, denen andere vertrauen. Auch die Organisationspsychologin Christel Frey weist auf die Bedeutung von Kommunikation für die

Vertrauensbildung hin. Sie hebt insbesondere den Faktor Konsistenz hervor: Konstantes Verhalten verringert die Unberechenbarkeit. Wir vertrauen vor allem denjenigen, die durch ihre Kommunikation Vorhersagbarkeit, Verlässlichkeit und Transparenz vermitteln.

Neben sozialer Nähe und Vertrautheit hängt auch die Beziehungsdauer mit dem Entstehen von Vertrauen zusammen. Nach Luhmann finden sich gerade in sozialen Kontexten, die durch eine lange Beziehungsdauer und wechselseitige Abhängigkeiten gekennzeichnet sind, gute Voraussetzungen für das Entstehen von Vertrauensbeziehungen. Der Zusammenhang zwischen Beziehungsdauer und Vertrauen muss nicht unbedingt mit sozialer Nähe oder Vertrautheit assoziiert sein. Es kann sich beispielsweise auch um eine langjährige Geschäftsbeziehung handeln, in der gegenseitiges Vertrauen aufgrund zukünftiger Zusammenarbeit aufrechterhalten werden muss. Dementsprechend stellt Luhmann fest, „dass soziale Systeme, die durch ihre Struktur interner Interdependenz in besonderem Maße auf wechselseitiges Vertrauen angewiesen sind, zugleich auch bessere Voraussetzungen für die Entstehung von Vertrauen schaffen". Somit gilt das „Gesetz des Wiedersehens". Demnach sind Beziehungen, die bereits im Vorfeld auf eine einmalige Begegnung beschränkt sind, weniger auf Vertrauen angewiesen, weshalb auch seltener Vertrauen entwickelt wird.

Neurobiologische Grundlagen von Vertrauen

Vertrauen basiert auch auf neurobiologischen Vorgängen. Dabei ist das Hormon Oxytocin der wichtigste biologische Baustein bei seiner Entstehung. Es wurde 1906 von Henry Dale zunächst bei gebärenden Frauen entdeckt. Heute weiß man, dass Oxytocin von der Hirnanhangsdrüse, auch Hypophyse genannt, ausgeschüttet wird und nicht nur für das Eintreten der Wehen und für den Milcheinschuss zuständig ist. Darüber hinaus steht es auch im Zusammenhang mit Sozialverhalten, Vertrauen, der Mutter-Kind-Bindung und Sexualverhalten. Deshalb wird Oxytocin auch häufig als „Liebeshormon" bezeichnet.

Viele experimentelle Studien haben den Zusammenhang zwischen Vertrauen und Oxytocin untersucht. Die Ergebnisse deuten darauf hin, dass Oxytocin die wahrgenommene Vertrauenswürdigkeit und die Bereitschaft, eigene Emotionen zu zeigen, erhöht. In einer Studie von Thomas Baumgartner und Kollegen wurde einem Teil der Probanden Oxytocin verabreicht. Bei diesen Personen konnte keine Veränderung ihres Vertrauensverhaltens beobachtet werden, wenn sie erfuhren, dass ihr Vertrauen mehrmals gebrochen wurde. Im Gegensatz dazu verringerten Teilnehmer, denen kein Oxytocin zugeführt wurde, ihr Vertrauen.

Ein Forscherteam um den Verhaltensökonomen Michael Kosfeld beobachtete, dass Probanden, die Oxytocin über ein Nasenspray verabreicht bekamen, bei einem Kooperationsspiel großzügiger agierten und erhöhtes Vertrauen zeigten. Interessanterweise machte das Oxytocin die Teilnehmer nicht optimistischer. Sie waren sich des Risikos, das sie eingingen, durchaus bewusst. Daraus könnte sich schlussfolgern lassen, ein erhöhter Oxytocinspiegel erhöhe die generelle Risikobereitschaft. Diese Vermutung konnten die Autoren jedoch widerlegen. Wurde der Spieler, mit dem kooperiert werden sollte, durch einen Computer ersetzt – wodurch kein Vertrauen mehr notwendig war –, hatte das Oxytocin keine Auswirkungen mehr auf das Verhalten der Spieler.

Den Autoren Jürgen Wertheimer und Niels Birbaumer zufolge zeigen Studien, die den Einfluss von Oxytocin auf Vertrauensvariable untersuchen, „dass Oxytocin vor allem zu einer Reduktion der Aversion gegenüber Betrug führt oder, anders gesagt, dass es die Sensibilität bezüglich selbstsüchtigen und vertrauensunwürdigen Verhaltensweisen reduziert".

Vertrauen in der digitalisierten Welt

Warum steigen wir also morgens in den Zug, ohne wirklich darüber nachzudenken, dass wir dem Zugführer unser Leben anvertrauen? Weil wir über Jahre hinweg gelernt haben, dass wir so sicher ans Ziel kommen. Wir folgen ärztlichen Empfehlungen, weil wir darauf vertrauen, dass jeder Arzt eine langjährige und professionelle Ausbildung absolviert hat. Dem Babysitter vertrauen wir unsere Kinder an, weil er schon häufig auf die Kinder unserer Nachbarn aufgepasst hat und diese begeistert waren. Wir vertrauen Automechanikern, Kassierern und Verkäufern. Meistens vertrauen wir wirklich erst dann, wenn wir einige positive Erfahrungen gemacht haben und uns das subjektive Risiko, das wir durch unser Vertrauen eingehen, tragbar erscheint.

In der digitalisierten Welt ist das jedoch schwieriger. Das Gegenüber ist komplex und vielschichtig. So akzeptieren wir zum einen die Allgemeinen Geschäftsbedingungen sämtlicher Social-Media-Plattformen, weil wir sie sonst nicht nutzen können. Zum anderen stimmen wir ihnen aus Faulheit zu. Es ist uns schlicht zu aufwendig, längere Texte zu lesen und uns teilweise auch noch durch komplizierte Juristensprache zu quälen.

Letztlich bauen sich Vertrauen beziehungsweise Misstrauen auch in der digitalisierten Welt nach ähnlichen Mustern auf, die uns aus der analogen, persönlichen Welt bekannt sind. Aufgrund von Lernerfahrungen besitzen die meisten von uns die Fähigkeit, zwischen Situationen zu unterscheiden, in welchen Vertrauen angebracht ist und in welchen wiederum nicht. Allerdings merken wir bei digitalen Prozessen nicht zwingend, wenn unser Vertrauen missbraucht wird, denn es ist nicht nur die Frage, ob ein Geschäft in der digitalisierten Welt rechtlich einwandfrei vonstattengeht. Die Frage ist, was mit den dabei erfassten Daten passiert. Ist es dem Einzelnen egal, ob jemand erfährt oder weiterverarbeiten kann, was er wann und wo gekauft hat? Der Datenschutz ist zwar eine schwierige Aufgabe, aber er ist unabdingbar und letztlich die Basis, auf der wir unser Vertrauen aufbauen können. Ohne einen bestmöglichen Datenschutz wäre (System-)Vertrauen in der digitalen Welt naiv.

Im Interview

Prof. Dr. Lucia A. Reisch

*ist Professorin an der Copenhagen Business School
im Fachgebiet Interkulturelle Konsumforschung und
europäische Verbraucherpolitik. Bis zum 1. November
2018 war sie Vorsitzende des Sachverständigenrats für
Verbraucherfragen (SVRV).*

Im Interview

Prof. Dr. Hans-Wolfgang Micklitz

*ist Professor für Wirtschaftsrecht am Europäischen
Hochschulinstitut in Florenz und Mitglied des SVRV.*

„Vertrauen ist insbesondere für digitale Märkte wichtig"

Verbraucher hinterlassen zahlreiche „digitale Fußabdrücke".
Lucia Reisch und Hans-Wolfgang Micklitz vom SVRV zeigen,
welchen Herausforderungen sich der Verbraucherschutz
und die Verbraucherpolitik stellen müssen.

Frau Professor Reisch, muss sich die Verbraucherpolitik neu aufstellen?

In der Verbraucherpolitik geht es darum, wie Konsumenten aufgeklärt, gebildet, informiert, unterstützt und geschützt werden können. Es gibt eine ganze Vielzahl von verbraucherpolitischen Institutionen, und es gibt auch ganz gut funktionierende Strukturen. Wir
haben uns in den letzten vier Jahren im SVRV mit dem Verbraucher
in der digitalen Welt beschäftigt. Dabei haben wir festgestellt, dass es
dringenden Handlungsbedarf gibt. Das Recht, aber auch Institutionen

und entsprechende Strukturen müssen sich an die Veränderungen in der digitalen Welt anpassen. Für die Verbraucher ist die digitale Welt deshalb so attraktiv, weil sie einfache, schnelle und bequeme Interaktion ermöglicht und die Transaktionskosten gering sind. Verbraucherfreundliche Lösungen müssen deshalb mindestens genauso schnell, bequem und einfach handhabbar sein.

Sehen Sie in der Digitalisierung auch Chancen für den Verbraucherschutz?
Reisch: Möchte man Verbraucher informieren, hat man heute natürlich ganz andere Möglichkeiten, Informationen zielgruppengerecht aufzubereiten und zu kommunizieren. Die Adressaten können sehr viel besser bestimmt und damit auch gezielt erreicht werden. Herr Micklitz und ich beschäftigen uns im Rahmen eigener Forschungsprojekte mit der Frage, wie Big Data und künstliche Intelligenz zur Unterstützung der Verbraucher und verbraucherpolitischen Akteure eingesetzt werden können. Ein von Herrn Micklitz geleitetes Projekt konzentriert sich beispielsweise auf AGB, die schon immer eher nicht gelesen und nicht verstanden wurden. Und auf dem Smartphone passiert das noch viel seltener. Mit einer Art Ampellösung soll der Verbraucher deshalb ganz schnell über den Inhalt der AGB informiert werden. Damit könnte im Kaufprozess besser eingeschätzt werden, ob ein verbraucherrechtliches Problem vorliegt oder nicht. Solche Entwicklungen stehen aber noch relativ am Anfang. Ich plädiere deshalb dafür, dass sich die Verbraucherpolitik sehr viel proaktiver und weniger ängstlich mit solchen Technologien auseinandersetzen und sie auch zum Wohl der Verbraucher einsetzen soll.

Herr Professor Micklitz, gibt es einen Unterschied zwischen der digitalen und der analogen Verbraucherwelt?
Während wir in der analogen Welt eher fließende Übergänge haben, verschärfen sich in der digitalen Welt zunehmend die Grenzlinien zwischen denen, die teilnehmen und teilhaben können, und denjenigen, die das nicht können. Diese „Digital Divide" wird am Zugang zu digitalen Medien deutlich: Wer keinen Zugang hat, ist ausgeschlossen. Es gibt auch wichtige rechtliche Unterschiede. In der analogen Verbraucherwelt dominiert immer noch der sogenannte Spot-Vertrag: der einmalige Abschluss mit einem Anbieter. Dagegen geht der Verbraucher mit einem Kauf in der digitalen Welt eine sehr viel längerfristige Vertragsbindung ein. Denken Sie beispielsweise an Smartphones. In den meisten Fällen wird uns das Gerät juristisch nicht gehören. Sind wir dennoch der Eigentümer, könnten wir damit kaum etwas anfangen, wenn wir nicht permanent die Software updaten könnten. Im Grunde müsste sich das Rechtssystem so weiterentwickeln, dass es

sich verstärkt an lang andauernden Vertragsbeziehungen orientiert. Dabei muss geklärt werden, an welcher Stelle dem Verbraucher welche Befugnisse eingeräumt werden. Bei Energie- und Bankenprodukten haben wir solche Beziehungen natürlich auch schon in der analogen Welt. Die meisten Verbraucher wechseln aber nie ihre Bank. Durch die Digitalisierung, durch Intermediäre und Online-Plattformen bekommt Kontinuität eine andere Dimension.

Reisch: Es gibt beispielsweise auch einen Unterschied zwischen analogem Kaufverhalten und Online-Kaufverhalten. Genauso unterscheiden sich die Erwartungen der Verbraucher, ihr Informationssuchverhalten und vor allem auch ihr Zahlungsverhalten. Je virtueller das Zahlungsmittel, desto weniger Selbstkontrolle haben die Verbraucher während des Kaufvorgangs – im Extremfall wird beispielsweise nur noch mit dem Smartphone oder kontaktlos mit Karte bezahlt. Das führt auch dazu, dass sie weniger Überblick über ihre Finanzen haben. Und das beeinflusst die Verbraucher. Denn da shoppen keine Computer, sondern Menschen aus Fleisch und Blut.

Ist die „digitale Souveränität" des Einzelnen aus Ihrer Sicht überhaupt denkbar?
Reisch: Das Weltwirtschaftsforum hat dazu ein interessantes Konzept ausgearbeitet. Darin sind 24 digitale Kompetenzen aufgelistet, die genau beschreiben, was ein digital souveräner, aufgeklärter Bürger eigentlich alles wissen und können muss. Das setzt enormes technisches Verständnis und Sachkenntnis voraus und ist ziemlich anspruchsvoll. Wir können sicherlich nicht abwarten, bis ein Großteil der Bevölkerung diese 24 digitalen Kompetenzen erworben hat. Um daran zu arbeiten, werden auch die entsprechenden Bildungsinstitutionen benötigt. „Privacy by default", also Privatsphäre durch technische Voreinstellungen, ist eine Lösung, um Datenschutz quasi erst gar nicht in die Zuständigkeit der Konsumenten zu übertragen. Die grundlegende Idee dahinter ist, dass persönliche Daten grundsätzlich geschützt sind, der Einzelne aber entscheiden kann, welche Daten er für wen freigibt. Das in der Praxis umzusetzen, ist nicht einfach. Mit einem Daten-Dashboard auf einer Webseite, das es in verschiedenen Ansätzen in Ländern wie Estland und Dänemark bereits gibt, könnte man aber relativ leicht einen Überblick über seine Daten und entsprechend erteilte Freigaben erhalten. Das wäre eine Form der Einwilligung.

Micklitz: Allerdings weiß der Verbraucher sehr oft gar nicht, was dann mit seinen Daten passiert. Denn oftmals weiß das Unternehmen, das die Daten sammelt, auch noch nicht, was es damit machen will. In diesem Fall passiert etwas nach der eigentlichen Einwilligung. Dafür brauchen wir im Grunde ein völlig neues Denken in unserem Rechtssystem. Das geht in die Richtung „Recht auf Vergessen". Aber wir wissen alle, dass die technische Umsetzung hier abenteuerlich schwierig ist.

Wie kann Vertrauen in digitale Services geschaffen werden?

Reisch: Vertrauen ist insbesondere für digitale, sehr dynamische Märkte wichtig. Durch jeden Datenskandal wird es aber aufs Neue untergraben. Hier existiert ein besonders hoher Nachholbedarf. Daraus ergibt sich wiederum ein großes Potential für diejenigen Anbieter, die ihre Datenpolitik nicht in seitenlangen, unverständlichen AGB und Datenschutzerklärungen verschleiern, sondern ihr Handeln und ihre Absichten offenlegen. Transparenz und Verständlichkeit gehören dabei ganz eng zusammen.

Micklitz: Transparenz könnte auch heißen, dass der Verbraucher darüber informiert wird, dass er überhaupt keine Rechte hat. Deshalb spielt vor allem die Verständlichkeit eine wichtige Rolle. Dafür benötigen wir didaktische, pädagogische Konzepte, die einen entsprechenden Lernprozess aufseiten der Verbraucher ermöglichen. Wir im SVRV glauben, dass die Wirtschaft viel leisten könnte, indem sie ein angemessenes, leicht verständliches Informationsangebot für die Verbraucher entwickelt. Angenommen, wir müssen die Batterie unseres Autoschlüssels wechseln. Heute schaut man dafür bestimmt nicht in die Gebrauchsanweisung des Herstellers. Dort ist es oft schwer verständlich erklärt. Hingegen findet sich auf Youtube eine leicht verständliche Erklärung. Die Wirtschaft kann davon profitieren, wenn sie die bildliche Informationsvermittlung als Maßstab annimmt. Das wäre auch eine vertrauensbildende Maßnahme. In der Praxis hat der Verbraucher geradezu ein unglaubliches Vertrauen in all das, was im Internet steht. Das schlägt jedoch in hohes Misstrauen um, sobald irgendetwas schiefgeht – eine klare Gratwanderung. Das Problem ist, dass wir – historisch betrachtet – Vertrauen eigentlich immer Menschen oder Unternehmen entgegengebracht haben. Das haben wir über Jahrzehnte aufgebaut. Jetzt sollen wir in eine Technologie vertrauen. Es gibt keine Patentlösung dafür, wie dieses Vertrauen hergestellt werden kann.

Wie können die Transparenz und Verständlichkeit von Scoringverfahren gefördert werden?

Reisch: Den Verbraucher beschäftigt da vor allem die Frage: Was weiß man über mich? Eine vollständige Offenlegung aller Variablen und Gewichte eines Scores will die Mehrheit des SVRV allerdings nur gegenüber Aufsichtsbehörden. Dem interessierten Verbraucher könnte beispielsweise über eine einfache visuelle Schnittstelle angezeigt werden, welche Daten beziehungsweise Variablen in einen Score einfließen. Denkbar wäre auch, dass der Verbraucher eine zeitnahe automatische Rückmeldung erhält, falls sich sein Score stärker verändert hat. Natürlich sind dabei dem gegebenenfalls entgegenstehende Interessen, wie zum Beispiel der Schutz des Geschäftsgeheimnisses, zu berücksichtigen. Durch Bildungs- und Aufklärungsarbeit lässt sich eine vertrauensvolle Kundenbeziehung herstellen. Gerade in Bezug auf Algorithmen existiert sehr viel Misstrauen. Hier ist es wichtig, klarzustellen, dass der zur Berechnung des Scores eingesetzte Algorithmus in aller Regel eine Entscheidungsvorbereitung und nicht der eigentliche Entscheidungsträger ist.

Wo hat die Transparenz beim Scoring ihre Grenzen?
Reisch: Die eigentliche Berechnungsformel hinter einem Score ist natürlich ein Geschäftsgeheimnis. Wäre im speziellen Fall des Bonitätsscorings vollständige Transparenz gegeben, könnten Betrüger versuchen, ihren Score zu eigenen Gunsten zu manipulieren. Dabei würden diejenigen benachteiligt werden, die ihre Kredite ordnungsgemäß zurückzahlen. Sie müssten dann für die hohen Kosten betrügerischer Zahlungsausfälle aufkommen. Die Mehrheit des SVRV ist der Meinung, dass eine vollständige Transparenz weder im Interesse der Wirtschaft noch im Interesse der Verbraucher insgesamt ist.

Micklitz: Es gibt noch eine Zusatzproblematik beim Thema Transparenz, die fast schon philosophische Dimensionen erreicht. Angenommen, man wüsste, was man konkret tun müsste, um den bestmöglichen Bonitätsscore bei der SCHUFA, den bestmöglichen Gesundheitsscore oder den bestmöglichen Kfz-Score zu erreichen. Das kann dazu führen, dass man einer Art Alter Ego nacheifert, der sich in diesem optimalen Score widerspiegelt. Das beeinflusst wiederum die Autonomie und die Freiheit, mit der man Entscheidungen trifft. Vollständige Transparenz hätte da sogar negative Auswirkungen.

Wird das Scoring durch die Digitalisierung auch in vielen anderen Lebensbereichen zunehmen?
Reisch: Wir verstehen unter Scoring die Zuordnung eines Zahlenwerts zu einem bestimmten Datensatz, die der Verhaltensprognose oder Verhaltenssteuerung dient. Unter diesem Gesichtspunkt gibt es das Scoring schon in vielen verschiedenen Bereichen. Beim Scoring durch Unternehmen wird unter anderem eingeschätzt, wie vertrauenswürdig ein Konsument ist. Das hat dann beispielsweise Einfluss

auf Prämien oder Boni von Versicherungen. Aber auch bei der Online-Partnervermittlung werden solche Werte ermittelt. Die kostengünstige, einfache Verfügbarkeit von Zahlen, die Verbraucher und ihr Verhalten charakterisieren, ermöglicht solche Verfahren – dafür ist kein Machine Learning nötig. Zum Beispiel gibt es im Marketing eine Vielzahl von Scores: beim Online- und Offline-Tracking, bei personalisierter Preisgestaltung und bei personalisierter Werbung. Dass dieser Bereich kaum bis gar nicht reguliert ist oder die Rechtsdurchsetzung nicht stattfinden kann, weil die Unternehmen eben nicht im Datenschutzland Deutschland ansässig sind, ist vielen Menschen nicht klar.

Micklitz: Im Unterschied dazu stützt sich das Scoring bei der Bonitätsprüfung auf objektive, überprüfbare Fakten: Jemand hat sein Darlehen zurückgezahlt oder nicht. Für Scores, die zu Marketingzwecken errechnet werden, wird quasi alles erfasst, was wir im Internet tun. Auf dieser Grundlage werden uns dann bestimmte Produkte angeboten. Dieses Feld ist für den Alltag ungeheuer relevant. Die Methoden der Marketingindustrie sind aber eine große Blackbox.

Was muss die Politik tun, damit der Verbraucherschutz gewährleistet ist?
Reisch: Dafür werden unter anderem kompetente Aufsichtsbehörden mit gutem Personal benötigt. Um sich mit technologischen Faktoren wie Algorithmen oder Scoring und Themen wie der digitalen Souveränität aus der Verbraucherperspektive auseinandersetzen zu können, reichen bestehende Behördenstrukturen aber nicht aus. Deutschen Behörden mangelt es hier zumindest teilweise an der technischen Fachkompetenz. Der SVRV hat deshalb vorgeschlagen, zu diesem Zweck eine Digitalagentur einzurichten, die mit der nötigen juristischen, statistischen und vor allem technologischen Kompetenz ausgestattet ist.

Micklitz: Eine Digitalagentur wäre eine Instanz, die bestimmte Problemfelder, zum Beispiel personalisierte Werbung, untersuchen kann. Auf dieser Grundlage kann eine Kontrolle stattfinden. Damit könnte auch eingeschätzt werden, ob die entsprechende Scoringmethode gesetzeskonform ist. Darüber hinaus brauchen wir Qualitätsstandards für verbrauchergerechtes Scoring. Diese sollten Politik, Gesellschaft und Wirtschaft gemeinsam entwickeln. Das geht nicht unter Ausschluss der Wirtschaft, denn dort liegt die digitale Fachkompetenz.

Das Interview führten Jacqueline Preußer und Georg Poltorak.

Prof. Dr. Detlef Fetchenhauer

ist Inhaber eines Lehrstuhls für Wirtschafts- und Sozialpsychologie an der Universität zu Köln.

Anne-Sophie Lang

ist wissenschaftliche Mitarbeiterin am Lehrstuhl für Wirtschafts- und Sozialpsychologie an der Universität zu Köln.

Prof. Dr. Dominik H. Enste

ist Professor für Wirtschaftsethik an der TH Köln, Geschäftsführer der IW Akademie GmbH und Kompetenzfeldleiter im Institut der deutschen Wirtschaft Köln.

Otto Normalbetrüger: Psychologie eines alltäglichen Delikts

Die psychologische Forschung hilft zu verstehen, was Betrüger antreibt. Oft sind die Umstände ausschlaggebend für einen Betrug. Manchmal ist es die Persönlichkeit. Es gibt aber auch kulturelle Unterschiede.

Was ist eigentlich ein typischer Betrüger? Da gibt es einige schnell abrufbare Prototypen: Betrüger sind Börsianer, die mit Schneeballsystemen reich werden. Sektenführer, die ihren Hörigen Haus und Hof abknöpfen. Junge Männer, die sich als verschollene Enkel ausgeben und ihren vermeintlichen Großmüttern das Geld aus der Tasche ziehen. Heiratsschwindler. Fälscher.

Diese Prototypen sind aber keine typischen Kriminellen. Denn die große Mehrheit krimineller Handlungen geschieht ungeplant und aus der Situation heraus. Hingegen bedarf der hollywoodtaugliche Betrug à la „Catch me if you can" und „Wolf of Wall Street" Planung und Bedacht. Die Protagonisten dieser Filme sind aber auch keine typischen Betrüger, denn die meisten tun viel unspektakulärere Dinge: Laut Polizeilicher Kriminalstatistik entfiel 2017 allein ein Drittel der etwa 910.000 bekannt gewordenen Betrugsdelikte in Deutschland aufs Schwarzfahren.

Alle Betrugsarten haben gemeinsam, dass sich jemand einen finanziellen Vorteil verschaffen möchte, indem er andere täuscht. Die Kriminalstatistik kann solches Verhalten natürlich nur dann erfassen, wenn es auffliegt. Die Dunkelziffer liegt also deutlich höher. Außerdem werden darin nur Delikte berücksichtigt, die die Polizei bearbeitet – also etwa keine Steuerhinterziehung. Umfragen lassen hingegen erahnen, wie häufig Betrug wirklich vorkommt: So gibt etwa jeder vierte Deutsche an, schon einmal eine Versicherung betrogen zu haben. Nur knapp zwölf Prozent der Haushalte, die eine Putzhilfe beschäftigen, melden diese beim Finanzamt an. Einige Betrugsarten sind also weitverbreitet, quasi salonfähig. Andere – wie Falschgeld herzustellen oder sich das Erbe reicher Witwen zu erschleichen – würden den meisten Menschen hingegen nie in den Sinn kommen. Wovon hängt es ab, ob jemand betrügt?

Betrug und Persönlichkeit

Psychologen haben in den vergangenen Jahren vor allem drei Persönlichkeitsmerkmale untersucht, die zu antisozialem und damit auch zu betrügerischem Verhalten führen: Machiavellismus, Narzissmus und Psychopathie. Machiavellisten misstrauen anderen Menschen und versuchen, diese zu beeinflussen und zu kontrollieren, um ihre eigenen Ziele zu erreichen. In einem Fragebogen würden sie beispielsweise diesem Satz zustimmen: „Ich neige dazu, andere zu manipulieren, um meinen Willen durchzusetzen." Narzissten halten sich für anderen Menschen überlegen, brauchen enorm viel Aufmerksamkeit sowie Bewunderung und nutzen andere aus („Ich neige dazu, von anderen beachtet werden zu wollen."). Zudem haben Narzissten wenig Empathie, worin sie Psychopathen ähneln. Bei Psychopathen kommt hinzu, dass sie impulsiv und erlebnishungrig sind, wenig Angst haben und keine Schuld empfinden („Ich neige dazu, keine Gewissensbisse zu haben.").

Diese drei Eigenschaften ähneln sich zwar teilweise und treten oft gemeinsam auf. Sie sind aber unterschiedliche Konstrukte. Zu dritt werden sie auch die „Dunkle Triade" genannt. Menschen mit stark ausgeprägter Dunkler Triade können nur schwer echte soziale Beziehungen eingehen – sei es im Privatleben oder mit Kollegen auf der Arbeit –, da ihnen Empathie und Vertrauen fehlen. Sogenannte toxische Angestellte neigen dazu, sich im Job manipulierend sowie schädlich zu verhalten und sich beispielsweise zu freuen, wenn ihre Kollegen schlechte Bewertungen erhalten. Verfügen sie über politisches Geschick, können sich solche Angestellte Vorteile verschaffen: Sie sind in der Lage, den Eindruck zu erwecken, ihre Leistung sei besser, als sie es tatsächlich ist.

Je egoistischer, desto eher verhält sich jemand so, wie es Theorien des rationalen Handelns vorhersagen würden. Für professionelle Betrüger spielen der zu erwartende Gewinn und das Risiko, entdeckt zu werden, eine große Rolle.

In extremer Form weisen die Merkmale der Dunklen Triade auf eine Persönlichkeitsstörung hin. Sie sind aber nur bei weniger als einem Prozent der Bevölkerung in einem krankhaften Ausmaß ausgeprägt. Hingegen finden sich mildere Ausprägungen bei bis zu 15 Prozent der Bevölkerung. Diese Ausprägungen können unterschiedlich stark sein. Sie bedeuten nicht zwangsläufig, dass betroffene Menschen kriminell werden. Die Dunkle Triade hängt aber statistisch mit betrügerischem Verhalten zusammen.

Die Hemmschwelle, zu täuschen und zu betrügen, ist bei Menschen mit starker Ausprägung der Dunklen Triade deutlich niedriger als bei anderen. Dabei spielen die drei Eigenschaften unterschiedliche Rollen: Narzissmus weckt die Motivation zu betrügen und bestärkt Menschen in der Annahme, auch die entsprechenden Fähigkeiten zu haben. Machiavellismus beeinflusst ebenfalls die Motivation. Er schärft aber auch die Wahrnehmung von Möglichkeiten, andere zu täuschen. Psychopathie sorgt dafür, dass Menschen keine Probleme damit haben, betrügerisches Verhalten zu legitimieren. Das erhöht die Wahrscheinlichkeit, dass sie es auch umsetzen.

Auch abseits dieser „dunklen" Eigenschaften gibt es Persönlichkeitsdimensionen, die Einfluss auf betrügerisches Verhalten haben. Ein Beispiel dafür ist der Glaube: Religiöse Menschen tendieren eher dazu, Normen zu befolgen. Dementsprechend betrügen sie etwas weniger als nichtreligiöse Menschen – allerdings nur in moderatem Ausmaß. Menschen, die eine protestantische Arbeitsethik verinnerlicht haben, arbeiten wiederum mit erhöhter Wahrscheinlichkeit auch während Phasen der Arbeitslosigkeit, ohne dies zu melden: Schwarzarbeit kann offenbar intrinsisch motiviert sein. Das gründet sich auf den hohen Wert, den jemand dem Arbeiten zuschreibt.

Soziodemografische Merkmale hängen interessanterweise kaum mit betrügerischem Verhalten zusammen.

Ein weiteres relevantes Persönlichkeitsmerkmal ist Gesetzestreue: Inwieweit ist jemand bereit, Gesetzen selbst dann zu folgen, wenn er sie für ungerecht hält? Je stärker diese Eigenschaft ausgeprägt ist, desto eher verurteilt eine Person Betrug und schreckt vor ihm zurück.

Zuletzt existiert eine Eigenschaft, die einige Kriminologen sogar als wichtigste Determinante kriminellen Verhaltens sehen: Selbstkontrolle. Der „Generellen Kriminalitätstheorie" zufolge fehlt sie Menschen, die Straftaten begehen. Das bedeutet unter anderem, dass sie nur schwer kurzfristige Bedürfnisse zurückstellen können, um langfristige Ziele zu erreichen. Sie neigen auch dazu, Risiken einzugehen. Versicherungsbetrug hängt beispielsweise mit Selbstkontrolle zusammen: Im Allgemeinen unterschätzen Menschen mit niedriger Selbstkontrolle das Risiko, entdeckt zu werden. Dabei überschätzen sie ihre Fähigkeiten, erfolgreich zu betrügen. Sie finden Betrug weniger moralisch verwerflich und betrügen eher als Menschen mit hoher Selbstkontrolle.

Anders als die Persönlichkeit, hängen soziodemografische Merkmale interessanterweise kaum mit betrügerischem Verhalten zusammen. Betrug kommt bei Männern sowie bei Frauen und in allen Bevölkerungsschichten vor. Die Gelegenheit zu betrügen macht den Unterschied: Versicherungsbetrüger sind beispielsweise eher männlich.

Das liegt daran, dass sich immer noch in mehr Haushalten der Mann um Versicherungsangelegenheiten kümmert.

Betrug als rationale Entscheidung

Ob jemand betrügt, hängt auch davon ab, was es zu gewinnen und zu verlieren gibt. Einige Ökonomen treiben diese Sichtweise auf die Spitze, indem sie kriminelles Verhalten so modellieren, wie traditionelle ökonomische Theorien generell jedes Verhalten modellieren: als Ergebnis einer Kosten-Nutzen-Rechnung und damit als rationale Entscheidung. Ist der mögliche Gewinn aus einer kriminellen Handlung hoch genug, um die Risiken zu rechtfertigen? Oder profaner ausgedrückt: Lohnt es sich, hier zu parken, wenn ich ein Knöllchen riskiere, aber dafür nicht mehr weitersuchen muss? Wie teuer wäre das Knöllchen? Wie teuer wäre ein Parkticket? Wie lang müsste ich wohl noch durch die Gegend fahren? Diese Überlegungen haben den Ökonomen Gary Becker 1968 zu seinem berühmten Artikel „Crime and punishment: An economic approach" inspiriert. Seine Idee: Kriminelle – egal ob Falschparker oder Schwerverbrecher – sind „Nutzenmaximierer". Dementsprechend könnten kriminelle Handlungen verhindert werden, indem der Staat die Kosten dafür erhöht – also die Strafen strenger macht. Dadurch schiene kriminelles Verhalten nicht mehr lohnenswert zu sein.

Solche Theorien des rationalen Handelns sind zwar nützliche Modelle. Sie bilden aber nur bedingt ab, wie sich Menschen tatsächlich verhalten: In alltäglichen Situationen und in zahlreichen Laborexperimenten zeigt sich, dass sie sich nicht nur von Kosten-Nutzen-Analysen, sondern auch von Emotionen und Moralvorstellungen leiten lassen. Menschen nutzen längst nicht jede Gelegenheit zur Steuerhinterziehung, obwohl sie nur selten entdeckt und bestraft wird – und somit unter wirtschaftlichen Gesichtspunkten eine rationale Entscheidung wäre.

Dennoch gibt es Situationen, in denen sich Menschen aufgrund kalkulativer Faktoren, wie der Höhe des potentiellen Gewinns und des wahrgenommenen Risikos, für oder gegen einen Betrug entscheiden. In einem wirtschaftspsychologischen Laborexperiment an der Universität zu Köln verkosteten Versuchspersonen blind vier Weine. Die Personen, die die Proben den entsprechenden Rebsorten zuordnen konnten, durften Wein mitnehmen. Obwohl sich die Probanden selbst als Weinkenner bezeichneten, konnte niemand alle Sorten erkennen.

Allerdings verließ der Versuchsleiter während des Experiments den Raum. Die Teilnehmer konnten dadurch heimlich die Flaschenetiketten lesen. Knapp 40 Prozent taten das auch. Das Experiment zeigte unter anderem, dass die Probanden häufiger betrogen, wenn sie drei statt nur einer Flasche Wein gewinnen konnten.

Eine weitere Studie unseres Lehrstuhls zeigte, dass Menschen seltener beabsichtigen, ihre Versicherung zu betrügen, wenn sie die drohende Strafe als streng und das Risiko, entdeckt zu werden, als hoch wahrnehmen. Allerdings waren beide Zusammenhänge eher gering ausgeprägt. Das heißt, dass für die Betrugsabsicht noch weitere Faktoren wichtig sind. Ein Beispiel: Glaubt eine Person überhaupt, die nötigen Kenntnisse und Fähigkeiten zu haben, um zu betrügen? Je höher diese sogenannten

Es fällt Menschen leichter zu betrügen, wenn dabei kein erkennbares Opfer geschädigt wird, sondern ein Kollektiv.

Effizienzerwartungen sind, desto wahrscheinlicher wird betrogen. Letztlich ist auch das ein Bestandteil rationalen Handelns.

Inwieweit solche kalkulativen Faktoren betrügerisches Verhalten beeinflussen, hängt von der Person und von der konkreten Situation ab. Menschen mit überdurchschnittlich ausgeprägten Eigenschaften der Dunklen Triade handeln dabei im Vergleich zum Durchschnittsbürger eher wie reine „Homines oeconomici" – also mit dem Ziel, ihren eigenen finanziellen Nutzen zu maximieren: Je egoistischer, desto eher verhält sich jemand so, wie es Theorien des rationalen Handelns vorhersagen würden. Für professionelle Betrüger spielen Faktoren wie der zu erwartende Gewinn und das Risiko, entdeckt zu werden, eine große Rolle. Hingegen überlegen Gelegenheitsbetrüger zunächst, ob ein Betrug moralisch zu rechtfertigen ist.

Die Rolle der Moral

Moral ist ein Faktor, der in klassischen Modellen, die rationales Handeln beschreiben, nicht auftaucht. Für neoklassische Ökonomen ist sie bestenfalls eine Begleiterscheinung, die nutzenmaximierenden Entscheidungen nachgelagert ist und an sie angepasst wird. Studienergebnisse deuten aber eher darauf hin, dass moralische Einstellungen – ethische Normen und Werte – vielen Menschen als Filter dienen:

Wer Steuerhinterziehung grundsätzlich und kategorisch als unmoralisch einstuft, der wird sie auch dann nicht in Betracht ziehen, wenn der mögliche Gewinn hoch und das Entdeckungsrisiko gering sind.

Der Prozess der Betrugsentscheidung

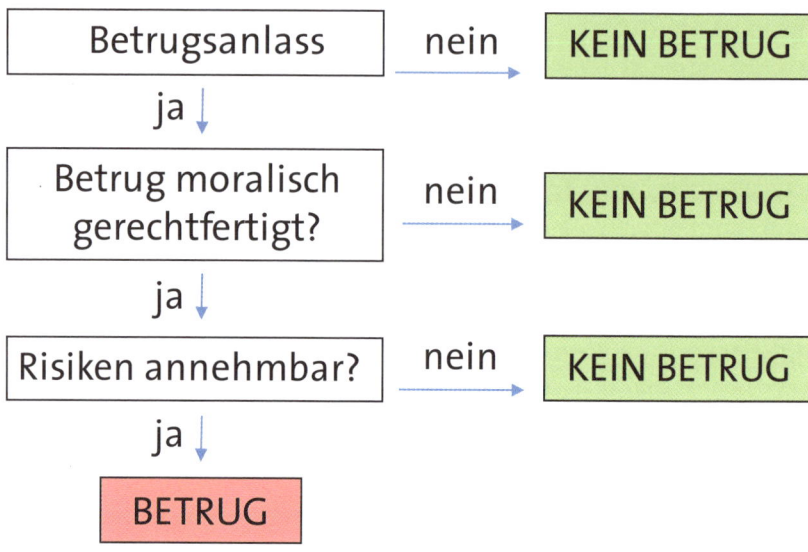

Quelle: Köneke, V., Müller-Peters, H. und Fetchenhauer, D., Versicherungsbetrug verstehen und verhindern, Springer Gabler, 2015, S. 258.

Dieser Filter kommt zum Einsatz, wenn sich eine Gelegenheit ergibt, zu betrügen. Dabei fragt sich der Mensch: Wäre ein Betrug moralisch vertretbar? Nur wenn das zutrifft, findet die aus Theorien des rationalen Handelns bekannte Kosten-Nutzen-Analyse statt.

Der Entscheidungspfad gilt für Gelegenheitsbetrüger, aber nicht für professionelle Kriminelle. Diese haben nur wenig Skrupel, aktiv Gelegenheiten herbeizuführen, die Betrug zulassen. Zudem schränken moralische Überlegungen sie weniger ein. Dementsprechend überspringen professionelle Betrüger den zweiten Schritt des präsentierten Entscheidungsmodells – die Frage nach der Moral. Die meisten Menschen entscheiden aber in diesem Schritt darüber, ob sie die Möglichkeit zu betrügen wahrnehmen oder nicht.

Bei der Mehrheit der – eher alltäglichen – Betrugsfälle spielt es also eine enorme Rolle, inwieweit Menschen meinen, ihr Handeln moralisch rechtfertigen zu können. Es gibt Umstände, unter denen das wesentlich einfacher möglich ist: Es fällt Menschen beispielsweise leichter zu betrügen, wenn dabei kein erkennbares Opfer geschädigt wird. Das ist die Kehrseite des „Identifiable Victim Effect". Dieser besagt, dass Menschen konkreten Personen eher helfen als abstrakten Personengruppen. Dementsprechend tendieren sie eher dazu, abstrakte Gruppen zu betrügen: Versicherungen, den Staat, Verkehrsbetriebe beim Schwarzfahren, die Unterhaltungsindustrie beim illegalen Herunterladen von Filmen und Musik. Solche „opferlosen Straftaten" richten sich immer gegen ein anonymes Kollektiv. Das erlaubt dem Betrüger, die eigene Rolle als unbedeutend zu sehen und sein Verhalten zu rechtfertigen: Je größer das Kollektiv, desto geringer die Bedenken.

Zusätzlich wirken häufig sogenannte deskriptive Normen. Im Gegensatz zu internalisierten Normen, wie beispielsweise „Du sollst nicht töten.", orientieren sich deskriptive Normen am Verhalten des eigenen Umfelds. Augenscheinlich weitverbreitetes Verhalten wird als legitimiert wahrgenommen: „Das machen doch alle." Laut ZDF-Politbarometer glauben etwa 60 Prozent der Deutschen, Steuerhinterziehung sei weitverbreitet – was zum Anstieg solcher Delikte beitragen könnte.

Ebenso spielt der Eindruck eine Rolle, den ein Mensch von einer Institution hat. Wer meint, der Staat selbst sei ein „Haufen von Betrügern" und Versicherungen seien raffgierige, seelenlose Konzerne, dem macht es wenig aus, beide zu schädigen. Im Fall der Film- und Musikindustrie wird zudem deutlich, dass Menschen ein Problem mit Besitzrechten bei immateriellen Gütern haben: Dass das Auto des Nachbarn ebendiesem gehört, ist Menschen intuitiv zugänglicher, als dass der Komponist das Recht an einer bestimmten Melodie besitzt. Hier lässt sich evolutionspsychologisch argumentieren: Unsere Vorfahren kamen mit solcher Art von Besitz nie in Berührung. Sie kannten lediglich materielle Güter. Darüber hinaus schafft das Internet heute eine zusätzliche Distanz: Mit ein paar Klicks sind meist weniger Hemmungen verbunden, als jemandem direkt ins Gesicht zu lügen. Das zeigt sich auch beim Versicherungsbetrug: Online-Kunden betrügen häufiger.

Für viele Menschen wird Betrug noch leichter vertretbar, wenn sie dafür keine neuen Sachverhalte erfinden, sondern nur bestehende zurechtbiegen müssen. Das legen spieltheoretische Experimente nahe, in denen Probanden die Möglichkeit haben, zu ihrem eigenen Vorteil zu lügen. Dabei können sie beispielsweise die Anzahl richtig gelöster Aufgaben verändern. Typischerweise passen Probanden ihre Angaben geringfügig zu ihrem Vorteil an, aber erfinden sie nicht einfach. Die meisten Menschen scheinen einen „moralischen Spielraum" zu haben, innerhalb dessen sie falsche Angaben vor sich rechtfertigen können. Regelrechte Hochstapler gibt es nur selten.

Das zeigt auch eine unserer Studien, in der Versuchspersonen verschiedene Szenarien moralisch bewerten sollten. Zusätzlich gaben sie an, ob sie genauso handeln würden. Ein Szenario skizzierte Folgendes: Ein Freund von Ihnen bemerkt gegen 20.15 Uhr, dass sein Fahrrad gestohlen wurde. Es war aber nur bis 20 Uhr versichert. Gegenüber der Polizei gibt er an, den Diebstahl gegen 19.45 Uhr bemerkt zu haben. Ist das moralisch vertretbar? Etwas mehr als jeder dritte Studienteilnehmer stimmte hier zu. Beinahe zwei Drittel gaben zudem an, dass sie genauso handeln würden.

Akzeptanz von Betrug: Informationen zurechtzubiegen, scheint oft in Ordnung zu sein – das Ausdenken und Vortäuschen aber nicht.

In Bezug auf ein leicht verändertes Szenario sank jedoch die Zustimmung: Der Freund gibt erst einige Tage später an, dass sein Rad gerade gestohlen worden sei. Weniger als jeder zweite Teilnehmer hätte entsprechend gehandelt. Den Diebstahl eines Fahrrads komplett zu erfinden, mochte kaum jemand rechtfertigen.

Die Vorgehensweise ist also besonders wichtig für die Akzeptanz von Betrug: Informationen zurechtzubiegen, scheint oft in Ordnung zu sein – das Ausdenken und Vortäuschen aber nicht. In einer unserer Studien fanden es mehr befragte Jurastudenten akzeptabel, in der Steuererklärung ein privates Essen als Geschäftsessen zu deklarieren, als eine Rechnung zu fingieren. Zudem war es für 62 Prozent der Studienteilnehmer vertretbar, einen Raum als Arbeitszimmer anzugeben, wenn er überwiegend als Gästezimmer genutzt wird. Wird der Raum hingegen ausschließlich als Gästezimmer genutzt, war das nur noch für rund 48 Prozent in Ordnung.

Der „Modus operandi" eines Betrugs hat dabei mehr Einfluss als der konkrete Geldbetrag, um den betrogen wird. In der Studie bezog sich ein weiteres Szenario auf einen Einbruch, den die Versicherung eigentlich nicht abdeckte. Der Grund dafür war, dass der Wohnungsbesitzer vor seinem Urlaub vergessen hatte, die Rollläden herunterzulassen. Bei einem Schaden von 50 Euro fanden es rund 40 Prozent der Teilnehmer moralisch akzeptabel, das Versäumnis zu verschweigen. Lag der Schaden bei 5.000 Euro, waren es 45 Prozent. Der Anteil war in beiden Fällen also ungefähr gleich. Die Summe hatte sehr wenig Einfluss. Hingegen war es für kaum einen Befragten in Ordnung, einen Einbruch zu fingieren: Bei einem vermeintlichen Schaden von 50 Euro konnten dies nur rund 13 Prozent vertreten. Bei 5.000 Euro waren es gerade noch vier Prozent.

Solange ein tatsächlicher Schaden vorliegt, ist es auch für viele Menschen akzeptabel, bei der Schadenssumme gegenüber der Versicherung etwas zu übertreiben. Das scheint insbesondere dann legitim, wenn der Versicherte einen immateriellen Verlust erlitten hat, mit dem die Versicherung eigentlich nichts zu tun hat: Wem beispielsweise Gegenstände von hohem persönlichen, aber geringem objektiven Wert gestohlen wurden, der wird es häufig unproblematisch finden, etwas „Schmerzensgeld" aufzuschlagen. Für eine Minderheit von 15 Prozent unserer Studienteilnehmer war es moralisch vertretbar, einen Schaden von 4.500 Euro anzugeben, obwohl ein Feuer tatsächlich nur Dinge im Wert von 3.000 Euro zerstört hatte. Wurden sie aber zusätzlich darauf hingewiesen, dass der subjektiv schlimmste Verlust der alter Tagebücher, Briefe und Fotoalben war, stieg der Anteil derer, die es für moralisch vertretbar hielten, beinahe auf das Doppelte an. Ähnliches gilt für psychische Schäden: Die Zusatzinformation, der Geschädigte habe einen Schock erlitten und nun regelmäßig Alpträume, ließ die Akzeptanz einer Übertreibung der Schadenssumme ebenfalls steigen.

Betrug entsteht also besonders oft aus einem konkreten Anlass heraus. Je mehr Anlässe, desto mehr Betrug: Schwarzarbeit kommt vor allem in den Branchen vor, die dafür günstige Gelegenheiten bieten. Steuerhinterziehung ist aus dem gleichen Grund unter Selbständigen weiter verbreitetet als unter Angestellten. Und die Wahrscheinlichkeit, dass jemand seine Versicherung betrügt, steigt mit der Anzahl der Policen. Im Gegensatz dazu kann jemand, der keine Versicherung abgeschlossen hat, auch keinen Versicherer betrügen. Das Sprichwort „Gelegenheit macht Diebe" hat also einen wahren Kern.

Gleichzeitig wird Betrug durch bestimmte situationsbezogene Eigenschaften mehr oder weniger wahrscheinlich. Es wirkt etwa rechtfertigend, wenn dem betrügerischen Verhalten ein als lauter empfundenes Motiv zugrunde liegt – und nicht nur der Wunsch, sich selbst zu bereichern. Das ist auch der Fall, wenn dieses Motiv nichts mit der betrogenen Institution zu tun hat: In einer Umfrage unter Jurastudenten konnten sich nur rund 14 Prozent vorstellen, als selbständige Unternehmer einen Auftrag zu verschweigen. Wurden sie aber zusätzlich darauf hingewiesen, dass der Betrug Entlassungen vermeiden soll, konnten sich rund 38 Prozent der Studienteilnehmer mit ebendiesem Gedanken anfreunden. „Der Zweck heiligt die Mittel" ist eine Redensart, die auf solche Situationen verweist.

Zudem finden viele Menschen Betrug nachvollziehbar, wenn sie den Eindruck haben, dass die betrogene Institution den Betrüger vorher unfair behandelt hat. Ein Beispiel hierfür sind Ausschlussklauseln in Versicherungsverträgen, die Regelungen für Fälle beinhalten, in denen die Versicherung nicht haftet. Werden solche Klauseln als ungerecht empfunden, steigt die Akzeptanz fürs Betrügen. Daher kann eine entsprechende Präventionsstrategie sein, Kunden oder Bürgern das Gefühl zu vermitteln, fair und auf Augenhöhe behandelt zu werden. Dabei hilft es auch, sie in Prozesse einzubinden. Dafür sprechen zum Beispiel Daten aus der Schweiz. Dort unterscheiden sich die Kantone in dem Ausmaß, in dem sie direkte Demokratie umsetzen. Eine Studie zeigt: Je mehr direkte Demokratie, desto weniger Steuerhinterziehung. Je häufiger Bürger also mitentscheiden dürfen, wofür Steuergelder verwendet werden, desto bereitwilliger zahlen sie diese auch.

> *Die Ehrlichkeit in puncto finanzieller Angelegenheiten hängt auch davon ab, wo und wie ein Mensch aufgewachsen ist.*

Interkulturelle Unterschiede

Inwieweit betrügerisches Verhalten auftritt, ist auch von der jeweiligen Gesellschaft abhängig. Die Ehrlichkeit in puncto finanzieller Angelegenheiten wird auch davon bestimmt, wo und wie ein Mensch aufgewachsen ist. Das belegen repräsentative Umfragen wie der „World Value Survey". Im Rahmen dieser Befragung werden die Einstellungen der Bewohner verschiedener Länder erhoben, beispielsweise zum Schwarzfahren, zur Steuerhinterziehung und zur Korruption. Dabei zeigt sich, dass sich die einzelnen Länder in Bezug auf finanzielle Ehrlichkeit deutlich voneinander unterscheiden. Die skandinavischen Länder sind am ehrlichsten. Hingegen neigen Menschen in Ländern wie Frankreich und Spanien eher dazu, finanziell unehrlich zu sein. Deutschland und die angelsächsischen Länder befinden sich im Mittelfeld. Dabei haben Menschen offenbar ein intuitives Gespür dafür, ob sie ihren Mitmenschen vertrauen können. Je niedriger die finanzielle Ehrlichkeit in einem Land, desto höher die Zustimmung zur Aussage: „Man kann im Umgang mit seinen Mitmenschen nicht vorsichtig genug sein.“

Die Unterschiede bezüglich finanzieller Ehrlichkeit passen zu den unterschiedlichen Kriminalitätsraten der Länder, aber auch zum Verhalten, das in einem spannenden Experiment der Zeitschrift „Reader's Digest“ beobachtet wurde: Im Jahr 2013 „verloren“ Reporter in 16 verschiedenen europäischen Städten vorsätzlich Portemonnaies mit Geld im Wert von 50 Dollar. Die Geldbörsen enthielten auch die Adresse des Besitzers. Wie viele Portemonnaies kamen zurück? In der finnischen Hauptstadt Helsinki waren es elf von zwölf, in Berlin nur die Hälfte. In Lissabon wurde ein Portemonnaie zurückgegeben – von einem Paar aus den Niederlanden.

In westlichen Industriegesellschaften hängen Vertrauen und finanzielle Ehrlichkeit positiv zusammen

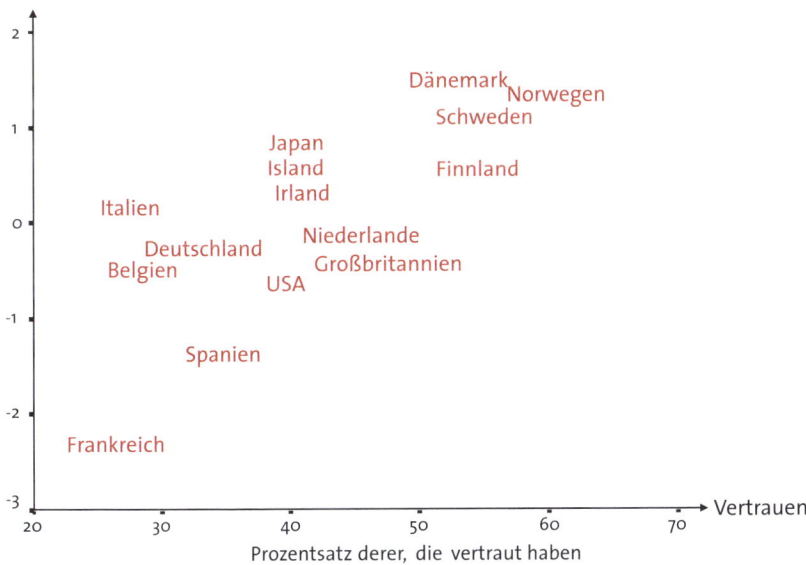

Quelle: Fetchenhauer, D., Psychologie (2. Aufl.), Vahlen, 2017, S. 266.

Warum unterscheiden sich Kulturen so sehr in ihrer finanziellen Ehrlichkeit? Zunächst fällt auf, dass in protestantisch geprägten Ländern wie Schweden oder Norwegen weniger betrogen wird als in katholisch geprägten Ländern wie Spanien oder Frankreich. Zudem besteht in diesen Ländern meist schon länger eine stabile Demokratie. Skandinavische Länder sind bereits seit mehr als 100 Jahren demokratisch organisiert. Spanien ist erst Ende der 1970er Jahre – nach Francos Tod – zu einer Demokratie geworden. Auch Frankreich hat in den 1950er Jahren eine ernsthafte konstitutionelle Krise erlebt, an deren Ende 1958 die Fünfte Republik gegründet wurde.

Die Kulturdimension Feminität hängt ebenfalls positiv mit der finanziellen Ehrlichkeit der Bürger eines Landes zusammen. Diese Dimension sagt aus, inwieweit Werte wie Mitgefühl und Toleranz eine Kultur prägen. Sie drückt ebenfalls aus, inwieweit die Gleichstellung der Geschlechter fortgeschritten ist. In diesem Kontext lässt sich ein weiterer Zusammenhang beobachten: Je höher der Frauenanteil in einem Parlament, desto höher die finanzielle Ehrlichkeit.

Der Zusammenhang zwischen finanzieller Ehrlichkeit eines Landes und den Werten, die seinen Bürgern in der Kindererziehung besonders wichtig sind, hat aus psychologischer Sicht die höchste Bedeutung. Für Franzosen ist es deutlich häufiger wichtig als für Dänen, dass Kinder lernen, ihren Eltern zu gehorchen. Bei der Selbständigkeit ist es umgekehrt. Viele Studien aus der pädagogischen Psychologie haben aber gezeigt, dass Kinder soziale Normen nur dann verinnerlichen, wenn Eltern und Erzieher deren Sinn geduldig erklären.

Abweichendes Verhalten zu bestrafen bewirkt hingegen das Gegenteil. In diesem Fall lernen Kinder, Regeln lediglich einzuhalten, solange das jemand kontrolliert und mit Strafen droht. Allerdings ist finanzielle Ehrlichkeit dadurch gekennzeichnet, dass Menschen auch dann nicht betrügen, wenn sie nicht damit rechnen müssten, dass ihr Betrug aufgedeckt wird. Denn Betrug ist eine kriminelle Handlung, die im Geheimen und in der Regel ohne Publikum ausgeführt wird.

Zusammenspiel verschiedener Faktoren

Am Anfang stand die Frage, wovon es abhängt, dass jemand betrügt. Die Antwort hat viele Facetten: Die Entscheidung zu betrügen ergibt sich aus einem komplexen Zusammenspiel von Persönlichkeit, dem Abwägen von Gelegenheiten, Chancen und Risiken, von moralischen

Betrug betrifft jeden

Überlegungen und von interkulturellen Unterschieden. So selten die wirklich filmreifen Betrugsfälle vorkommen, so alltäglich ist es, ein bisschen zu betrügen – falls sich eine Gelegenheit bietet.

All das konnte hier nur angerissen werden. Wer mehr zur Psychologie des Betrugs lesen möchte, dem sei das Buch „Versicherungsbetrug verstehen und verhindern" von Vanessa Köneke, Horst Müller-Peters und Detlef Fetchenhauer genannt (2015 bei Springer Gabler erschienen).

Mit Blick auf die Gesamtheit der „Otto Normalbetrüger" gilt das, was der deutsche Schriftsteller Johann Gottfried Seume schon vor mehr als 200 Jahren erkannt hat: „Betrügen und betrogen werden, nichts ist gewöhnlicher auf Erden."

Christoph Wenk-Fischer

ist Rechtsanwalt und Hauptgeschäftsführer des Bundesverbands E-Commerce und Versandhandel Deutschland (bevh).

Sebastian Schulz

ist Rechtsanwalt und leitet den Bereich Rechtspolitik & Datenschutz des bevh.

Betrugsprävention im E-Commerce

Die weitreichende Anonymität im Internet macht Vertragsschlüsse im Online- und Versandhandel anfällig für Missbrauch und Betrug. Im E-Commerce sind deshalb angemessene Maßnahmen zur Risikosteuerung gefragt.

Der Erfolg des E-Commerce ist ungebrochen. In Bezug auf den Bruttoumsatz mit Waren wurde im Jahr 2018 bereits mehr als jeder achte Euro über Online-Vertriebskanäle erwirtschaftet – bei weiterhin deutlich positiver Tendenz. Prognosen des Bundesverbands E-Commerce und Versandhandel Deutschland (bevh) sowie zahlreicher anderer Organisationen zeigen, dass auch in Zukunft die Bedeutung interaktiver Vertriebskanäle stark wachsen wird und sich Umsatzanteile aus dem klassischen stationären Einzelhandel dahingehend verschieben werden. Das trifft mittlerweile auf praktisch alle Warengruppen zu. Während in den Anfängen des internetgestützten Handels der Fokus auf Büchern, Elektronikartikeln und Mode lag, profitieren heute praktisch alle Warengruppen in allen Preissegmenten von dieser dynamischen Entwicklung.

Ein außerhalb starrer Ladenöffnungszeiten verfügbares Warensortiment ist dabei ein wesentlicher – aber längst nicht der einzige – Grund dafür, dass die Kaufentscheidung zunehmend ins Internet verlagert wird. Moderne, auf die individuellen Bedürfnisse der Verbraucher zugeschnittene Logistiklösungen, einfache Such- und Vergleichsmöglichkeiten, gesetzlich verbriefte und nicht selten deutlich darüber hinausgehende vertragliche Rechte sowie die Möglichkeit, im Netz weitestgehend „anonym" agieren zu können, zählen zu den treibenden Motiven hinter einer digitalen Kaufentscheidung. „Anonymität" steht in diesem Zusammenhang für den Komfort, die eigene Kaufentscheidung nicht in der Öffentlichkeit treffen zu müssen. Die dahinterstehenden Motive sind vielfältig und nicht immer so offensichtlich wie etwa im Falle des Kaufs einer Hose, deren Größe nicht der gesellschaftlichen Norm entspricht. Das allein im Fernabsatz erreichbare, hohe Maß an Diskretion zählt zweifellos zu den herausragenden Vorteilen des Online- und Versandhandels.

Wechselwirkung zwischen Paymentmix, Convenience und Betrug

Eine für die stationäre Ladenkasse typische Face-to-Face-Situation fehlt im E-Commerce nahezu völlig. Die Anonymität der Kunden stellt Online- und Versandhändler vor Herausforderungen, sobald sie über die im Online-Shop verfügbaren Bezahlverfahren entscheiden sollen. Dabei ist nicht selten ein Spagat zwischen Kundenfreundlichkeit und einer bestmöglichen Vermeidung von Forderungsstörungen und -ausfällen nötig. Die Quote der sogenannten Kaufabbrecher – das sind Personen, die Produkte in den Warenkorb verschieben, ohne den Kauf abzuschließen – ist dann am geringsten, wenn Online-Händler mehr als vier Bezahlverfahren anbieten. Vom bevh jährlich durchgeführte Untersuchungen zeigen, dass die SEPA-Lastschrift, digitale Bezahlverfahren, die Zahlung per Kreditkarte sowie der Kauf auf Rechnung in diesem Zusammenhang besonders wichtig sind. 2017 nutzte mehr als ein Drittel der Verbraucher die SEPA-Lastschrift. Ein sinkender Anteil von rund 20 Prozent entschied sich primär für den Kauf auf Rechnung. Andere Organisationen verweisen hierbei auf ein umgekehrtes Verhältnis. Jedoch stimmen alle Untersuchungen darin überein, dass in der Summe stets über die Hälfte der Verbraucher die Bezahlverfahren Lastschrift und Kauf auf Rechnung bevorzugen. Gerade wenn Händler in Vorleistung gehen und der Kunde

die übersandte Ware noch vor Begleichen der Rechnung prüfen und
gegebenenfalls retournieren kann, ist die Kundenzufriedenheit nachweislich besonders hoch. Das Angebot Kauf auf Rechnung, in diesem
Zusammenhang auch Kauf auf Probe, ist für viele Handelsunterneh-
men ein relevantes Unterscheidungsmerkmal gegenüber Wettbewer-
bern.

Für den Erfolg eines E-Commerce-Unternehmens ist es entscheidend, eine möglichst breite Palette verschiedener Bezahlverfahren
anzubieten. Dabei ist jede Zahlungsmethode mit unterschiedli-

Lastschriftverfahren und digitale Zahlungsmethoden sind am beliebtesten

Im E-Commerce genutzte Bezahlverfahren 2017; in Prozent der Befragten; n = 9.032

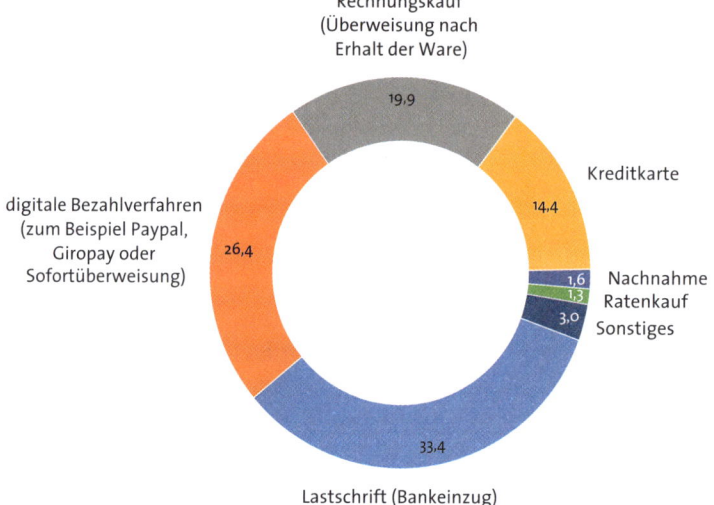

Quelle: bevh, Interaktiver Handel in Deutschland, 2017.

chen kreditorischen Risiken für den Handel verbunden – zunächst
ganz unabhängig davon, ob tatsächlich betrügerisches Verhalten
im Rechtssinne vorliegt: Bei Zahlung per Vorkasse bestehen für
Online- und Versandhändler offenkundig die geringsten Risiken.
Dasselbe gilt für die SEPA-Lastschrift, soweit diese durch anerkannte
Dienstleister abgesichert ist, die im Falle von Zahlungsstörungen
an die Stelle des eigentlichen Schuldners treten. Im Ranking der
kreditsichersten Bezahlverfahren folgen digitale Dienste (zum Bei-

spiel PayPal) und die Bezahlung per Nachnahme. Hingegen verbinden Online- und Versandhändler mit dem Ratenkauf, der Zahlung per Kreditkarte sowie mit dem Kauf auf Rechnung die mit Abstand höchsten kreditorischen Ausfallrisiken.

Typische Betrugsszenarien im E-Commerce

Je nachdem, welcher Studie man Glauben schenken möchte, haben zwischen 50 und über 90 Prozent der in Deutschland ansässigen Online- und Versandhandelsunternehmen schon einmal Erfahrung mit Betrug beziehungsweise vorgelagerten Straftraten gemacht. Neben den Betrugstatbeständen des Strafgesetzbuches (StGB), also dem Grundtatbestand in § 263 StGB, dem Computerbetrug (§ 263a StGB) und dem Kreditbetrug (§ 263b StGB), sind vor allem Straftaten gegen die Verfügungsbefugnis (§ 202a StGB – „Ausspähen von Daten") beziehungsweise den Schutz der Vertraulichkeit von personenbezogenen Daten (§ 202d StGB – „Datenhehlerei") denkbar. Komplexität und Aufwand des jeweiligen Deliktstyps geben typischerweise Aufschluss darüber, ob ein Einzeltäter am Werk ist oder organisierte Kriminalität vorliegt. Allerdings nimmt betrügerisches Verhalten in immer kürzeren Zeitabständen neue Formen an. Das beschriebene „anonyme Moment" des E-Commerce ist nicht der einzige Ausgangspunkt kriminellen Handelns.

Besteht zum Zeitpunkt der Bestellung durch eine – dem Unternehmen unter Umständen sogar bekannte – Person der innere Vorbehalt, die Ware behalten, nicht aber den vereinbarten Preis zahlen zu wollen, ist in aller Regel der strafrechtliche Tatbestand des Eingehungsbetrugs im Sinne von § 263 StGB verwirklicht. Als Unterform dieses Deliktstypus hat in der jüngeren Vergangenheit das sogenannte Wardrobing zweifelhafte Bekanntheit erlangt: Bestellte Waren werden zwar retourniert, zuvor aber über den zulässigen gesetzlichen Rahmen hinaus verwendet. Wenngleich von dieser Form der unzulässigen, exzessiven Ingebrauchnahme typischerweise Modeartikel betroffen sind, vom T-Shirt bis zum Hochzeitskleid, ist das Phänomen zumindest saisonal auch in anderen Warensegmenten anzutreffen. Anlässlich eines sportlichen Großereignisses das neuste 70-Zoll-TV-Gerät „auszuleihen" und es vor Ablauf der gesetzlichen beziehungsweise vertraglich eingeräumten Widerrufsfrist an den Händler zurückzusenden, halten offenbar nicht wenige für eine gute Idee. Im Fall des Wardrobings werden aus strafrechtlicher Perspektive Grenzbereiche ausgelotet, die sowohl für den betroffenen Händler als auch für die Strafverfolgungsbehörden zum Teil mit erheblichen Nachweisschwierigkeiten verbunden sind.

Die zweite große Gruppe von Deliktstypen basiert auf der systembedingten Anonymität im E-Commerce. Vereinfacht dargestellt wird hier mit einer tatsächlich nicht existierenden oder einer zuvor „gestohlenen" Identität bestellt. Im Falle des Identitätsmissbrauchs nutzen die Täter neben schlichten Adressdaten auch Bank- oder Kreditkartendaten ihrer Opfer, die im Vorfeld bei Hacking- oder Phishingattacken sowie bei der unbefugten Übernahme existierender Kundenkonten („Account Takeover") erbeutet wurden. Entsprechende Datensätze werden zum Beispiel in großem Umfang im Darknet gehandelt. Typischerweise dient aber der Kauf auf Rechnung als Bezahlverfahren. Dabei nutzen die Täter die Besonderheit dieser Zahlungsmethode aus: Der Händler geht zunächst in Vorleistung und versendet die Waren, bevor er den Kaufpreis erhält.

Die Ware kann dann auf unterschiedliche Weise entgegengenommen werden. Ein Klassiker ist, eine von der Rechnungsanschrift abweichende Lieferadresse anzugeben. Dazu werden entweder die Adressen leerstehender Immobilien genutzt oder die Namen auf existierenden Briefkästen überklebt. Bei großstädtischen Mehrparteienhäusern genügt es oftmals, den Zusteller abzufangen – gegebenenfalls auch an der Adresse der Person, deren Identität bei der Bestellung missbraucht wurde.

Um nicht offen in Erscheinung treten zu müssen, nutzen die Täter neben physischen Einrichtungen (zum Beispiel Packstationen) auch die Dienste sogenannter Warenagenten. Diese Personen sind oftmals nicht dem eigentlichen Täterkreis zuzuordnen und werden mit lukrativen Verdienstmöglichkeiten gelockt. Sie nehmen Pakete entgegen und senden diese weiter an eine zuvor mit den Tätern vereinbarte Adresse, die typischerweise in Osteuropa oder außerhalb der EU liegt. Dadurch können die Strafverfolgungsbehörden oftmals nur einen leichtgläubigen Dritten ermitteln. Die eigentlichen Täter bleiben unentdeckt.

Ganz gleich, wie die Täter dabei vorgehen, werden zunächst die Online- und Versandhändler geschädigt. Falls ihre Identität im Rahmen solcher Straftaten missbraucht wurde, können auch Privatpersonen von den Folgen betrügerischer Aktivitäten betroffen sein. Oftmals bemerken sie den Identitätsmissbrauch aber erst dann, wenn ein Mahnschreiben vom arglosen Versender oder von einem beauftragten Inkassounternehmen eingeht. Um im Kampf gegen Betrug im E-Commerce möglichst erfolgreich zu sein, müssen deshalb neben dem Handel auch die Betroffenen Schutzmaßnahmen ergreifen.

Strategien zur Betrugsbekämpfung

Maßnahmen zur Betrugsprävention sind im E-Commerce unumgänglich. Sie müssen so agil sein, wie die Angriffe selbst. Im besten Fall sind sie diesen einen Schritt voraus. Solche Maßnahmen zielen nicht auf eine Diskriminierung Einzelner ab, sondern dienen überwiegend der unternehmensinternen Entscheidung, ob dem Kunden ein Bezahlverfahren mit kreditorischem Risiko angeboten werden kann, beziehungsweise wann auf sichere Bezahlverfahren zurückgegriffen werden sollte (Anpassung des „Cut-off“).

Neben Bonitätsfragen ist der überwiegende Anteil betrügerischen Verhaltens im E-Commerce untrennbar mit der Identität der handelnden Personen verknüpft. Das Beispiel des Identitätsmissbrauchs zeigt jedoch, dass die bloße Authentifizierung einer Person nicht als Prüfmechanismus ausreicht.

Die Händler müssen bei der Wahl etwaiger Präventionsmaßnahmen auch immer die damit verbundenen wirtschaftlichen Auswirkungen abwägen. Das betrifft unter anderem das Angebot einzelner Bezahlverfahren. Auch wenn der vollständige Verzicht auf Zahlungsmethoden mit kreditorischem Risiko die Betrugswahrscheinlichkeit deutlich reduziert, wäre ein solcher Schritt unter wirtschaftlichen Gesichtspunkten oftmals nicht vertretbar. Denn die Mehrheit der Käufer verhält sich redlich, und nur ein Bruchteil der Transaktionen muss letztlich als Betrug eingestuft werden. Die unzutreffende Annahme betrügerischen Verhaltens muss also genauso wie unnötige zusätzliche Prozessschritte vermieden werden. Die Herausforderung liegt darin, ein ausgewogenes Verhältnis zwischen größtmöglicher Sicherheit und Wirtschaftlichkeit herzustellen.

Die variierende unternehmerische Risikobereitschaft hat in der Praxis unterschiedlichste Formen der Betrugsprävention hervorgebracht. Diese Maßnahmen können sowohl während als auch nach dem Bestellprozess eingeleitet werden. Trotz der Gefahr, dass ein Großteil der Verbraucher den Kaufprozess frühzeitig abbricht, schließen konservativ agierende Unternehmen Bezahlverfahren mit kreditorischem Risiko bei Neukunden prinzipiell aus. Andere Händler setzen auf offene oder verdeckte Verfahren, um die Kunden möglichst eindeutig zu identifizieren sowie ihre individuelle Zahlungsbereitschaft und -fähigkeit vorherzusagen. In diesem Zusammenhang sind stets dieselben Fragen relevant:

• Existiert die Person überhaupt?

• Ist die Person diejenige, für die sie sich ausgibt?

• Existiert die angegebene Adresse?

• Existiert die Person unter dieser Adresse?

• Ist die Person als unbekannt verzogen gekennzeichnet?

Interne Kontrollmechanismen – datenbankbasiert oder durch manuelle Prüfung – liefern zunächst Antworten auf diese Fragen. Zahlreiche Unternehmen nutzen alternativ den Service spezialisierter externer Dienstleister (Auskunfteien), die nach ähnlichen Regeln verfahren. Mischformen sind ebenfalls denkbar. Die entsprechenden Daten werden unter anderem mit Schwarzen Listen und bekannten Negativmerkmalen abgeglichen: in der Vergangenheit auffällig gewordene Personen, Warnadressen oder besondere atypische Zustelladressen (zum Beispiel Justizvollzugsanstalten oder Friedhöfe).

Ziel ist es, mit Hilfe künstlicher Intelligenz noch treffsicherer betrügerisches Verhalten vorherzusagen.

Schwarze Listen stehen auch auf Domainebene zur Verfügung. Unplausible Geo-IP-Adressen werden dadurch herausgefiltert. Eine im Bestellprozess angegebene Zustelladresse kann mit Hilfe einer Zustellbarkeitsprüfung – gegebenenfalls mit am Markt existierenden (Umzugs-)Datenbanken abgeglichen – validiert werden. Meldet eine angefragte Auskunftei ein sogenanntes KI-Merkmal („keine Information") zurück, ist auch das ein wichtiger Anhaltspunkt dafür, als Händler die Risikobereitschaft zu reduzieren. Hingegen sind dezidierte Identifikationsnachweise – Post- und Videoidentifikationsverfahren oder eine Kopie des Personalausweises – im Massengeschäft weniger praktikabel.

Damit über das angebotene Bezahlverfahren entschieden werden kann, wird nicht nur die Identität des Kunden überprüft. Auch das spezifische Bestellverhalten wird dabei berücksichtigt. Unter anderem werden dabei folgende Aspekte geprüft:

- Wie plausibel sind die Auftragsdaten?

- Existiert zu dem Kunden eine Debitorenhistorie?

- Welche Bestellungen wurden in jüngerer Vergangenheit ausgeführt?

- Wurde unter derselben Session-ID, mit demselben Endgerät beziehungsweise derselben Telefonnummer innerhalb kürzester Zeit auch an andere Adressen bestellt?

- Welche Waren liegen im Warenkorb? Wie groß ist der Warenkorb? In welcher Stückzahl liegen die jeweiligen Artikel im Warenkorb?

Diese Auswahl möglicher Kriterien verdeutlicht, dass in die Entscheidung für oder gegen ein Bezahlverfahren sowohl Fakten als auch Erfahrungswerte einfließen. In der Vergangenheit wurde dabei ausschließlich auf die individuellen Erfahrungen der Beschäftigten von Versandunternehmen gesetzt. Heute wird dieser Prozess zunehmend von künstlicher Intelligenz ergänzt. Selbstlernende Algorithmen sollen Verhaltensweisen identifizieren, daraus Muster ableiten und segmentieren. Ziel ist es, mit Hilfe künstlicher Intelligenz noch treffsicherer betrügerisches Verhalten vorherzusagen. In diesem Zusammenhang spielen folgende Fragen eine zentrale Rolle:

- Welches Verhalten ist „normal"?

- Welches Verhalten ist im Vergleich zur Gesamtheit „verdächtig"?

- Wie „gut" oder „schlecht" verhält sich ein Kunde im Vergleich zu anderen?

- Was sind Muster „verdächtigen" Verhaltens?

- Welche Kundengruppen verhalten sich in vergleichbarer Weise?

- Wie werden sich Kunden in Zukunft verhalten?

- Welche Faktoren lassen in Zukunft ein „besseres" beziehungsweise „schlechteres" Verhalten erwarten?

Auch die Wissenschaft beschäftigt sich zunehmend mit der Frage, wie Betrug im E-Commerce mit Hilfe von Algorithmen aufgedeckt und bekämpft werden kann. Ein Beispiel dafür ist das Projekt „Analyse und Bekämpfung von Betrug im Onlinehandel" (ABBO) der Universität Göttingen. Hierbei sollen auf Grundlage einer großen Menge anonymisierter Daten Betrugsmuster identifiziert und Strategien zur Betrugsabwehr entwickelt werden.

Das Datenschutzrecht als Showstopper im Kampf gegen Betrug?

Im Online- und Versandhandel gilt das Datenschutzrecht für viele als Hindernis im Kampf gegen Betrug. Diese Annahme entspricht aber nicht der Realität. Allerdings müssen die Vorgaben des Datenschutzrechts beachtet werden, sobald personenbezogene Daten im Rahmen der Betrugsprävention verarbeitet werden.

Datenverarbeitung bei der Betrugsprävention

Das sogenannte Verbotsprinzip ist auch unter der Datenschutzgrundverordnung (DSGVO) Ausgangspunkt jeder Datenverarbeitung. Hiernach ist der Umgang mit personenbezogenen Daten grundsätzlich verboten – es sei denn, der Datenverarbeiter kann die Einwilligung der betroffenen Person oder einen gesetzlichen Erlaubnistatbestand vorweisen. Die Einwilligung der betroffenen Person – in diesem Fall der Betrüger – scheidet in diesem Zusammenhang naturgemäß aus. Deshalb ist ein gesetzlicher Erlaubnistatbestand erforderlich, der im Rahmen der DSGVO als allgemeine Interessenabwägungsklausel (Artikel 6, Absatz 1, Buchstabe f) bezeichnet wird. Demnach ist eine Datenverarbeitung dann gestattet, wenn diese zur Wahrung der berechtigten Interessen des Verantwortlichen oder eines Dritten erforderlich ist und wenn mögliche, dieser Verarbeitung entgegenstehende Interessen der betroffenen Person nicht überwiegen. Diese Regelungstechnik der DSGVO orientiert sich nicht an konkreten Verarbeitungsverfahren. Das erschwert auf den ersten Blick, die Datenverarbeitung zum Zweck der Betrugsprävention juristisch zu rechtfertigen.

Jedoch wird diese fehlende Rechtssicherheit durch in der DSGVO benannte Erwägungsgründe kompensiert, die sich auf konkrete, gesetzeskonforme Verarbeitungszwecke beziehen. Gemäß Erwägungsgrund 47 DSGVO gelten Datenverarbeitungen dann als im

berechtigten Interesse des Verantwortlichen, soweit diese der Verhinderung von Betrug dienen und in erforderlichem Umfang erfolgen.
Eine Datenverarbeitung ist gemäß Erwägungsgrund 49 DSGVO auch
dann erlaubt, wenn sie Netz- und Informationssicherheit gewährleisten beziehungsweise der Abwehr von Angriffen auf IT- und elektronische Kommunikationssysteme dienen soll. Obwohl zulässige Maßnahmen zur Betrugsprävention bislang noch nicht konkret definiert
worden sind, erkennt die DSGVO den Kampf gegen Betrug als wichtigen Fall einer zulässigen Datenverarbeitung an.

Sonderfall: abweichende Lieferadressen

In der Praxis wird wiederkehrend über die Zulässigkeit gestritten, Lieferadressen, die von der angegebenen Rechnungsanschrift abweichen,
durch Daten von Auskunfteien zu überprüfen. Für die Betrugsprävention hat das aber eine wesentliche Bedeutung. Vereinzelte Daten-
schutzaufsichtsbehörden sind dennoch der Auffassung, dass dieser
Datenabgleich mit dem Datenschutzrecht unvereinbar sei. Allerdings
besteht gerade in einem solchen Sonderfall ein berechtigtes Interesse des Online- und Versandhandels, die Lieferanschrift durch eine
beauftragte Auskunftei überprüfen zu lassen. Allein auf diesem Weg
lässt sich Betrug erkennen. Bestandskunden und unbeteiligte Dritte,
deren Identität bei der Angabe der Rechnungsanschrift missbraucht
wurde, können dadurch ebenfalls geschützt werden. Sollte sich im
Zuge eines solchen Datenabgleichs der Betrugsverdacht erhärten,
kann eine sichere Zahlungsmethode angeboten und gegebenenfalls
mit dem betroffenen Kunden Rücksprache gehalten werden. Die
Wahrscheinlichkeit eines Schadens für das Unternehmen und seinen
Kunden wäre damit deutlich reduziert.

„Wer betrügt, der wird stets jemand finden, der sich betrügen lässt"

Machiavellis Aussage ist auch im Informationszeitalter aktueller
denn je. Mit der flächendeckenden Akzeptanz des E-Commerce auf
Verbraucherseite ist auch das Potential betrügerischen Verhaltens
gewachsen. Wie im stationären Einzelhandel kommt es auch im
E-Commerce zu „Inventurdifferenzen". Um Forderungsausfälle vermeiden und redliche, unbeteiligte Dritte schützen zu können, ist
die Branche in der Pflicht, angemessene Maßnahmen zur Betrugsbekämpfung zu ergreifen. Einzelfälle gefährden ansonsten den Ruf
einer ganzen Branche.

MIT TECHNIK GEGEN BETRUG

Anna Biselli
ist freie Journalistin.

Dr. Ivan Gudymenko
ist IT Security Architect bei der T-Systems Multimedia Solutions GmbH.

Prof. Dr. Thorsten Strufe
ist Inhaber des Lehrstuhls für Datenschutz und Datensicherheit an der Technischen Universität Dresden.

Digitaler Betrug und Erpressung

Die Formen des digitalen Betrugs sind vielfältig. Die Aufklärung scheint zunächst schwierig, tatsächlich sind die Erfolgsquoten aber sogar etwas höher als bei klassischem Betrug. Nicht immer liegt das Problem in Sicherheitslücken: Der Faktor Mensch ist oft entscheidend.

Der Kunde hat das gerade auf den Markt gekommene Smartphone bestellt und bezahlt. Ein Schnäppchen: fast 100 Euro billiger als im Laden. Dann wartet er auf die Lieferung. Aus versprochenen zwei Tagen werden zwei Wochen. Doch es kommt nichts an. Der Verkäufer reagiert nicht auf Anfragen. Es stellt sich heraus, dass seine Adresse gar nicht existiert. Am Ende bleibt dem Kunden nur der Gang zur Polizei. Dieses Szenario ist die bekannteste Form von Betrug in der digitalen Welt. Sie unterscheidet sich jedoch nur wenig vom Betrug in der analogen Welt. Daneben haben sich aber weitere digitale Formen des Betrugs herausgebildet. Als „digitale Betrüger" sollen hier Angreifer gelten, die bestimmte Schwachstellen in digitalen oder mittels digitaler Medien ausnutzen, um vorrangig ein finanzielles Ziel zu erreichen.

Zu ihren weiteren Instrumenten gehören breit verteilte E-Mails, die Nutzer auf gefälschte Webseiten locken, auf denen sie Bankdaten und Passwörter eingeben sollen (Phishing). Erpressungssoftware, die sich selbst über das Internet verbreitet und Dateien auf fremden Rechnern verschlüsselt oder den Zugang zu fremden Computern sperrt und nur gegen Lösegeld wieder freigibt (Ransomware). Schadsoftware, die Tausende Computer zu einem weltweiten Botnetz verknüpft, das zum Beispiel Münzen für Kryptowährungen berechnet.

Nicht immer sind die Angriffe breit angelegt und ungezielt. Einige Betrugsfälle fokussieren sich auf ausgewählte Zielpersonen und Unternehmen. Die Angreifer nutzen ihr Wissen über diese Personen und deren Infrastruktur, um deren Rechnersysteme zu infiltrieren und sie zur Offenlegung von Zugangsdaten oder zur Überweisung hoher Geldbeträge zu bewegen. Digitaler Betrug ist aber nicht nur hochprofessionellen „Hackern" vorbehalten. Im sogenannten Darknet werden auf Marktplätzen Schadprogramme, Hackingdienstleistungen, Passwörter oder ganze Sets an Kreditkarten- und Bankdaten angeboten.

Dieser Beitrag beginnt mit einer Einführung in unterschiedliche Formen digitalen Betrugs und dessen Verbreitung. Anschließend werden die Hintergründe und Technologien beschrieben, die bei digitalem Betrug zum Einsatz kommen und die die Aufklärung zu erschweren scheinen. Bekannte Beispiele dienen als Fallstudien, um typische Abläufe eines Betrugs, aber auch von dessen Aufklärung nachzuzeichnen. Darauf folgt ein Überblick über Schutzmaßnahmen, mit denen sich Internetnutzer technisch vor digitalem Betrug schützen können. Den Abschluss bildet ein Ausblick auf künftige Bedrohungen.

Formen und Verbreitung digitalen Betrugs

In der Polizeilichen Kriminalstatistik (PKS) für das Jahr 2017 erfasste das Bundeskriminalamt in den Daten aller 16 Landeskriminalämter insgesamt 251.617 Fälle, in denen das „Tatmittel Internet" eine Rolle spielte. Voraussetzung ist, dass eine Internetverbindung zur Tatbegehung genutzt wurde. Beispiele für solche Straftaten sind Urheberrechtsverletzungen, Stalking, das Ausspähen von Daten, Beleidigungen in sozialen Netzwerken oder der Handel mit illegalen Betäubungsmitteln.

Aber auch weniger offensichtlich mit dem Internet in Verbindung stehende Straftaten wie Fahrraddiebstahl oder Sachbeschädigung tauchen in dieser Statistik auf. Laut einer früheren Kriminalstatistik des LKA Sachsen für das Jahr 2010 fallen auch Straftaten unter den Begriff der Internetkriminalität, „bei denen das Internet als Kommu-

Warenbetrug dominiert Internetkriminalität
Anteile an Straftaten mit Tatmittel „Internet" für 2017 in Prozent; n = 251.617 Fälle

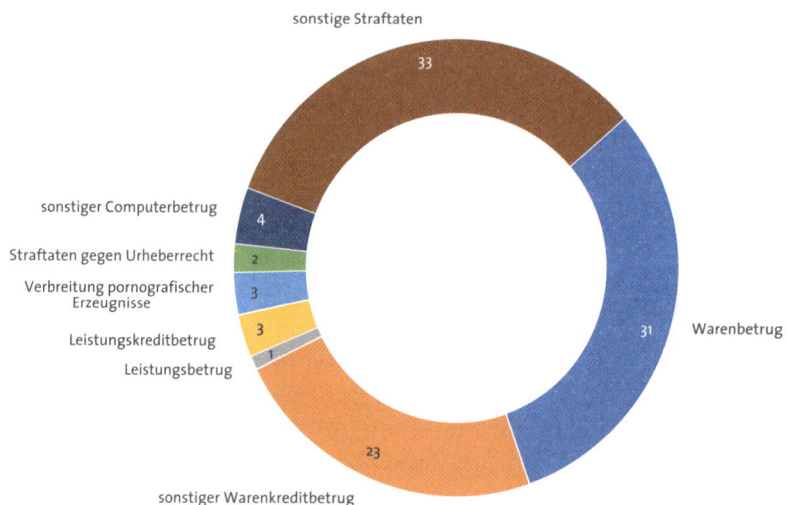

Quelle: Polizeiliche Kriminalstatistik, Bundeskriminalamt, Jahrbuch 2017, Band 1, Version 3.0, S. 31.

Mit Technik gegen Betrug

nikationsmedium zur Tatbestandsverwirklichung genutzt wird" – in Abgrenzung zur polizeilichen Kategorie „Computerkriminalität", die sich speziell auf elektronische Daten bezieht.

Der überwiegende Teil der in oder mit dem Internet begangenen Straftaten hängt mit Betrugsdelikten zusammen, wobei die PKS auch Straftaten gegen Urheberrechtsbestimmungen dazu zählt. Insgesamt gab es im Jahr 2017 187.100 Fälle von Betrug im Internet, was 74 Prozent aller Internetstraftaten ausmacht. Die beiden größten Tatbestandsgruppen sind Warenbetrug und Warenkreditbetrug: Ein Täter bietet Waren zum Verkauf an, die er anschließend nicht oder nicht in angegebener Qualität versendet, beziehungsweise ein Täter erwirbt Waren, ohne sie zu bezahlen.

Die Aufklärungsquote für Internetbetrug beträgt 63 Prozent und liegt somit sechs Prozentpunkte über der durchschnittlichen Aufklärungsquote von 57 Prozent aller Straftaten.

Nicht alle Internetfälle zählt das BKA jedoch als „Cybercrime". Laut „Bundeslagebild Cybercrime 2017" hat das BKA 2017 63.939 Fälle von Computerbetrug im engeren Sinne registriert, zum Beispiel Betrug mittels rechtswidrig erlangter Daten von Zahlungskarten. Laut BKA verursachten solche Fälle im Jahr 2017 insgesamt 71,4 Millionen Euro Schäden bei Privatpersonen, Unternehmen und Behörden. Eine Aufklärungsquote gibt das BKA hierzu nicht an. Für Cybercrime im engeren Sinne liege diese Quote bei 40,3 Prozent, was jedoch auch Straftaten der missbräuchlichen Nutzung von Telekommunikationsdiensten einschließt.

Das BKA geht davon aus, dass es bei Cybercrimefällen ein großes Dunkelfeld gibt und viele Straftaten nicht zur Anzeige gebracht werden. In seinem Lagebericht zur IT-Sicherheit in Deutschland 2017 verweist das Bundesamt für Sicherheit in der Informationstechnik (BSI) auf eine repräsentative Umfrage, die dies bestätigt. Lediglich 19 Prozent der Befragten, die von Kriminalität im Internet betroffen waren, hatten Anzeige erstattet.

Ransomware legt Unternehmen lahm

Ransomware ist eine Schadsoftware, die nach Installation auf einem System den Zugang blockiert oder die Daten auf dem Rechner verschlüsselt. Anschließend wird der Nutzer dazu aufgefordert, Lösegeld zu zahlen, um seine Daten wieder nutzen zu können. Installiert wird Ransomware beispielsweise durch das Öffnen infizierter E-Mail-Anhänge. Die Betrüger versprechen, nach Eingang des Lösegelds den Zugriff auf System und Daten wieder zu ermöglichen. In der Praxis führen Zahlungen allerdings nicht immer zu einer erfolgreichen Deaktivierung der Ransomware und zur erfolgreichen Rekonstruktion des Systems.

Das BKA registriert Ransomware als „digitale Erpressung". Aus der Polizeilichen Kriminalstatistik lässt sich jedoch nicht ablesen, wie viele der aufgeführten Erpressungsfälle auf Ransomware zurückzuführen sind. Aus einer gesonderten Erhebung in 13 Bundesländern ließen sich laut „Bundeslagebild Cybercrime" im Jahr 2017 aber 2.772 angezeigte Fälle von Ransomware ermitteln. Auch hier dürfte die Dunkelziffer weitaus höher sein.

Von der Ransomware „WannaCry", die im Mai 2017 laut EU-Polizeiagentur Europol über 200.000 Opfer fand, waren zahlreiche deutsche Nutzer und Unternehmen betroffen. Über den entstandenen monetären Schaden existieren keine verlässlichen Zahlen. Die Lösegeldforderung der Täter lag lediglich bei einem Äquivalent von 300 US-Dollar in der Kryptowährung Bitcoin. Damit nahmen sie innerhalb von zwei Tagen – den Bitcoin-Wallets der Erpresser zufolge – etwa 140.000 US-Dollar ein. Der Schaden, den die Software durch Ausfälle bei Unternehmen und kritischen Systemen verursachte, lag jedoch weit darüber. WannaCry legte unter anderem Krankenhäuser, Telekommunikationsunternehmen und Produktionsbetriebe lahm.

Während WannaCry sowohl private Nutzer als auch Unternehmen betraf, richtete eine als „NotPetya" getaufte Ransomware vor allem Schaden in Unternehmen an. Sie wurde beim Aktualisieren einer ukrainischen Buchhaltungssoftware auf Firmencomputer geschleust. Allein die dänische Firmengruppe Maersk, die weltweit größte Containerschiffreederei, musste nach eigenen Angaben nach dem Angriff innerhalb von zehn Tagen große Teile der eigenen IT-Infrastruktur neu aufbauen und schätzte den wirtschaftlichen Schaden auf 300 Millionen US-Dollar.

Botnetze werden zu Geldquellen

Im Fall von Botnetzen bemerken Betroffene häufig gar nicht, dass sie zum Ziel eines Angriffs geworden sind. Denn die gekaperten

Geräte verhalten sich dem Benutzer gegenüber unauffällig. Durch Schadsoftware verschaffen sich Betrüger allerdings Zugriff auf die Geräte der Opfer, um sie fernzusteuern und die Computer beispielsweise zur Berechnung von Münzen in Kryptowährungen zu nutzen. Außerdem werden kompromittierte Computer in Botnetzen zum Versand von Spam- und Phishingmails oder für Sabotageangriffe missbraucht.

Ein Beispiel ist das Botnetz „Smominru", das nach Angaben des IT-Sicherheitsunternehmens Proofpoint bis Februar 2018 etwa eine halbe Million Knoten umfasste und bis zu diesem Zeitpunkt fast 9.000 Einheiten der Kryptowährung Monero „gemint" hatte. „Mining" bezeichnet den Erzeugungsprozess von Werten in Kryptowährungen. Die illegal erworbenen Münzen entsprachen zu dem Zeitpunkt einem Gegenwert von 1,4 Millionen Euro.

Schwachstelle Mensch

Andere Angriffe beruhen nicht auf technischen Sicherheitslücken, sondern nutzen die Schwachstelle Mensch aus. Eine Form davon ist der CEO-Fraud. Hierbei spionieren die Angreifer zunächst Unternehmensprozesse aus, um nachzuvollziehen, wie beispielsweise die Entscheidungskette bei Banküberweisungen funktioniert. Aufgrund dieser Erkenntnisse können die Angreifer legitime Zahlungsanweisungen imitieren, um Geldzahlungen auf von ihnen kontrollierte Konten zu veranlassen.

Identitätsdiebstahl und Datenlecks

„Stiehlt" ein Betrüger die Identität eines Opfers, dann handelt es sich zum Beispiel um die Zugangsdaten zu Social-Media-Accounts oder auch um Bankdaten und andere für Zahlungen benötigte Informationen. Dabei spielten lange Zeit Phishing-Nachrichten eine große Rolle. E-Mails eines vorgetäuschten vertrauenswürdigen Absenders, etwa der eigenen Bank, fordern die Empfänger – unter unterschiedlichen Vorwänden – dazu auf, sich bei ihren Konten anzumelden. Der mitgeschickte Link führt jedoch nicht auf die tatsächliche Webseite des Anbieters, sondern zu einer gefälschten, echt wirkenden Seite.

Laut BKA und Europol ist dieses Phänomen stark rückläufig. Die Polizeiämter der Bundesländer registrierten laut Lagebild Cybercrime

2017 1.425 angezeigte Phishingfälle – ein Rückgang von 34,5 Prozent im Vergleich zum Vorjahr.

Phishing – ein rückläufiges Delikt
Zahl der Fälle von Phishing im Online-Banking

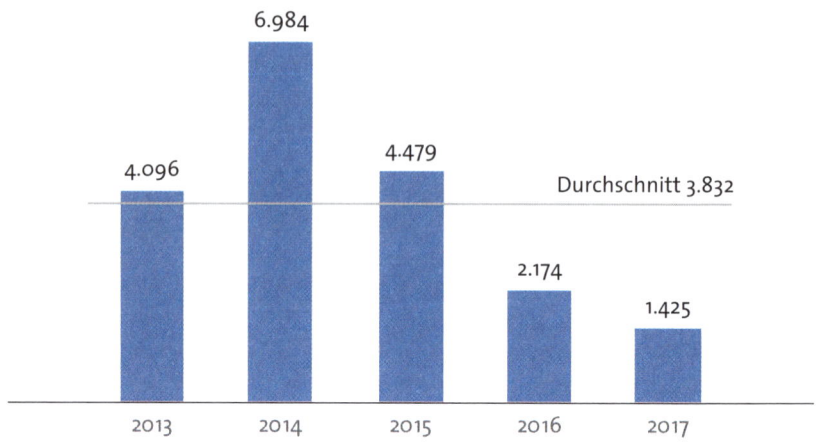

Quelle: Bundeslagebild Cybercrime 2017, Bundeskriminalamt, S. 23.

Zugenommen haben laut Lagebild jedoch sogenannte Datenlecks, bei denen große Mengen von Daten – beispielsweise Kundendaten eines Unternehmens – in unbefugte Hände gelangen. Dies führt für die Unternehmen zu einem erheblichen Reputationsschaden und teilweise auch zu Geldstrafen. Gleichzeitig können Informationen der bloßgestellten Personen missbraucht werden, etwa im Rahmen von Kreditkartenbetrug. Ein Beispiel dafür ist der Datenabfluss bei Yahoo im Jahr 2013. Profile von drei Milliarden Nutzerkonten waren betroffen, so dass E-Mail-Adressen, Telefonnummern und Sicherheitsfragen in die Hände der Angreifer gelangten. Erst 2017 wurde dieser Vorfall öffentlich bekannt. Außerdem gab es im Jahr 2014 einen weiteren Zwischenfall bei Yahoo, der 500 Millionen Konten betraf. Im Jahr 2016 wurden noch einmal 200 Millionen Datensätze publiziert.

Da Yahoo seine Datenlecks über Jahre hinweg geheim hielt, musste der Nachfolgekonzern Altaba bis heute 35 Millionen US-Dollar Strafe an die US-Börsenaufsicht zahlen – wegen Täuschung der Aktionäre. Dabei ging es lediglich um den Vorfall von 2014. Weitere Strafzahlun-

Mit Technik gegen Betrug

gen sind demnach zu erwarten. Die Vorfälle reduzierten zudem den Kaufpreis von Yahoo bei der Übernahme durch Verizon im Jahr 2017 um 350 Millionen US-Dollar laut Mitteilung der beteiligten Unternehmen.

Ein Zwischenfall, der auch Finanzdaten umfasste, traf Ende 2017 den US-Finanzdienstleister Equifax. Dort verschafften sich Angreifer Zugang zu Daten von 145 Millionen Kunden, darunter Sozialversicherungsnummern und in Teilen ebenfalls Kreditkartendaten. Welcher Schaden den Betroffenen der Datenlecks entstand, ist unbekannt, die Firma hat inzwischen Konkurs angemeldet.

Auch der Kauf illegitim erfasster Daten ist mit Risiken verbunden, wie der Fall von Cambridge Analytica zeigt. Die britische Firma beschaffte sich Informationen von knapp 90 Millionen Profilen aus sozialen Medien, um diese für politische Propaganda auszuwerten. Bei der Aufklärung wurde bekannt, dass der Verkäufer Geschäftsbedingungen der Social-Media-Plattform verletzt hatte. Im Nachspiel musste auch Cambridge Analytica Insolvenz anmelden.

Verschlüsselung und Anonymisierung

Wie die Polizeistatistiken zu Tatbeständen des digitalen Betrugs zeigen, fehlen einheitliche Definitionen und Abgrenzungen zwischen Cybercrime, Internetkriminalität und Straftaten mit dem Tatmittel Internet. Dieser Beitrag fasst sie alle unter dem Begriff des digitalen Betrugs zusammen. Es folgen Erklärungen zu den technischen Grundlagen solcher Tatbestände.

Verschlüsselung. Verschlüsselungstechnologien erlauben das Verstecken sensibler Informationen in „Chiffraten" (Geheimtexte), die wie zufällige Datensequenzen erscheinen. Zur Verschlüsselung werden üblicherweise ein Verfahren zur Generierung von Schlüsseln, ein Verfahren zur Verschlüsselung von Klartexten und ein Verfahren zur Entschlüsselung von Chiffraten benötigt, wobei Ver- und Entschlüsselung die zuvor generierten Schlüssel verwenden.

Grundsätzlich wird zwischen symmetrischer und asymmetrischer Verschlüsselung unterschieden. Im ersten Fall wird für die Ver- und Entschlüsselung derselbe Schlüssel, im zweiten Fall werden ein öffentlicher Schlüssel für die Verschlüsselung und ein privater Schlüssel für die Entschlüsselung benutzt.

Mit Hilfe der asymmetrischen Verschlüsselung können digitale Unterschriften einfach realisiert werden: Der Absender verschlüsselt eine Nachricht oder eine Kurzform der Nachricht mit seinem privaten Schlüssel. Der Empfänger kann daraufhin das Chiffrat mit Hilfe des öffentlichen Schlüssels entschlüsseln. Unter der Prämisse, dass lediglich der Absender in Besitz des privaten Schlüssels ist, kann der Empfänger so verifizieren, dass die Nachricht tatsächlich vom Absender stammt.

Anonymisierung. Vor der Digitalisierung gab es einen gesellschaftlichen Konsens, dass die Informationsbeschaffung und Meinungsbildung vollkommen anonym sein sollten. Das umfasste den Kauf von Büchern und Zeitungen mit Bargeld, aber auch die Äußerung und das Anhören von Meinungen, etwa durch die Teilnahme an politischen Kundgebungen. Studien belegen zudem, dass sich Menschen sogar beim Nachschlagen einfacher Fakten oder der Recherche medizinischer und politischer Fragen selbst einschränken, sobald sie den Eindruck haben, dabei beobachtet zu werden.

Mit der Digitalisierung und der zunehmenden Vernetzung ist das nicht mehr einfach möglich. Im Internet kommunizieren alle Teilnehmer über die Adresse ihres Computers oder Handys und sind damit perfekt identifiziert. Setzt man keine Schutzmaßnahmen ein, so findet die Kommunikation wie beim Versand von Postkarten grundsätzlich nicht vertraulich statt. Der Grund hierfür liegt in der Kommunikationstechnik: Verbindungen im Internet werden zwischen dem Computer des Anfragenden und dem Computer des Angefragten nicht fest aufgebaut. Stattdessen wird die Kommunikation in einzelne Pakete zerlegt, die jeweils mit der Absender- und Empfängeradresse ausgezeichnet und unverschlüsselt im Klartext über die Netze verschickt werden. Diese Adressen sind den Benutzern üblicherweise statisch zugeordnet und erlauben ihre Identifikation, entweder direkt oder über eine Nachfrage beim Netzanbieter.

Im Internet kommunizieren alle Teilnehmer über die Adresse ihres Computers oder Handys und sind damit perfekt identifiziert.

Netzanbieter, Netzbetreiber und selbst Betreiber von Internetknotenpunkten können die versendeten Nachrichten und die zurückgesendeten Antworten und Informationen mitlesen. Sie können sogar problemlos die anfragenden und angefragten Personen über ihre

Netzwerkadressen identifizieren. Das Gleiche gilt für Betreiber von Webseiten und für Anbieter mobiler Apps, für die sowohl die Identität der Anfragenden als auch deren Interessen klar erkenntlich sind. Jede Bezahlung ohne Bargeld findet unter ähnlichen Umständen statt. Sowohl der Zahlende als auch der Zahlungsempfänger, in vielen Fällen sogar der Zweck der Bezahlung, sind den beteiligten Banken und Sicherheitsbehörden klar erkenntlich.

Um den gesellschaftlichen Konsens anonymer Informationsbeschaffung und Meinungsbildung wiederherzustellen, wurden in umfangreichen wissenschaftlichen Projekten Systeme sowohl zur anonymisierten Kommunikation im Netz als auch zur anonymen digitalen Bezahlung entwickelt.

Schutz des Absenders durch Proxies. Für den Zugriff auf Webseiten mit Inhalten, die aus unterschiedlichen Gründen als sensibel eingeschätzt werden, wie politische Inhalte, medizinische und rechtliche Fragen, sollten die Identifizierung und auch ein Wiedererkennen des Benutzers erschwert werden. Da die im Internet verschickten Pakete eine Absenderadresse benötigen, an welche die Antwort zurückgeschickt werden kann, muss eben diese verschleiert werden.

Sensible Nachrichten werden zur Anonymisierung deshalb über öffentliche, unbeteiligte Dritte, die auch als Proxies bezeichnet werden, weitergeleitet: Die vom Absender geschickte Nachricht wird vom Proxy an den Empfänger weitergesendet, und die daraufhin geschickte Antwort leitet der Proxy dem ursprünglichen Absender zurück. Da die Vertrauenswürdigkeit von Proxies im Internet schwer festzustellen ist, wird dieser Weiterleitungsdienst traditionell auf mehrere unabhängige Parteien verteilt, so dass eine Kaskade von Proxies entsteht. Um auch Netzbetreibern die Zuordnung zwischen den weitergeleiteten Paketen und den ursprünglichen Absendern zu erschweren, werden die Verbindungen innerhalb der Kaskade sowie die Verbindung zum Absender verschlüsselt.

Diese gekapselte Mehrfachverschlüsselung, von der jeder Proxy der Kaskade eine Schale entfernt, wird häufig mit der Metapher der Zwiebel als „Onion Routing" bezeichnet. Sie ist auch im Anonymisierungssystem Tor implementiert. Ein weiterer Schritt, Zuordnungen zu erschweren und die Sicherheit zu erhöhen, ist das Vertauschen der Reihenfolge der Nachrichten unterschiedlicher Benutzer in den Proxies. Dieser Mechanismus wird als „Mixing" bezeichnet. Eine Anwendung davon ist das System AN.ON.

Schutz des Empfängers. Die Anonymisierung von Diensteanbietern kann ebenso legitim sein, etwa wenn ein in totalitären Staaten verbotenes Forum zur Meinungsbildung oder ein Portal für Whistleblower Kontaktmöglichkeiten bereitstellen will, die nicht nachverfolgbar sind.

Der Schutz lässt sich ähnlich wie bei der Anonymisierung von Absendern realisieren. Der Empfänger kann in Anonymisierungssystemen wie Tor oder AN.ON eine Kaskade mit mehreren Proxies aufbauen und den Endknoten dieser Kaskade darum bitten, ihm eine c/o-Empfangsadresse („care of") bereitzustellen. Diese verbreitet der Diensteanbieter beziehungsweise Empfänger anonym im Internet. Durch die so erstellte Kaskade kann er anonymisierte Nachrichten von beliebigen Absendern empfangen und sie beantworten. Auf diese Weise anonymisiert angebotene Dienste werden häufig als „Hidden Services" bezeichnet.

Vertrauen bei digitalen Währungen

Um die bei Bargeld übliche Anonymität auch bei der elektronischen Bezahlung herzustellen, gibt es eine Vielzahl von Lösungen. Nach akademischen Entwicklungen anspruchsvoller Systeme mit unterschiedlichen Funktionen und Garantien hat sich in den vergangenen Jahren die eher einfache Blockchain-Technologie durchgesetzt. Grundsätzlich werden hier zwei Funktionen bereitgestellt: zum einen die Authentisierung der Eigentümer von Werten zur Legitimation von Transaktionen. Zum anderen werden alle Transaktionen in einem öffentlichen Kataster registriert, um einen Konsens über die Zuordnung von Werten zu eindeutigen Eigentümern sicherzustellen.

Im Falle von Blockchains generieren alle Teilnehmer Schlüsselpaare für eine asymmetrische Verschlüsselung. Das Eigentum wird anschließend nicht den einzelnen Personen, sondern öffentlichen Schlüsseln zugeordnet, die jeweils einer der Teilnehmer im Besitz hat. Für eine Transaktion verweist ein Eigentümer, identifiziert über seinen öffentlichen Schlüssel, auf alle bisherigen Transaktionen, bei denen ihm Werte übertragen worden sind. Er unterschreibt die Übertragung des so „gedeckten" Werts dann an den Empfängerschlüssel der Zielperson.

Für die Aufnahme in das Kataster überprüfen andere Teilnehmer stellvertretend für das gesamte System, ob die Transaktion valide ist, die angegebenen Werte also tatsächlich dem behaupteten Eigentümer im Kataster zugeordnet sind, und registrieren die Transaktion anschließend erneut im Kataster. Sobald der Empfänger diesen Eintrag unabhängig im Kataster überprüft hat (bei Bitcoin etwa nach einer Stunde), kann er die Werte als eingenommen annehmen und über sie verfügen.

Ähnlich wie bei Tor- und Mixing-Netzwerken gehen Blockchain-Anwendungen von einem Mangel an Vertrauen zwischen den Teilnehmern aus. Daher wird das Kataster in eine Kette von Transaktionsblöcken aufgeteilt und verteilt gespeichert. Auf eine sehr ineffiziente Art wird zudem sichergestellt, dass kein Angreifer das Kataster fälschen kann, ohne im Besitz der Mehrheit der Berechnungskapazität aller Teilnehmer zu sein.

In Blockchains werden die Teilnehmer durch ihre Schlüssel identifiziert und alle Transaktionen – an diese Schlüssel gebunden – im Kataster gespeichert. Blockchains bieten daher keine Anonymität bei der Bezahlung. Im Gegenteil sind alle Transaktionen mitsamt ihrer teilnehmenden Schlüssel klar registriert. Eine Zuordnung von Personen zu Schlüsseln ist immer dann einfach möglich, wenn es einen Übergang zwischen den Werten im digitalen Kataster und der realen Welt gibt, also wenn Geld oder andere Werte tatsächlich ihren Besitzer wechseln.

Schwachstellen von Software

Software umfasst in der Regel eine große Zahl unterschiedlicher Querschnittsfunktionen, die in verschiedenen Programmen wiederverwendet werden: etwa die Anzeigefunktion für Text und Grafik auf einem Bildschirm oder die Kommunikationsfunktion für das Internet. Auch umfangreichere Funktionen wie der Aufbau kryptographisch gesicherter Verbindungen werden üblicherweise durch das Betriebssystem oder durch Programmpakete, sogenannte Bibliotheken, bereitgestellt. Den Programmcode für diese Funktionen bindet der Programmierer bei der Entwicklung komplexer Programme, etwa einer Textverarbeitung oder eines Browsers, meist unbesehen in seine Software ein. So entstehen komplexe Systeme mit vielen Abhängigkeiten.

Selbst eine einfache Handy-App besteht im Schnitt aus über 500.000 Zeilen Programmcode und hängt vom Handybetriebssystem ab, das im Fall von Android nach eigenen Angaben etwa 14 Millionen

Zeilen Programmcode enthält (Stand: 2017). Dazu kommen diverse Bibliotheken mit üblicherweise jeweils mehreren hunderttausend Zeilen Programmcode. In all diesen Modulen können sich Fehler und Seiteneffekte verbergen.

Fehler im Programmcode ebenso wie in der Konfiguration installierter Systeme können zu Sicherheitslücken führen. Diese ermöglichen es einem Angreifer, in ein IT-System einzudringen. Das konkrete Vorgehen, wie eine bestimmte Sicherheitslücke ausgenutzt und ein Angriff durchgeführt werden können, nennt man Exploit. Dieser Begriff stammt aus dem Englischen und bedeutet „Ausnutzen". Bevor Exploits den Herstellern bekannt werden und sie die Software absichern können, vergeht eine gewisse Zeit, die sogenannten „Zero Days". Gemeint ist: Die Entwickler haben keine Möglichkeit zu reagieren, da sie erst seit „null Tagen", also noch nicht, über die Lücken Bescheid wissen.

Die Kommerzialisierung digitalen Betrugs hat zu einem Schwarzmarkt für Sicherheitslücken und entsprechenden Exploits geführt. So kann ein Exploit schon breiteren Angreiferkreisen bekannt sein, bevor Schutzmaßnahmen in den betroffenen Systemen umgesetzt werden.

Sammlungen von Softwarewerkzeugen, mit denen ein Angreifer in ein Zielsystem eindringen und es anschließend kontrollieren kann, nennt man Rootkit. Ein Teil davon sind sogenannte Hintertüren, die einen einfachen Zugang zum anvisierten IT-System inklusive Administratorrechten aus der Ferne ermöglichen. Da sich bei der Entwicklung komplexer Systeme Fehler nicht vollständig vermeiden lassen, ist das Patching (Flicken) üblich. Mit regelmäßigen Patches werden Programmcodes oder Konfigurationen korrigiert, sobald Sicherheitslücken und andere Fehler erkannt worden sind.

Typologie digitaler Angriffe

Im Kontext der IT-Sicherheit sind „digitale Betrüger" Angreifer, die bestimmte Sicherheitslücken in einem System ausnutzen, um damit Geld zu verdienen. Die Angreifer können ihre Ziele entweder direkt beim Besitzer des aufgebrochenen Systems realisieren oder indirekt, indem sie das System für Angriffe auf Dritte nutzen.

Je nach Ressourcen und technischen Kenntnissen lassen sich drei Angreifertypen unterscheiden:

- Technisch Affine verwenden bekannte Exploits für den Zielangriff, in der Regel ohne Anpassung der Exploits und Rootkits.

- Technisch Versierte setzen bekannte Rootkits mit zusätzlichen Anpassungen ein, oder sie entwickeln anwendungsspezifische Exploits selbst.

- Hochprofessionelle entdecken neben bekannten Rootkits neue Sicherheitslücken und schreiben entsprechende Exploits dafür. Es handelt sich dabei in der Regel um „Elitehacker", die profundes Wissen über IT-Sicherheit haben. Oft setzen sie auch sogenannte Advanced Persistent Threats (APTs) ein, die hohe technische Kompetenz und Fachkenntnis erfordern. Die APTs richten sich gegen ausgewählte Institutionen, und die Angreifer verfolgen das Ziel, sich einen unbemerkten, andauernden (persistenten) Zugang zu deren Systemen zu verschaffen. Von dort breiten sie sich in weitere Systeme aus und richten erst zu einem späteren Zeitpunkt Schäden an.

Je nach Angriffsziel und Angreifertyp lassen sich drei Arten von Attacken unterscheiden: menschliche Angriffe sowie Netzwerk- und Hostbasierte Angriffe. Das Paradebeispiel für menschliche Angriffe ist das Social Engineering. Dazu gehören zum Beispiel gefälschte E-Mail-Nachrichten, die Schadsoftware oder einen bösartigen Link beinhalten. Diese Angriffe sind besonders gefährlich, weil ihnen durch technische Sicherheitsmaßnahmen nur begrenzt beizukommen ist. Selbst Systeme ohne technische Schwachstellen sind damit verwundbar. Beim Schutz spielen neben IT-Sicherheitsprozessen insbesondere Aufklärung und Ausbildung eine Rolle.

Moderne Netzwerke (zum Beispiel das Internet) ermöglichen die Vernetzung einer Vielzahl von IT-Systemen. Sind diese an das Internet angeschlossen, sind Angriffe von einem beliebigen Ort im Internet aus möglich. Das Netzwerk eines IT-Systems kann sowohl von passiven Angriffen – um etwa den Inhalt der Kommunikation zu beobachten – oder aktiven Angriffen wie Denial-of-Service-Attacken betroffen sein. Dabei werden beispielsweise Server mit Anfragen überflutet, um diese zu überlasten und anderen Nutzern nicht mehr zur Verfügung zu stehen.

Anders als bei netzwerkbasierten Angriffen sind bei hostbasierten Angriffen im Wesentlichen nur die Endpunkte eines IT-Systems betroffen, die sogenannten Hosts, die über das Netzwerk verbunden sind. Dies können zum Beispiel Server sein, die mit Schadsoftware wie Viren oder Ransomware infiziert werden. Nicht behobene Schwachstellen stellen in diesem Fall ein großes Sicherheitsrisiko für das IT-System dar.

Phasen eines komplexen IT-Angriffs

Angriffsziel	Zugang zu Zielnetz, initialer Angriff	Eindringen in das Zielsystem	Ausführen des Endangriffs
Werkzeuge	generische Exploits	anwendungsspezifische Exploits/Rootkits	spezieller Schadcode
Beispiele	E-Mail-/Serverschwachstellen, Phishing, Social Engineering	Netzwerkschwachstellen im Intranet des Unternehmens/im Heimnetzwerk des Opfers	Zugriff auf erbeutete Daten, Übermittlung, Zerstörung

Typische Phasen eines komplexen Angriffs

Quelle: Anna Biselli, Ivan Gudymenko & Thorsten Strufe.

Angriffe werden häufig modular aufgebaut und miteinander kombiniert: So nutzen Angreifer bestimmte Exploits als Basis, um weitere Angriffe durchzuführen und damit das letztliche Ziel ihrer Attacke zu erreichen. Die Abbildung veranschaulicht dieses Vorgehen.

Eine bösartige E-Mail mit Schadcode im Anhang stellt zunächst einen Social-Engineering-Angriff dar, der einen legitimen Nutzer zum unbemerkten Öffnen des eigenen Systems verleitet. Anschließend verbreitet sich der Schadcode lokal im Netzwerk, bis das Zielsystem erreicht ist. Dort findet die letzte, hostbasierte Phase des kombinierten Angriffs statt. In der Praxis sind die Angriffe sehr komplex und nutzen automatisch unterschiedliche Schwachstellen aus.

Fallstudien: WannaCry nutzt Sicherheitslücke

Betrachtet man die technischen Hintergründe der Ransomware „WannaCry", so wird klar, dass auch staatliche Behörden eine Rolle bei Sicherheitslücken und Schwachstellen spielen können. Im Falle von WannaCry wurde im Mai 2017 eine technische Sicherheitslücke ausgenutzt. Die Erpressersoftware verwendete dafür den Exploit „EternalBlue". Diesen Exploit hatte der US-amerikanische Geheimdienst National Security Agency (NSA) selbst entwickelt und fünf Jahre lang für eigene Zwecke eingesetzt.

EternalBlue nutzt eine Schwachstelle in einem Netzwerkprotokoll für Windows aus, über das Datei- und Druckerfreigaben gesteuert werden. Microsoft erfuhr von der Lücke erst im März 2017, als die NSA feststellte, dass der Exploit in unbefugte Hände geraten war. Im April 2017 veröffentlichte eine Hackergruppe den Exploit, und Angreifer attackierten Windows-Systeme, die noch nicht mit dem Sicherheitsupdate von März 2017 nachgerüstet worden waren. Die befallenen Systeme suchten selbständig nach weiteren ungeschützten Rechnern. So verbreitete sich die Schadsoftware mit großer Geschwindigkeit auf Rechnern in der ganzen Welt.

Die Epidemie von WannaCry zeigt, wie gefährlich es ist, Sicherheitslücken bewusst offen zu halten – hier über fünf Jahre hinweg. Laut Europol befiel WannaCry innerhalb von zwei Tagen über 200.000 Rechner in 150 Ländern, darunter auch Großunternehmen wie die Deutsche Bahn sowie einige Ministerien. Wer hinter WannaCry steckte, konnte nicht zuverlässig ermittelt werden. Es wird vermutet, dass es staatliche Akteure waren, die ursprünglich andere Ziele als die Erpressung verfolgten.

Sind beim Einsatz von Schadsoftware Botnetze beteiligt, lassen sich die Täter häufig mit klassischen Ermittlungsmethoden überführen. Ein Beispiel sind die Programmierer des „mirai"-Botnetzes, die nach einem Wettbewerbsvorteil im Internetmarkt der Spieleserver strebten. Sie hatten potentiellen Kunden unter anderem einen DDoS-Schutz (Distributed Denial of Service – DDoS) angeboten, der gegen mirai-Angriffe wirksam sein sollte. Aufgrund des E-Mail-Verkehrs konnten die Programmierer identifiziert und rechtskräftig verurteilt werden.

Andere Hinweise, die bereits zur Überführung von Tätern führten, sind Auffälligkeiten im Programmcode von Schadsoftware. So ergab sich bei der Ransomware „CoinVault", die seit 2014 aktiv war, der entscheidende Hinweis auf die Herkunft der Täter über niederländische Textabschnitte im Code. Auch der Entwickler der Schadsoftware, die im November 2016 fast eine Millionen DSL-Router der Telekom blockierte, konnte anhand der Spuren, die er im Netz hinterlassen hatte,

Erpressermeldung von WannaCry

Quelle: Screenshot.

überführt und verurteilt werden. Viele weitere Fälle wurden mit traditioneller Spurensuche aufgeklärt.

Die Täter verwenden für die Kommunikation mit ihren Opfern häufig Anonymisierungsdienste, und Lösegeldzahlungen werden oft in digitalen Währungen gefordert. Genauer betrachtet, unterscheidet sich dies jedoch kaum vom klassischen Versand von Erpresserbriefen und der Erpressung von Bargeld. Beides lässt sich schwer nachverfolgen.

Dark Markets und der Missbrauch von Anonymität

Einen Missbrauch von Anonymisierungstechnologien und digitalen Zahlungssystemen unterstützen die sogenannten Dark Markets. Das sind Webforen, auf denen unter anderem illegale Produkte vertrieben werden.

Dark Markets werden als Hidden Service betrieben, um es Sicherheitsbehörden zu erschweren, die Betreiber zu identifizieren. Wegen der anonymen Absenderadressen ist es unmittelbar tatsächlich nicht möglich, Anbieter und Kunden zu identifizieren. Der Einsatz digitaler Währungen erschwert außerdem die Identifikation der Geldflüsse. Grundsätzlich entspricht dieser Handel einem klassischen Bargeldverkauf auf dem Flohmarkt. Die handelnden Parteien sind im Darknet zwar nicht physisch vor Ort, was eine Aufklärung zu erschweren scheint. Allerdings werden üblicherweise physische Waren gehandelt, die dem Empfänger geschickt werden.

Eine der bekanntesten Darknet-Handelsplätze war „Silk Road". Die Schwarzmarktplattform existierte von Januar 2011 bis zur Festnahme des Betreibers Ross Ulbricht im Oktober 2013. Neben vielen legalen Waren konnten Käufer dort illegal Drogen, Kreditkartendaten, Hackingdienstleistungen, Schadsoftware und gefälschte Ausweise erwerben. Die Zahlung per Bitcoin sollte die Anonymität der Kunden garantieren. Laut Anklage des FBI gegen den Betreiber wurden in eineinhalb Jahren mit über eine Million Transaktionen insgesamt 1,2 Milliarden US-Dollar umgesetzt.

Trotz Einsatz von Anonymisierungsdiensten und Bitcoins gelang es Ermittlern im Fall Silk Road dennoch, wie auch bei anderen Darknet-Handelsplätzen, die Verantwortlichen zu ermitteln. Die entscheidenden Hinweise erhalten die Ermittler oft durch Unachtsamkeit der Täter. Bei Silk Road fand ein Steuerbeamter Hinweise auf die Identität von Ulbricht, der unter dem Pseudonym „Dread Pirate Roberts" auftrat. Kurz nach Gründung von Silk Road erwähnte Ulbricht diese Plattform in einem Chatraum, damals noch unter einem anderen Pseudonym. Mit demselben Pseudonym hatte er zuvor schon nach Programmiertipps gefragt, mutmaßlich, um Hilfe bei der Erstellung der Seite zu bekommen. Dabei hatte er eine Mailadresse hinterlassen, die seinen Klarnamen enthielt.

Dass Straftäter im Internet mit klassischen Ermittlungsmethoden überführt werden, ist also keine Seltenheit. Auch Georg Ungefuk, Staatsanwalt bei der Zentralstelle zur Bekämpfung der Internetkriminalität (ZIT), betont in einem Interview mit der Online-Zeitschrift „Motherboard": „Am Ende haben wir es mit Menschen zu tun, und die hinterlassen eben Spuren und machen Fehler." Ungefuk war unter anderem an internationalen Ermittlungen zur Zerschlagung des Silk-Road-Nachfolgers „Silk Road 2.0" beteiligt.

Bei Dark Markets arbeiten Ermittler ebenso wie bei analogen Schwarzmärkten auch mit Testkäufen. Damit konnten sie zum

Beispiel im Jahr 2016 den deutschen Drogenmarktplatz „Chemical Love" ausschalten, seinerzeit der bundesweit größte Drogenhandelsplatz.

Wie sich Internetnutzer schützen können

Vollständige Sicherheit gibt es im digitalen Raum ebenso wenig wie in der analogen Welt. Vielmehr heißt das Ziel, die Wahrscheinlichkeit eines erfolgreichen Angriffs zu minimieren und den für Angreifer erforderlichen Aufwand zu maximieren. Der Angriff sollte sich schlichtweg nicht lohnen. Die folgenden Prinzipien können dabei unterstützen:

Regelmäßiges Patching. Die Einhaltung des vom Hersteller empfohlenen Patching-Verfahrens beziehungsweise die Aktivierung der automatischen Patch-Suche und das zeitnahe Einspielen der Sicherheitsupdates sind entscheidend für die Sicherheit eines IT-Systems. Nur so können immer wieder gefundene Sicherheitslücken kontinuierlich geschlossen werden.

Eigene Passwörter für jede Anwendung. In geschäftlichen IT-Systemen gibt es häufig sogenannte Single-Sign-On-Module, die Passwörter einheitlich managen. Der Nutzer muss sich nur ein komplexes Passwort merken. Da dies bei der privaten Nutzung nicht einfach möglich ist, wird dringend empfohlen, für jede Anwendung und jeden Service andere Passwörter zu nutzen. Gelangt ein Passwort in falsche Hände, sind zumindest andere Dienste nicht betroffen.

Starke Passwörter. Die anwendungsspezifischen Passwörter müssen „stark", das heißt schwer zu erraten sein. Gleichwohl sollte man sie sich einfach merken können. In der Praxis sind Passwortrichtlinien etabliert, die möglichst zufällige Passwörter mit einer Kombination aus Ziffern, Sonderzeichen und Buchstaben als sicher einstufen.

In den vergangenen Jahren wurden jedoch auch Empfehlungen ausgesprochen, zufällige Wortkombinationen zu verwenden, die für den legitimen Nutzer einfach zu merken, aber von Außenstehenden schwer zu erraten sind. Außenstehenden fehlt in der Regel die Assoziation, die dem Nutzer bei der Erstellung einer Passwortphrase durch den Kopf gegangen ist. Leider erzwingen viele Passwortvorgaben im Web immer noch die komplexen Zeichenkombinationen, die sich Nutzer schwerlich merken können.

Passwortmanager. Um die Vielfalt anwendungsspezifischer Passwörter zu verwalten, gibt es Passwortmanager. Selbstverständlich muss der Zugang zum Passwortmanager besonders gut geschützt sein. Am besten eignet sich dafür eine lange, schwer zu erratende Phrase.

Zweifaktorauthentifizierung. Passwörter können erraten oder aus einer angegriffenen Datenbank entwendet werden. Einen deutlichen Sicherheitsgewinn bringen zusätzliche Authentifizierungsmerkmale, die über einen separaten Kanal abgefragt werden. Das kann zum Beispiel ein spezielles Authentifizierungsgerät oder ein Smartphone mit einer Authentisierungs-App sein – sofern nicht die eigentliche Anwendung auf demselben Gerät verwendet wird. Ein Angreifer müsste nun nicht nur den Sicherheitsfaktor Passwort knacken, sondern auch den zweiten Faktor herausfinden, zum Beispiel ein ständig neu generiertes Einmalpasswort. Der erhöhte Aufwand für den Angreifer resultiert in einem deutlichen Sicherheitsgewinn für den Nutzer.

Gesicherte Verbindungen (HTTPS-Schloss). Um Angriffe auf den Kommunikationskanal zu stoppen, sollte eine Transportverschlüsselung zwingend eingesetzt beziehungsweise vom Webserver erzwungen werden. In diesem Fall ist – für den Endanwender deutlich sichtbar – das grüne Schlosssymbol für eine HTTPS-Verbindung im Browser aktiviert. Wichtig ist es, über die Zertifikatsinformationen der jeweiligen Webseite zu überprüfen, ob das Zertifikat von einer vertrauenswürdigen Zertifizierungsstelle signiert wurde oder eventuell gefälscht ist. Über

Vollständige Sicherheit gibt es im digitalen Raum ebenso wenig wie in der analogen Welt. Es gilt, die Wahrscheinlichkeit eines erfolgreichen Angriffs zu minimieren.

gefälschte Zertifikate können Angreifer an das Passwort und weitere vertrauliche Informationen des Nutzers wie Bankkontodaten gelangen.

Die gängigen Webbrowser unterstützen den Nutzer bei der Überprüfung der Verbindung und blenden entsprechende Warnungen ein. Auch die Übereinstimmung des erwarteten Namens der jeweiligen Webseite mit den Informationen im Zertifikat sollte zwingend überprüft werden, um Zertifikate zu enttarnen, die in Wirklichkeit für andere, ähnlich aussehende Domänen erstellt wurden.

Alternativen zum Staatstrojaner

Die Verwendung des Internets für Betrügereien hat in den vergangenen Jahren zugenommen – ob zum Verkauf illegaler oder nicht vorhandener Waren, ob für verdeckte Zahlungen von Lösegeld oder für Angriffe auf ausgewählte Opfer beziehungsweise eine Vielzahl von Computern. Mit einem Rückgang digitaler Betrugsfälle ist nicht zu rechnen. Die angeführten Statistiken und Beispiele zeigen, dass sich die Mechanismen des Betrugs immer wieder verändern. Führen Phishing-Mails nicht mehr zum Erfolg, weichen Täter auf andere Betrugsarten und -ziele aus.

Ein Angriffsvektor, der in Zukunft wohl an Bedeutung gewinnen wird, sind IoT-Geräte. Im wachsenden „Internet of Things" (IoT) ist eine Vielzahl von Endgeräten – vom Fitnessarmband bis zur Waschmaschine – mit dem Internet verbunden. Diese Geräte bieten Angreifern attraktive Angriffsziele, denn die häufig sehr kurzlebigen Produkte sind oft mit unzureichenden Sicherheitsmechanismen ausgestattet und erhalten kaum Sicherheitsupdates. Damit sind sie einfache Ziel für Botnetze.

Eine Schwächung der Verschlüsselung oder die Öffnung von Hintertüren für die Polizei könnten nicht verhindern, dass Betrüger weiterhin hochsichere Systeme verwenden.

Auch durch die zunehmende Vernetzung von Autos oder Medizingeräten ergeben sich neue Angriffsziele und -möglichkeiten. Denkbar ist zum Beispiel Erpressersoftware für Autos, die Fahrzeuge am Fahren hindert. Ähnliche Szenarien sind bei medizinischen Geräten vorstellbar.

Verschlüsselung und Anonymisierungstechnik können Menschen schützen, sie können aber auch missbraucht werden. In diesem Spannungsfeld fordern Politiker und Ermittler immer wieder mehr technische und rechtliche Befugnisse für Ermittlungen im Internet. So sagte der ehemalige Bundesinnenminister Thomas de Maizière wiederholt, deutsche Behörden sollten befugt und in der Lage sein, verschlüsselte Kommunikation zu entschlüsseln. Eines der Ergebnisse dieser Bestrebungen war die Ausweitung der Befugnisse für den Einsatz sogenannter Staatstrojaner. Diese sollen die Kommunikation direkt auf dem Gerät eines Verdächtigen abgreifen – bevor ein Verschlüsselungsverfahren zur sicheren Übertragung eingesetzt wird.

Gerade vor dem Hintergrund des WannaCry-Falls erscheinen solche Vorstöße zu kurzsichtig, denn für den Einsatz dieser Überwachungswerkzeuge sind die Ermittler auf offenbleibende Sicherheitslücken angewiesen. Wie oben ausgeführt, erzeugte dies im Fall eines einzigen Exploits aus dem Werkzeugkasten der NSA einen großen wirtschaftlichen Schaden. Es zeigt, wie wichtig es ist, den Fokus auf den Schutz von IT-Systemen zu richten. Ebenso wie Nutzer und Unternehmen sich bestmöglich schützen sollten, sollte auch der Staat für seine kritischen Infrastrukturen sowie für die Sicherheit seiner Bürger und der Wirtschaft sorgen.

Starke Verschlüsselungstechnologien sind einfach implementierbar und Informationen darüber einfach zugänglich. Ein Verbot oder eine rechtliche Schwächung der Verschlüsselung oder auch die Öffnung von Hintertüren für die Polizei könnten nicht verhindern, dass Betrüger weiterhin hochsichere Systeme verwenden. Doch die digitalen Systeme unbescholtener Bürger würden gegenüber Angreifern deutlich geschwächt werden.

Absolute Sicherheit gibt es weder online noch offline. Um der Gefährdung durch digitalen Betrug aber besser Herr zu werden, bedarf es des Zusammenspiels aller Akteure: Die Nutzer sollten persönliche Schutzmaßnahmen treffen und sich die Mechanismen von Social Engineering immer wieder ins Bewusstsein rufen. Institutionen müssen in vorbeugende IT-Sicherheit investieren und sichere Systeme fördern. Gesetzgeber, Ermittler und Gerichte müssen Technologien und deren Grenzen besser verstehen lernen, um digitalem Betrug Einhalt zu gebieten, ohne die Sicherheit von Bürgern und Unternehmen zu gefährden.

Letztendlich ist festzuhalten, dass es sich bei digitalem Betrug um eine Variante klassischer Kriminalität handelt und dass wohl deshalb konventionelle Aufklärungsmethoden überdurchschnittlich häufig zum Erfolg führen.

Im Interview

Luisa Stock

verantwortet als Manager Fraud Detection die Betrugsprävention bei dem Zahlungsanbieter und der lizenzierten Bank Klarna. Sie arbeitet seit 2013 für das Unternehmen. Klarna wurde 2005 in Stockholm, Schweden, gegründet.

„Wir wollen Online-Kunden vor schlechten Erfahrungen schützen"

Klarna bietet Zahlungslösungen im E-Commerce an. Das Unternehmen übernimmt sowohl die Zahlungsansprüche der Händler im Rahmen der Fakturierung als auch das finanzielle Risiko.

Frau Stock, hat mit dem Online-Shopping der Betrug zugenommen?

Betrug gab es schon immer, nur hat sich die Art und Weise über die Jahre verändert. Allerdings ist die Hürde, online etwas unter falschem Namen zu bestellen, für viele Menschen niedriger als beim Diebstahl im Ladengeschäft. Außerdem ist den meisten Betrügern bewusst, dass es im Internet viel komplizierter ist, einen Dieb zu fassen, ihm sein Vergehen nachzuweisen und ihn letztlich dafür auch zu belangen. Deshalb kommt es vor allem darauf an, dass sich Händler im Internet ausreichend schützen, um Betrug zu verhindern. Kleine Unternehmen sind in der Regel angreifbarer als große. Klarna investiert laufend und umfassend in Sicherheitsmaßnahmen gegen Betrug. Deshalb hat der Anteil betrügerischer Geschäfte an unserem Gesamtumsatz in den vergangenen Jahren nicht zugenommen, sondern ist rückläufig.

Welche Betrugsformen werden im E-Commerce häufig eingesetzt?

Am weitesten verbreitet ist die Verwendung gestohlener und gefälschter Kreditkarten. Beim Rechnungskauf, der in Deutschland sehr verbreitet ist und den wir bei Klarna für die Händler absichern, verwenden Betrüger gefälschte oder gestohlene Identitäten. Manche Betrüger verschaffen sich Zugriff auf alle wichtigen Daten einer Person. Ein Teil dieser Daten ist über das Telefonbuch zugänglich, andere Daten stammen entweder von (Ex-)Freunden, Bekannten oder Familienmitgliedern, oder sie wurden im sogenannten Darknet gekauft.

Manche Menschen geben ihre Daten aber auch unvorsichtigerweise selbst preis – beispielsweise bei einem Phishing-Angriff mit gefälschten Internetlinks. Darüber hinaus gibt es Betrüger, die in ihrem eigenen Namen Waren bestellen, aber nicht die Absicht haben, dafür zu zahlen.

Welche Folgen hat es für Verbraucher, wenn sie zum Opfer eines Online-Betrugs werden?

Ein Betrugsfall ist für den Verbraucher vor allem eine unangenehme Erfahrung. Genau solche schlechten Erfahrungen beim Online-Shopping wollen wir mit unserem Serviceangebot verhindern. Kein Mensch mag es, wenn seine Daten gestohlen und für einen Betrug verwendet werden. Außerdem macht ein Betrug dem Betroffenen Arbeit: Er muss auf Rechnungen oder Mahnungen von Online-Händlern reagieren, bei denen er nie etwas bestellt hat, und er muss bei der Polizei eine Anzeige erstatten.

Entstehen dem Verbraucher auch finanzielle Schäden?

Wenn die Bestellung über Klarna gelaufen ist und der Kunde eine Bestätigung der Polizei vorweisen kann, dann übernehmen wir den kompletten Schaden für ihn. Bei Kreditkartenbetrug gehen wir davon aus, dass die Kreditkartenunternehmen die Schäden in der Regel ebenfalls übernehmen.

Und welche Folgen müssen die Online-Händler tragen?

Wenn ein Händler wegen eines Betrugsverdachts einen Verkauf stoppt, dann muss er eine Umsatzeinbuße in Kauf nehmen. Im Falle eines tatsächlichen Betrugs verliert er jedoch noch mehr. Dazu kommt dann auch noch der zeitliche Aufwand für die Bearbeitung des Falls.

Deshalb sollten alle Händler in die Betrugsprävention investieren, um nicht in das offene Messer von Betrügern zu laufen. Wenn die Händler Maßnahmen zur Prävention einführen, müssen sie diese jedoch auch fortlaufend weiterentwickeln. Ebenso müssen sie ihre

Mitarbeiter permanent entsprechend schulen. Beim Outsourcing an einen Spezialdienstleister wie Klarna entfällt dieser Aufwand. Wir kennen uns mit Betrugsprävention aus, verbessern laufend unsere Tools, und wir übernehmen im Betrugsfall das finanzielle Risiko.

Welche Art von Waren sind für Online-Betrug besonders anfällig?
Waren die relativ klein, teuer und leicht weiterzuverkaufen sind. Dazu gehören als erstes alle digitalen Produkte, die per E-Mail versendet werden, zum Beispiel Veranstaltungstickets, Flug- und Zugtickets, Hotelbuchungen und Online-Spiele. Musikdateien eignen sich weniger für Betrug, da sie außerhalb der bekannten Plattformen kaum verkäuflich sind.

Sperrige Haushaltsgeräte wie Kühlschränke sind ebenfalls wenig gefragt. Sehr beliebt bei Betrügern sind dagegen Smartphones, Kopfhörer und andere Elektronikwaren. Dazu kommen Schuhe, vor allem Marken-Sneakers, Designertaschen, Parfüms und Schmuck. Die großen Online-Händler, die Elektronik, Schuhe und Bekleidung führen, sowie alle Online-Reisebüros sind dementsprechend besonders häufig von Betrug betroffen.

Gibt es eine Zahlungsart im E-Commerce, die vergleichsweise sicher ist?
Das kommt darauf an, aus wessen Sicht eine Zahlung sicher sein soll. Für einen Händler ist es am besten, wenn er zuerst das Geld erhält, bevor er die Ware versendet. Für den Kunden ist es am sichersten, wenn er zuerst die Ware erhält und danach dafür bezahlt. Gerade wenn er bei einem unbekannten Händler bestellt, zahlt er ungern im Voraus, oder er gibt auch ungern seine Kreditkartendaten preis.

Um diesen Widerspruch aufzulösen, kommen Dienstleister wie Klarna ins Spiel. Wir ermöglichen Kunden den Kauf auf Rechnung oder sogar auf Ratenzahlung, schützen ihre Daten und übernehmen auch eine Garantie bei der Lieferung fehlerhafter Ware. Gleichzeitig garantieren wir den Händlern im Rahmen unseres Factorings, dass sie die Zahlung tatsächlich erhalten.

Letztlich scheinen die Maschen der Betrüger ähnlich zu sein, oder gibt es auch hier eine Art technologischen „Fortschritt"?
Es gibt kleine Betrüger, die es bei wenigen Betrugsversuchen belassen und nur Identitäten aus dem Freundes- und Bekanntenkreis verwenden. So etwas fliegt nach den ersten Bestellungen schnell auf. Aber es gibt auch kriminelle Experten, die für jeden Kauf andere Daten verwenden und damit schwer im Internet zurückzuver-

folgen sind. In der Regel sind diese Betrüger Teil nationaler oder internationaler Netzwerke. Solche Banden können sich in fremde E-Mail-Accounts hacken oder auch in die Systeme von Packstationen eindringen. Professionelle Betrüger lassen sich Waren nicht nur in eine bestimmte Region, sondern an viele Orte in ganz Deutschland liefern. Sie tarnen sich so gut, dass sie dem Händler wie ein echter Kunde erscheinen.

Darauf kommt es letztlich bei der Betrugsprävention an: herauszufinden, ob ein Besteller „echt" oder ein Betrüger ist. Mit unseren Methoden können wir unechte Kunden ziemlich zuverlässig herausfiltern.

Welche Technologien nutzen Sie, um Betrug zu erkennen?
Wir verwenden Algorithmen und Modelle, um wiederkehrende Betrugsmuster zu erkennen. Auch alles, was ungewöhnlich erscheint, weckt unseren Verdacht. Wir stellen zusätzlich Verbindungen zwischen unterschiedlichen Transaktionen her, um Betrügern, die eine gestohlene Identität mehrfach einsetzen, auf die Spur zu kommen. Manche Fälle werden zusätzlich manuell anhand bestimmter Klassifizierungen überprüft.

Darüber hinaus verwenden wir neue Authentifizierungsverfahren, bei denen Kunden sich doppelt ausweisen müssen. Zum Beispiel versenden wir einen Code an die Handynummer des Kunden, den dieser dann im Internet eingeben muss.

Kommt bei Ihren Modellen und Algorithmen auch künstliche Intelligenz zum Einsatz?
Soweit sind wir noch nicht, dass unsere Modelle sich selbstlernend verbessern können. Die künstliche Intelligenz steckt bei der Betrugsbekämpfung noch in den Kinderschuhen. Letztlich kommt es auf das Gespür unserer Mitarbeiter an, die verdächtige Fälle manuell bearbeiten.

Ein Betrüger probiert in der Regel unterschiedliche Vorgehensweisen, Warentypen und Händler aus, um zu erkennen, ob er irgendwo durchkommt. Hierbei bestellt er zum Beispiel nur kleine Mengen und fliegt zunächst unterhalb des Radars. Erst wenn er erfolgreich ist, kommt er aus der Deckung und erhöht schnell die Frequenz und das Volumen seiner Käufe, um seinen Gewinn zu maximieren. Dann muss man schnell handeln. Unser Ziel ist es, Betrügern möglichst früh auf die Schliche zu kommen, was uns auch in vielen Fällen gelingt.

Da immer wieder neue Betrugsmuster aufkommen, die dann schnell von anderen kopiert werden, bevor sie wieder verschwinden, tauschen wir uns laufend mit Online-Händlern und der Polizei aus. Manchmal sind die Betrüger aber so schnell, dass keine Zeit für einen Austausch bleibt.

Was macht eine Bestellung verdächtig?

Wir können auf ein breites Erfahrungswissen zu Betrugsmustern zurückgreifen. Ein typischer Fall: Eine Person, die nicht zu den typischen Käufern eines Produkts gehört, bestellt dieses in größerer Menge. Wenn etwa ein 70-jähriger Mann um 2:00 Uhr morgens drei identische Smartphones oder mehrere Paar aktueller Sneakers bestellt, ist das für unser System erst einmal verdächtig. Hier fassen wir in der Regel am nächsten Tag telefonisch nach, bevor wir die Sendung beim Händler freigeben.

Bei der Betrugsprävention kommt es darauf an, herauszufinden, ob ein Besteller „echt" oder ein Betrüger ist.

Allerdings können solche Fälle durchaus vorkommen, ohne dass Betrug im Spiel ist, etwa wenn ein älterer Mann für seine Enkel oder Neffen zu Weihnachten teure Smartphones oder Tablets kauft. Es gibt in jedem Fall eine große Grauzone.

Unverdächtig erscheint es uns dagegen, wenn ein 45-Jähriger freitagabends um 18:00 Uhr ein Kochbuch bestellt. Denn hierfür kann man sich eine konkrete Geschichte und Situation ausmalen. Doch auch hier ist Betrug nicht ausgeschlossen. Die Betrüger werden immer professioneller und wissen natürlich selbst, welche Konstellationen verdächtig erscheinen könnten.

Unterstützen Sie Online-Händler auch aktiv im Kampf gegen Betrug?

Wir arbeiten sehr eng mit den Händlern zusammen. Wenn wir den Verdacht haben, dass ein Besteller ein Betrüger ist, dann bitten wir den Händler, die Ware zunächst nicht zu versenden. Manchmal geben uns auch Händler Hinweise auf Verdachtsmomente. Im Zweifelsfall prüfen wir doppelt und rufen die Kunden unter ihrer angegebenen Telefonnummer an. Allerdings wollen wir die echten Kunden auch nicht unnötig belästigen und beschränken uns deshalb auf dringende Verdachtsfälle.

Kommt es vor, dass Online-Händler selbst auch betrügen?

Zwar nicht häufig, aber es ist schon vorgekommen. So kann ein Händler die Bestellung eines realen Kunden vortäuschen. Er versendet aber keine Ware und versucht dennoch über Klarna eine Zahlung zu erhalten. In seltenen Fällen haben Betrüger auch Rechnungen mit dem Logo von Klarna versendet, in der Hoffnung, dass die Empfänger – auch ohne Waren bestellt oder erhalten zu haben – die gefälschte Rechnung aus Pflichtgefühl begleichen.

Wie stellen Sie sich auf die unterschiedlichen IT- und Bestellsysteme der Händler ein, die mit Ihnen zusammenarbeiten wollen?

Den Händlern stellen wir unsere Programmierschnittstellen zur Verfügung, die mit allen möglichen Systemen reibungslos kommunizieren können. Unsere Techniker sind bei der Implementierung behilflich. Händler können zur Anbindung aber auch unseren automatischen Onboarding-Prozess nutzen und Klarna sofort verwenden.

Welchen Wettbewerbsvorteil hat Klarna gegenüber anderen Anbietern von Zahlungssystemen?

Wir können uns schnell und agil an neue Gegebenheiten anpassen und entwickeln laufend neue Anwendungen, um digitale Geschäfte sicherer zu machen. Dabei verwenden wir ausschließlich selbst entwickelte Verfahren.

Unser Vorteil ist die klare Spezialisierung auf den Rechnungskauf, bei dem wir Käufern wie Händlern Sicherheit geben können. In den 13 Jahren unseres Bestehens haben wir viel Erfahrung mit betrügerischen Transaktionen gesammelt und können diese deshalb schneller und zuverlässiger als andere Dienstleister erkennen. Beim Thema Fraud Prevention arbeiten wir auch erfolgreich mit der SCHUFA zusammen. Außerdem sind wir in ständigem Kontakt mit den Sicherheitsbehörden.

Das Interview führte Eric Czotscher.

Dr. Gjergji Kasneci
ist Chief Technology Officer und Bereichsleiter
Innovation und strategische Analyse bei der
SCHUFA Holding AG.

Technologien für die Betrugserkennung

Für eine moderne Betrugsabwehr ist der Einsatz moderner datenzentrierter Technologien erforderlich, denn Betrug findet immer seltener analog statt. Neben „Pooling", Expertensystemen und einfachen statistischen Verfahren wird dafür immer häufiger Machine Learning verwendet.

In der digitalen Welt lassen sich zu jeder Zeit von jedem Ort aus Waren und Dienstleistungen einkaufen. Online-Shopping mit PC, Tablet oder Smartphone ist aus dem modernen Alltag nicht mehr wegzudenken. Der Bundesverband E-Commerce und Versandhandel Deutschland e.V. (bevh) berechnete, dass Verbraucher in Deutschland im Internet 2017 Waren für 58,4 Milliarden Euro erwarben. Erste Zahlen für 2018 deuten auf ein Wachstum von 11,3 Prozent gegenüber dem Vorjahr hin. Immer vielseitiger und größer wird die Auswahl der E-Commerce-Anbieter, immer schneller funktionieren die Versand- und Erfüllungsprozesse. Doch der Boom von E-Commerce mit seiner Flexibilität und Warenvielfalt hat auch eine Schattenseite: Betrug.

Werden bewusst falsche Angaben gemacht oder Waren unter fremdem Namen bestellt, sind Händler wie Verbraucher gleichermaßen die Leidtragenden. Nach einer Branchenstudie klassifizieren Online-Händler drei Prozent aller Internetbestellungen als Betrug. Bereits zwölf Prozent der Internetnutzer in Deutschland wurden laut einer Forsa-Umfrage Opfer von Identitätsmissbrauch, einer typischen Betrugsart im Online-Handel.

Als häufigste Formen des Betrugs gelten die Angabe falscher Personen- und Adressdaten sowie das Kapern fremder Benutzerkonten. Online spielt der Betrug durch Verwendung gestohlener oder auch fiktiver Identitäten eine zunehmende Rolle. Bei einem Identitätsdiebstahl übernimmt der Dieb mit Hilfe des Benutzernamens und des Kennworts widerrechtlich die Identität einer anderen Person und bestellt beispielsweise anschließend Produkte über Online-Shopping-Portale, die er an fremde Adressen liefern lässt.

Laut Bundeskriminalamt entstand durch Identitätsbetrug im E-Commerce in Deutschland im Jahr 2014 ein Schaden von knapp 2,4 Milliarden Euro. Aufgrund der insgesamt wachsenden Umsätze ist auch eine steigende Tendenz beim Betrug zu erwarten. Unternehmen müssen sich also gezielt mit der Frage auseinandersetzen, wie sie Betrug in allen Formen und auf allen Kanälen begegnen und wie sie wirksame Gegenstrategien entwickeln können.

Ohne den Einsatz modernster datenzentrierter Technologien ist eine zeitgemäße Betrugsabwehr nicht möglich. Um Händler wie Verbraucher vor betrügerischen Absichten zu schützen und Schäden einzudämmen, bedarf es zuverlässiger Analyseverfahren für digitale Betrugsmuster. Das reicht von altbewährten Verfahren wie dem „Pooling" von Daten bis zu neuesten Machine-Learning-Verfahren.

Herausforderung E-Commerce-Betrug

Bei der Betrugsbekämpfung im Internet sehen sich die Unternehmen einer Reihe von Herausforderungen gegenüber. Dazu gehören

- die Menge der in Echtzeit zu verarbeitenden Daten,

- die wachsende Anonymität der Händler-Kunden-Beziehungen und

- die zunehmende Komplexität der Betrugsmuster.

Bei einem Online-Bestellprozess müssen in wenigen Millisekunden große Mengen an Transaktionsdaten sicher verarbeitet und bewertet werden. Der Kunde soll seine Bestellung ohne Zeitverzögerung abschließen können, auch wenn im Hintergrund eine Datenanalyse läuft. Ein besonderer Aspekt der Online-Welt besteht darin, dass sich Unternehmen und Kunde nicht persönlich begegnen. So ist es heute sogar üblich, ein neues Girokonto komplett online zu eröffnen oder einen Kreditantrag online zu stellen. Das ist bequem, aber auch anfällig für Betrug. Die zur Betrugserkennung gewählten Technologien und Algorithmen müssen die genannten Herausforderungen berücksichtigen, und sie müssen sich an stetige Veränderungen anpassen können.

Erfahrungsaustausch beim Pooling

„Pooling" bezeichnet den Austausch von Daten zwischen Unternehmen, darunter durchaus auch Wettbewerber, um sich über erfolgte oder abgewehrte Betrugshandlungen zu informieren. Daraus entsteht eine laufend aktualisierte Sammlung strukturierter Betrugsverdachtsinformationen. Pooling ist eine vergleichsweise simple und effiziente Methode, um Wiederholungstaten zu vermeiden. Naturgemäß lassen sich dadurch keine Erstfälle erkennen, aber die Teilnehmer an solchen Verfahren können sich auf Basis der Erfahrungen Dritter wirksamer vor Betrug schützen.

Pooling ist eine vergleichsweise simple und effiziente Methode, um Wiederholungstaten zu vermeiden.

Beim Pooling spielt es keine Rolle, ob es sich um personenbezogene Daten (wie Name, Adresse, Geburtsdatum) oder Informationen ohne Personenbezug (wie Device-Fingerprints, auch Device-Idents genannt) handelt. Beim Device-Fingerprinting werden Informationen, die auf Computern, Smartphones, Tablets oder anderen Endgeräten (Devices) gespeichert sind, erfasst und zu einer eindeutigen Repräsentation, einem „Fingerabdruck", des jeweiligen Endgeräts kombiniert. Dazu gehört zum Beispiel die IP-Adresse des Geräts.

In Deutschland gibt es eine Reihe von Pooling-Verfahren wie den SCHUFA-FraudPool der Kreditwirtschaft, den Fraud Prevention Pool der Telekommunikationsunternehmen, das HIS-Online-Verfahren der Versicherer (Hinweis- und Informationssystem – HIS – der deutschen Versicherungswirtschaft) und diverse Device-Fingerprint-Pools im Rahmen von Device-Analyse-Verfahren vornehmlich im E-Commerce.

Mit Technik gegen Betrug

Wesentliche Bedingungen für Pooling-Verfahren sind:

- Einhaltung der datenschutzrechtlichen Vorgaben in Verbindung mit personenbezogenen oder personenbeziehbaren Daten sowie Wahrung des Wettbewerbs

- Einführung und Kontrolle des Gegenseitigkeitsprinzips bezüglich Datenlieferungen und Datenanfragen

- Aufsetzen und Monitoring klar definierter, gegebenenfalls mit Aufsichtsbehörden abgestimmter Einmeldevoraussetzungen (Was? Weshalb? Auf welcher Grundlage?) und Einmeldebedingungen (zeitnah, ausreichend, umfangreich)

- Wahrung der Interessen von durch Pooling-Verfahren betroffenen Personen

- Lieferung von sicheren und eindeutigen Ergebnissen (Treffern) zum bestmöglichen Zeitpunkt

Insbesondere die ersten vier Punkte sind Gründe dafür, dass ausnahmslos alle bekannten Pooling-Verfahren in Deutschland durch einen neutralen Dritten – in der Regel eine Auskunftei – betrieben werden. Eine neutrale Instanz gewährleistet, dass sensible Informationen unter Wahrung der Rechte beziehungsweise Erfüllung der Pflichten aller involvierten Parteien inklusive Betroffener wettbewerbsneutral, transparent, fair und rechtlich sicher ausgetauscht werden.

Mit Hilfe des Datenaustauschs im Rahmen des berechtigten Interesses ermöglicht das Pooling-Verfahren aber nur eine Reaktion auf bereits bekannte Ereignisse. Somit lassen sich in der Regel nur Betrugsverdachtsfälle aufklären, die sich auf bereits entdeckte und an den Pool gemeldete, dolose Handlungen beziehen. Die Prävention eines Erstfalls ist durch Pooling nahezu ausgeschlossen.

Dennoch hat sich das Pooling von Daten als Methode der Betrugsprävention bewährt, weil es technisch vergleichsweise einfach umsetzbar und effizient ist. Beispielsweise wurden innerhalb der ersten viereinhalb Jahre des produktiven Betriebs des SCHUFA-FraudPools mehr als 60.000 Betrugsverdachtshinweise an die Teilnehmer des Verfahrens übermittelt und über 23.000 Betrugsverdächtige gespeichert. Dadurch ließen sich erhebliche Schäden nicht nur bei den

Unternehmen, sondern auch bei deren Kunden beziehungsweise bei den Identitätsbetrugsopfern vermeiden.

Expertenbasierte Verfahren

Die Erfahrung und das Wissen von Experten, die sich mit Betrugserkennung auskennen, bilden die Basis für expertenbasierte Verfahren. Dazu gehören Fachkenntnisse über den Bestellprozess und die in diesem Prozess entstehenden Daten sowie ein Verständnis für die jeweiligen Geschäftsmodelle. Aus diesem Erfahrungsschatz werden Regeln zur Erkennung von Betrugsmustern abgeleitet, die entweder von den Experten selbst angewendet oder in automatisierte, regelbasierte Systeme überführt werden.

Bei der Auswertung einer Vielzahl von Möglichkeiten arbeitet die künstliche Intelligenz oft schneller und zuverlässiger als ein Mensch.

Experten, die individuell entscheiden können, sind hinsichtlich neuer, unbekannter Verdachtsfälle flexibler als automatisierte Regelsysteme, die sich auf einen festen Bestand an Regeln stützen. Die Flexibilität geht jedoch zu Lasten von Geschwindigkeit und Skalierbarkeit, da jeder Fall einzeln von einem Experten begutachtet und bewertet werden muss.

Die Schnelllebigkeit der Geschäftsprozesse im Netz macht es jedoch erforderlich, komplexe Zusammenhänge in sehr kurzer Zeit zu bewerten. Selbst einem erfahrenen Experten können Verdachtsfaktoren entgehen. Bei Menschen besteht außerdem generell die Gefahr, dass sie aufgrund von Voreingenommenheit beziehungsweise aufgrund eines „Tunnelblicks" – geprägt von Vorerfahrungen – ein Problem nicht in Gänze betrachten. Um die Effizienz zu steigern, ist eine Kombination beider Varianten möglich: Einfache Richtlinien werden automatisiert per Regelsystem angewendet, schwierige Fälle von einem Experten manuell bearbeitet.

Statistische Analysen

Im Gegensatz zu expertenbasierten Verfahren verwenden statistische Methoden unmittelbar die zugrundeliegenden Daten als Entscheidungsgrundlage. Statistische Zusammenhänge zwischen den

Daten werden berechnet und anschließend zur Betrugserkennung genutzt.

Die Daten sollten grundlegende Informationen liefern, damit ein Experte entscheiden kann, ob es sich beispielsweise bei einer Bestellung um Betrug handelt oder nicht. Relevante Merkmale sind zum Beispiel Warenkorbinformationen, Kundenstammdaten oder Bestellhistorien. Wichtig ist, dass die Datengrundlage hinreichend groß ist, damit sich statistisch relevante Schlüsse ziehen lassen.

Bei statistischen Verfahren werden zwei Phasen unterschieden:

- Bei der Modellerstellung – auch „Training" oder „Lernen" genannt – werden statistische Zusammenhänge aus einer begrenzten Menge von Lerndaten extrahiert, um daraus ein Vorhersagemodell zu erstellen.

- Dieses Modell wird anschließend in Echtzeit angewandt, um das Betrugsrisiko einzelner Transaktionen zu bestimmen.

Einsatz künstlicher Intelligenz

Das Fachgebiet künstlicher Intelligenz umfasst maschinengesteuerte Verfahren, die intelligentes menschliches Verhalten nachahmen sollen. Bei der Auswertung einer Vielzahl von Möglichkeiten arbeitet die künstliche Intelligenz oft schneller und zuverlässiger als ein Mensch. Die Verfahren erhalten ihr erstes Training aber in der Regel noch durch Menschen. Mögliche Aufgaben für die künstliche Intelligenz sind: Entscheidungen treffen, selbständig lernen oder Transferleistungen erbringen. Durch Kombination solcher Verfahren lassen sich selbst komplexe Aufgaben wie Text- und Spracherkennung oder das autonome Steuern eines Fahrzeugs bewältigen. Auch bei der Betrugsprävention nehmen solche Systeme deshalb einen wichtigen Platz ein.

Machine Learning gehört zu den meistgenutzten Verfahren künstlicher Intelligenz. Vereinfacht ausgedrückt, handelt es sich um die Generierung von Wissen aus Erfahrung. Ein Machine-Learning-System lernt, indem es Muster in Daten erkennt und daraus allgemeine Schlussfolgerungen ableitet. Verwendet werden dazu Algorithmen, die auf Basis von Lernbeispielen selbständig Zusammenhänge aus Daten extrahieren.

So kann ein Vorhersagemodell zur Personenidentifizierung „trainiert" werden, um die Automatisierungsquote wesentlich zu erhöhen. Das System wird zunächst mit früheren (richtigen) Entscheidungen menschlicher Experten gefüttert. Durch Lernen erkennt das System eigenständig statistische Zusammenhänge zwischen den Daten und kann auf dieser Basis bestmögliche Entscheidungen treffen. Das in der Maschine „eingefrorene" Expertenwissen ist rund um die Uhr abrufbar.

Algorithmen mit komplexen Modellen erzielen oft eine deutlich höhere Vorhersagegenauigkeit hinsichtlich der Wahrscheinlichkeit eines Betrugs. Einzelfälle lassen sich damit deutlich flexibler analysieren als mit einfachen Regeln. Ein Nachteil dieser Verfahren und komplexer Modelle generell ist aber, dass die Ergebnisse im Nachhinein nur schwer erklärbar sind. Wenn ein statistisches Muster sehr komplex ist, ist es äußerst schwierig, die gelernten Regeln des Systems herauszufinden und zu verstehen.

Drei Formen maschinellen Lernens

Unabhängig von der Komplexität der Verfahren lassen sich Ansätze zum Lernen von Betrugsmustern unterscheiden:

- beispielbasiertes Lernen

- Anomalieerkennung

- digitale Suchverfahren

Beim Lernen auf der Basis von Beispielen wird das Verfahren mit echten Fällen betrügerischer und betrugsfreier Transaktionen gefüttert. Das Verfahren verarbeitet jedes Einzelbeispiel und extrahiert statistische Zusammenhänge zwischen den Daten und dem tatsächlichen Risiko eines Betrugs. Ein Datenanalyst steuert und überwacht diesen Lernvorgang und evaluiert am Ende die Vorhersagegüte des statistischen Modells.

Entscheidend für beispielbasiertes Lernen ist die Einteilung der Lerndaten in betrügerische und betrugsfreie Transaktionen. Dazu werden tatsächliche Fälle eine gewissen Zeit nach der Vorhersage, der sogenannten Reifezeit, daraufhin überprüft, ob sich diese in der Zwischenzeit als Betrug herausgestellt haben.

Die Entscheidung, ob es sich bei einem Fall tatsächlich um Betrug handelt oder nicht, ist aber selbst nach der Reifezeit schwierig maschinell zu beurteilen. Deswegen erfolgt die Einteilung in Betrugs- und Nichtbetrugsfälle häufig weiterhin durch Experten. Anders als bei den expertenbasierten Verfahren suchen die Experten hier nicht nach allgemeingültigen Regeln, sondern sie erzeugen nur die sogenannten Lerndaten, die zur Modellerstellung genutzt werden.

Der Vorteil des beispielbasierten Lernens liegt darin, dass es komplexe Muster erkennen kann, die ein Mensch so nicht finden würde, und dass es hinsichtlich seiner statistischen Relevanz überprüfbar ist. Auch lässt sich dieses Verfahren beliebig skalieren, da die erzeugten Vorhersagemodelle vervielfacht werden können.

Da der Prozess zur Lerndatenerstellung unabhängig vom Produktivbetrieb läuft, können mehrere Experten ohne Zeitdruck dieselben Fälle bewerten und sie per Mehrheitsentscheid in Betrugs- und Nichtbetrugsfälle unterteilen. So lässt sich die Qualität der Entscheidungen erhöhen. Damit erhält das Lernverfahren auch eine bessere Basis, um gute Vorhersagemodelle für die Praxis zu entwickeln.

Algorithmen mit komplexen Modellen erzielen oft eine deutlich höhere Vorhersagegenauigkeit hinsichtlich der Wahrscheinlichkeit eines Betrugs.

Im Unterschied zum beispielbasierten Lernen, bei dem explizit betrügerische und betrugsfreie Fälle analysiert werden, geht es bei der Anomalieerkennung darum, untypische Muster in Daten zu finden. Zu diesem Zweck lernt ein statistisches Modell zunächst, wie gewöhnliche beziehungsweise unauffällige Daten aussehen. Auf dieser Basis identifiziert es Fälle, die von der Norm abweichen.

Verfahren zur Anomalieerkennung verwenden Daten, bei denen nicht bekannt sein muss, ob es sich um Daten aus Betrugsfällen handelt. Anders als beim beispielbasierten Lernen ist deshalb auch keine Reifezeit zu berücksichtigen. Anomalieerkennungsverfahren können jederzeit mit aktuellen Daten trainiert werden.

Nicht hinter jeder Anomalie beziehungsweise Abweichung von der Norm steckt allerdings ein Betrug. Deswegen können Anomalieerkennungsverfahren das Betrugsrisiko auch nicht direkt vorhersagen.

Sie können aber als eine Art Frühwarnsystem in vorhandene Betrugserkennungssysteme integriert werden. So lassen sich frühzeitig auch unbekannte Betrugsmuster in Daten identifizieren, und zwar automatisch und statistisch fundiert. In letzter Instanz müssen Datenanalysten und Betrugsexperten entscheiden, ob es sich bei den erkannten Mustern tatsächlich um Betrug handelt, und Gegenmaßnahmen einleiten.

Ein weiterer wichtiger Baustein von Betrugspräventionslösungen sind Suchverfahren. Um Betrugsmuster zu erkennen, müssen bei den meisten Problemstellungen zunächst die wirklich relevanten Informationen aus unterschiedlichen Datenquellen ausgewählt werden. Diese Auswahl geht der eigentlichen Bewertung der Daten hinsichtlich Betrugsmustern voraus.

Menschen sind weiterhin für Training, Evaluation, Kalibrierung und Qualitätssicherung der Systeme erforderlich.

Die Herausforderungen in diesem Bereich entstehen durch die enorme Datenmenge. Außerdem ist bei der Suche eine gewisse Fehlertoleranz erforderlich, um ähnliche Datenpunkte anstatt nur exakte Treffer betrachten zu können. Gerade im Hinblick auf Betrugsmuster, die meist mit Datenmanipulationen einhergehen, ist eine solche „unscharfe" Suche essentiell. Je nach Problemstellung sollte das Suchverfahren so gewählt werden, dass Leistung und Qualität optimal aufeinander abgestimmt sind.

Von Maschinenfehlern lernen

Es ist davon auszugehen, dass die Betrugserkennung der Zukunft immer stärker adaptive Machine-Learning-Systeme verwenden wird, insbesondere wenn es um große Datenmengen geht. Betrugsstrategien werden immer komplexer und passen sich den digitalen Prozessen an. So lassen manche Betrüger sogar ihre eigenen Methoden durch intelligente Algorithmen in Echtzeit generieren. Deshalb müssen sich die Abwehrsysteme kontinuierlich an die Angriffsstrategien der Betrüger anpassen.

Die Forschungsgebiete „Adversarial Learning" und „Reinforcement Learning" tragen dazu bei, Schwächen von Machine-Learning-Systemen automatisch zu korrigieren. Aber auch hier sind Menschen für

Mit Technik gegen Betrug

Training, Evaluation, Kalibrierung und Qualitätssicherung der Systeme erforderlich. Solange eine Maschine die Bedeutung (Semantik) eines Fehlers nicht versteht, muss ein Mensch die Zügel in der Hand halten.

Im Interview

Hans-Georg Spliethoff

ist Bereichsleiter Kreditmanagement bei Otto GmbH & Co. KG.

Zusammenarbeit erleichtert Betrugsbekämpfung

Mit einer eigenen Abteilung zur Betrugsbekämpfung versucht das Traditionsunternehmen Otto, frühzeitig Betrugsabsichten zu erkennen. Damit werden sowohl das eigene Geschäft als auch die Kunden, deren Identität für Warenkreditbetrug missbraucht werden kann, vor Schaden geschützt.

Herr Spliethoff, Ende 2018 wurde der Otto-Katalog zum letzten Mal verschickt, weil immer mehr Menschen Ihr Digitalangebot nutzen. Wie wichtig ist das Online-Geschäft für Ihr Unternehmen?
Mittlerweile erwirtschaftet Otto 97 Prozent seines Umsatzes über den Online-Kanal. Dadurch kann man sogar sagen, dass die Kunden den Katalog selbst abgeschafft haben. Das Online-Angebot mit aktuell drei Millionen Artikeln bietet große Vorteile für unsere Kunden. Unser Webshop ist immer auf dem neuesten Stand: Im Laufe der Saison kann beispielsweise das Sortiment angepasst werden, und ausverkaufte Artikel werden auch nicht mehr angezeigt. Das wäre mit dem Katalog gar nicht möglich.

Welche Rolle spielt der Rechnungskauf im Zeitalter von Kreditkarten und Online-Payment für Ihre Kunden?
Otto bietet natürlich alle im Online-Handel gängigen Zahlungsmethoden an: PayPal, Paydirekt, Kreditkarte und Vorkasse. Der

Rechnungskauf ist aber immer noch die am meisten nachgefragte Zahlungsart. Die Kunden profitieren sicherlich davon, dass hier das Prinzip gilt: „Erst die Ware, dann die Bezahlung." Deshalb ist der Rechnungskauf eine echte „Unique Selling Proposition" für Otto. In der Vergangenheit haben wir bei der Einführung neuer Online-Shops auch schon auf die Möglichkeit des Rechnungskaufs verzichtet. Ich kann mich an einen Shop erinnern, bei dem sich innerhalb kürzester Zeit nach der Einführung dieser Zahlungsmethode der Umsatz verdoppelte. Das zeigt, dass der Rechnungskauf für die Kaufabsicht der Kunden entscheidend ist.

Der Rechnungskauf setzt aber auch Vertrauen zwischen Händler und Kunden voraus. Kommt es vor, dass das Vertrauen von Otto missbraucht wird?

Betrug ist natürlich im Zeitalter des E-Commerce ein sehr relevantes Thema. Aktuell haben wir es vor allem mit Identitätsdiebstahl zu tun: Jemand bestellt bei Otto mit einer gestohlenen Identität und versucht dann, die Ware abzufangen, ohne diese zu bezahlen. Die Statistiken des BKA zeigen, dass der daraus hervorgehende Warenkreditbetrug die am stärksten wachsende Betrugsart ist. In der Regel kann Otto aber zwei Drittel dieser Betrugsfälle identifizieren. Wir sind hierbei also sehr erfolgreich. Um Betrug einzudämmen und das Ausfallsvolumen nicht zu stark steigen zu lassen, müssen wir hier aber immer kreativer werden und durchaus mehr Aufwand betreiben.

Ist es heute im E-Commerce leichter zu betrügen?

Früher wurde bei Otto vor allem telefonisch bestellt. Auch damals wurde schon betrogen. Menschen versuchten, sich am Telefon als jemand anderes auszugeben. Die Callcenter-Mitarbeiter waren damals die erste Hürde und haben auch oft Betrugsversuche entlarvt. Die Anonymität war natürlich noch nicht in dem Umfang da, wie sie heute durch das Internet gegeben ist. Ohne ihre Identität preiszugeben, können Hacker weltweit und in allen Märkten versuchen, Daten zu stehlen. Es reicht beispielsweise aus, dass ein E-Mail-Provider gehackt wird. Denn es kommt vor, dass Kunden dieselbe E-Mail-Adresse und dasselbe Passwort verwenden, um bei Otto zu bestellen. Solche Daten werden an Kriminelle weiterverkauft, die damit betrügen. Leider haben Betrugsfälle auch zugenommen, weil das Web verschiedene Informationskanäle bietet, auf denen sich Kriminelle austauschen können. Im Darknet helfen und geben sich Betrüger gegenseitig Tipps. Dort haben wir schon gelesen, dass sich Betrüger gegenseitig davor warnen, dass bei Otto der Trick nicht mehr funktioniere, sich über Paketshops mit gefälschten Vollmachten Waren zu beschaffen.

Wie schützt sich Otto vor Online-Betrug?

Wir haben schon seit mehr als 25 Jahren eine Abteilung zur Betrugs-bekämpfung. Das ist ein großer Vorteil, da Otto im Gegensatz zu man-chem Wettbewerber schon lange auf diese Art der Kriminalität vor-bereitet ist. Wir haben diese Abteilung im Verlauf der Jahre immer wieder modernisiert. In diesem Team gibt es sowohl Experten, die einfach aufgrund ihrer Erfahrung sehr schnell neue Betrugsmaschen aufspüren, als auch Mitarbeiter, die die Services und Prozesse von Otto auf potentielle Sicherheitsmängel überprüfen. Dabei setzen wir auf die Kombination aus Mensch und Technologie. Entsprechende Software und Tools kommen entweder aus unserem Haus oder werden zum Teil auch von externen Dienstleistern entwickelt. Zur Betrugserkennung nutzen wir verschiedene Informatio-nen, die uns unter anderem von Part-nern wie der SCHUFA bereitgestellt werden. Wir nutzen aber auch Daten über Endgeräte, die bei der Bestellung verwendet werden. Wird ein Endgerät erkannt, das bereits in der Vergangenheit im Zusammenhang mit einem Betrugsfall stand, haben wir hier natürlich einen Verdachts-moment. Letztendlich werden aus solchen Informationen Scores generiert, die uns die Entscheidungsfindung erleichtern sollen. Denn wir wollen natürlich keinen ehrlichen Kunden fälschlicherweise des Betrugs bezichtigen. Deswegen sind wir hier besonders sorgfältig. Im Zweifelsfall sind dann unsere Experten gefragt. Sie haben das letzte Wort.

> *Otto setzt auf Business Intelligence und künstliche Intelligenz, um schnell und agil auf Betrug reagieren zu können.*

Was ist ein typisches Muster, das auf Betrug hindeutet?

Das wäre zum Beispiel eine unplausible Häufung von Bestellun-gen, die in einer bestimmten Region auftritt. Wir haben Tools, mit denen wir eine Lieferkette durch Hermes nachverfolgen können. In einem konkreten Fall konnten wir dadurch erkennen, dass jemand entlang seines Wegs von der Arbeit nach Hause an verschiedenen Stellen Sendungen abgefangen hatte. Es ist möglich, so etwas auch grafisch aufzubereiten. Daneben kann die Bestellung bestimmter Artikel als unplausibel eingestuft werden, wenn sie vom Regelfall abweicht. Angenommen ein älterer Herr bestellt zehn Smartphones. Das kann in bestimmten Fällen auch als Geschenk für seine Enkelkin-der gedacht sein. Dennoch ist die Wahrscheinlichkeit in diesem Fall höher, dass es sich dabei um Betrug handelt. Denn Markenartikel, hochpreisige Produkte und Technik sind grundsätzlich am attraktivsten für Betrüger. Hier haben sie die besten Chancen, die Waren weiterzuverkaufen. Teilweise finden wir unsere Artikel dann auf Verkaufsplattformen im Internet wieder.

Bei der Betrugsbekämpfung arbeitet Otto mit anderen Unternehmen zusammen?

Für uns ist es besonders interessant, uns auch mit Unternehmen außerhalb der Otto-Group zum Thema Betrug auszutauschen. Das tun wir im Rahmen des SCHUFA-FraudPreChecks. Durch den Anstoß der SCHUFA kommen bei diesem Projekt namhafte Unternehmen aus dem E-Commerce, der Telekommunikationsbranche und verschiedene Anbieter von Online-Zahlungslösungen zusammen. Hier tauschen wir uns über Herausforderungen bei der Betrugsbekämpfung aus und entwickeln gemeinsam Lösungsansätze. Die gebündelte Intelligenz und vor allem die gebündelte Erfahrung sind ein klarer Mehrwert dieser Zusammenarbeit. Ich bin der Meinung, dass bei der Betrugsbekämpfung keine Konkurrenz existiert. Selbst mit unseren Konkurrenten, mit denen wir auf der Marketingseite vielleicht nicht zusammenarbeiten würden, haben wir hier eine sehr enge Kooperation. Wir schützen uns gemeinsam vor Betrügern.

Wie schafft es Otto, in diesem Wettlauf mit den Betrügern nicht hinterherzuhinken?

Wir versuchen, präventiv zu handeln und es den Tätern dadurch so schwer wie möglich zu machen. Bei der Einführung von neuen Services für unsere Kunden setzen wir uns innerhalb des Otto-Konzerns mit dem Kundenservice sowie der Logistikabteilung zusammen und untersuchen diese Services auf mögliche Risiken. Damit wir sehr schnell und agil auf neue Betrugsformen reagieren können, setzen wir auf Business Intelligence und künstliche Intelligenz. Neben dem Austausch im Rahmen des SCHUFA-FraudPreChecks arbeiten wir sehr eng mit unserem Inkassobüro, der Polizei und den Staatsanwaltschaften zusammen. Wenn es sinnvoll und erforderlich ist, stellt Otto selbst Strafanzeige. Natürlich unterstützen wir Strafverfolgungsbehörden, wenn es Anfragen an uns gibt. Durch die Hilfe meiner Mitarbeiter konnten schon viele Betrüger dingfest gemacht werden, und es kam zu einigen Verurteilungen. Wir geben den Kampf nicht auf.

Was sollen Verbraucher tun, falls sie eine Rechnung von Otto erhalten, ohne etwas bestellt zu haben?

Wenn jemand feststellt, dass betrügerisch in seinem Namen bestellt wurde, ist es sehr wichtig, dass die Person uns kontaktiert und alle entsprechenden Informationen wie beispielsweise Mahnungen

Eine Ära geht zu Ende: Der erste Otto-Katalog ist 1950 erschienen, 2018 nun der letzte.

Mit Technik gegen Betrug

zusammenträgt. Unser Kundenservice geht dann der Sache nach und kümmert sich darum, dass diese Informationen an die richtige Stelle im Unternehmen gelangen. Aktuell optimieren wir bei Otto diesen Prozess. Dafür schaffen wir eine zentrale Anlaufstelle für den Kunden, eine Clearingstelle, die noch besser auf seine Anliegen eingehen soll. Im Falle eines Identitätsdiebstahls, der mit einer Bestellung bei Otto zusammenhängt, sollen unsere Kunden und auch diejenigen, die keine Kunden von uns sind, natürlich nicht auf dem Schaden sitzen bleiben. Solche Betrugsfälle sind sehr ärgerlich für den Verbraucher und auch für Otto. Ziel ist es natürlich, ehrliche Verbraucher zu entlasten. Otto versucht, nach Möglichkeit den Schaden bei den Betrügern einzutreiben. Am Ende sind wir als Unternehmen aber die Geschädigten, denn wir tragen natürlich die Ausfallkosten.

Das Interview führte Georg Poltorak.

Prof. Dr. Jürgen Bott

ist Professor im Fachbereich Betriebswirtschaftslehre an der Hochschule Kaiserslautern.

Dr. Udo Milkau

ist Chief Digital Officer, Transaction Banking der DZ BANK AG.

Bezahlverfahren: Hase-und-Igel-Wettlauf bei der Betrugsprävention

Die zunehmende Dynamik in der digitalisierten Welt hat Echtzeitbezahlverfahren hervorgebracht – was für Verbraucher in erster Linie bequem erscheint. Betrügern bietet das Instant Payment aber Möglichkeiten, die es zuvor noch nicht gab. Mit künstlicher Intelligenz lassen sich betrügerische Verhaltensmuster frühzeitig erkennen.

Die Digitalisierung bringt neue Bezahlverfahren hervor. Dabei kommen neue Technologien zum Einsatz. Neue Serviceanbieter passen deshalb ihre Prozessmodelle an die erweiterten technischen Möglichkeiten an. Auch die Erwartungshaltung und das Verhalten der Kunden verändern sich. Die Spielregeln in den neuen digitalen Ökosystemen unterscheiden sich von den Geschäftsmodellen der Vergangenheit, die vor allem durch analoges Denken geprägt sind. Wenn sich Technologien, Prozesse, Geschäftsmodelle und Verhalten so radikal verändern, etablierte Sicherheitskonzepte hingegen nur verzögert angepasst werden, bietet das Einfallstore für Betrüger. Ein „Hase-und-Igel-Wettlauf" zwischen neuen Betrugsmöglichkeiten und dem Fortschritt bei der Betrugsbekämpfung beginnt. Jeder Innovationsschritt kann eine neue Runde des Wettlaufs einläuten.

Regionale Unterschiede im Kreditkartenbetrug

Ein Beispiel für diesen Wettlauf ist der Betrug mit Kreditkarten: Die auf den Magnetstreifen gespeicherten Daten waren leicht kopierbar. Betrüger konnten sie sehr schnell über die gesamte Welt verteilen und an nahezu beliebigen Orten für ihre Betrugshandlungen nutzen. Mit der Einführung von chipbasierten Karten, bei denen der Kartenbesitzer eine PIN am Kassensystem eines Händlers eingeben muss (Chip/PIN-Verfahren), konnte solchen Verbrechen in einigen Regionen der Welt ein Riegel vorgeschoben werden.

Das zeigen die offiziellen Zahlen zum globalen Kreditkartenbetrug im „The Nilson Report 2017" deutlich: Im Jahr 2016 belief sich das Betrugsvolumen hierbei auf insgesamt 23 Millionen US-Dollar. Von dieser Schadensumme entfielen rund 40 Prozent auf die USA, obwohl dort nur 24 Prozent der weltweit getätigten Käufe mit Kreditkarten stattfanden. Die USA befinden sich mit der Einführung des Chip/PIN-Verfahrens im Rückstand gegenüber Europa. Dementsprechend nutzen Betrüger vor allem die niedrigeren Sicherheitshürden in den USA aus.

Die Betrugsstatistiken deuten aber auch auf Sicherheitsunterschiede innerhalb Europas hin. Gemessen an den Betrugsbasispunkten, findet in Deutschland vergleichsweise weniger Kartenbetrug als in anderen Ländern statt. Mit den Betrugsbasispunkten wird gezeigt, wie hoch der durchschnittliche Schaden aus Betrugsfällen bei je 100 Kartenzahlungen ausfällt. Die Daten des Analytics-Softwareunternehmens Fico zeigen, dass Deutschland im Jahr 2017 1,49 Betrugsbasispunkte hatte. Das bedeutet, dass bei einer Kartenzahlung über 100 Euro ein Betrag von 0,0149 Euro in betrügerischer Absicht veranlasst wurde. Hingegen ist der durch Kartenbetrug verursachte Schaden

Die auf den Magnetstreifen gespeicherten Daten waren leicht kopierbar.

in Großbritannien mit 5,9 Basispunkten und in Frankreich mit 5,5 Basispunkten deutlich höher.

Sicherheit und Kundenfreundlichkeit sind gefragt

Neue Technologien und neues Kundenverhalten verändern auch den Einzelhandel. Die Umsatzquellen des Einzelhandels verlagern sich zunehmend vom stationären Ladengeschäft ins Internet. Dementsprechend wird ein wachsender Anteil der mit Karten bezahlten Handelsgeschäfte nicht mehr mit Hilfe des Chip/PIN-Verfahrens an stationären Kassensystemen abgewickelt, sondern als sogenannte Card-Not-Present-Transaktionen (CNP) durchgeführt.

Bei einer CNP wird die Zahlung eingeleitet, ohne dass der sichere Chip physisch geprüft wird. Dabei werden dem Händler Kartendaten übermittelt, die in der Regel vom Kunden selbst manuell eingegeben werden. Diese elektronisch übermittelten Daten können – ähnlich wie bei ausgelesenen Magnetstreifen einer Kreditkarte – von Kriminellen abgefangen, manipuliert und in betrügerischer Absicht genutzt werden. Als Reaktion darauf wurden für CNP-Transaktionen Verfahren wie „3D-Secure" entwickelt. Das ursprünglich von Arcot Systems entwickelte Sicherheitsverfahren wurde auch von den großen Kreditkartengesellschaften implementiert.

Sichere Technologien allein reichen jedoch nicht aus. Die Kunden erwarten nicht nur sichere, sondern auch kundenfreundliche Verfahren.

Sichere Technologien allein reichen jedoch nicht aus. Die Kunden erwarten nicht nur sichere, sondern auch kundenfreundliche Verfahren. Eine 2018 erschienene Studie des EHI Retail Institutes zum Bezahlverhalten im Internethandel zeigt, dass der Anteil von Kreditkartenzahlungen am Gesamtvolumen von Interneteinkäufen rückläufig ist. Diese Entwicklung wird unter anderem damit erklärt, dass Kunden das „sichere" 3D-Secure-Verfahren eher als umständlich oder sogar als lästig empfinden. Was nutzt der beste technische Schutz, wenn die Kunden andere – unter Umständen weniger sichere – Verfahren aus Gründen der Bequemlichkeit bevorzugen? Studien von McKinsey zeigen, dass weltweit rund 20 Prozent der Kunden die Bequemlichkeit vorziehen, 70 Prozent eher zwischen beiden Aspekten abwägen und lediglich zehn Prozent die Sicherheit bei Bezahlverfahren bevorzugen.

Menschliches Verhalten als Sicherheitslücke

Typische Verhaltensmuster von Verbrauchern sind beliebte Einfallstore für Betrüger. Eingebunden in den engen Zeittakt der digitalen Welt, reichen schon seriös erscheinende elektronische Nachrichten aus, um Menschen dazu zu verleiten, vertrauliche Daten preiszugeben. Beim sogenannte Phishing werden beispielsweise betrügerische E-Mails versendet, um vertrauliche Bankdaten, Zugangscodes oder Passwörter zu stehlen. Obwohl das mittlerweile ein allgemein bekanntes Phänomen ist, reagieren immerhin noch vier Prozent der angeschriebenen Menschen auf solche Phishing-Kampagnen. Hierbei besteht die Betrugsanfälligkeit sowohl im privaten Bereich als auch im beruflichen Umfeld.

Vielleicht ist die gute, alte E-Mail schon nicht mehr ganz zeitgemäß? Für die interne Unternehmenskommunikation gibt es andere digitale Kommunikationskanäle wie Whatsapp oder Yammer. Aber gerade im praktischen, beruflichen Alltag ist die E-Mail weiterhin ein Dreh- und Angelpunkt in der Kommunikation. Durch moderne technische Schutzmaßnahmen wie Firewalls oder Virenscanner gelangt in der Regel keine Schadsoftware mehr als E-Mail-Anhang in die Unternehmen – vorausgesetzt, dass entsprechende Sicherheitsstandards und geeignete Maßnahmen vorhanden sind. Aber auch hier haben sich die Betrugsmethoden – parallel zur Technologie – weiterentwickelt. Dabei ist der Mensch wieder der Ansatzpunkt.

In diesem Zusammenhang existieren Kombinationen aus Social Engineering und CEO-Fraud. Dabei erhält ein Mitarbeiter eine glaubhaft wirkende E-Mail, die darüber hinaus ein dringendes Anliegen vortäuscht. Damit wird Zeitdruck aufgebaut und der angesprochenen Person das Gefühl vermittelt, wichtig zu sein. Um die Dringlichkeit des Anliegens zu verdeutlichen und eine schnelle Bearbeitung zu ermöglichen, wird mit der E-Mail gelegentlich auch gleich ein Link zum System des Betrügers mitgeliefert. Dazu existieren verschiedene Varianten:

- eine E-Mail-Kette entlang der korrekten Hierarchie eines Unternehmens mit Bitte um schnellstmögliche Bearbeitung, beispielsweise auch kurz vor dem Arbeitsende an einem Freitag

- eine vertrauliche E-Mail des CEO, des Finanzchefs oder einer anderen Führungskraft mit einem „geheimen" Anliegen (inklusive der typischen Schreibfehler einer von einem Mobilgerät versendeten E-Mail)

- eine Rückfrage bezüglich einer wichtigen Zahlung von einer (scheinbar) bekannten Bank inklusive stimmiger Referenz

Solche betrügerischen Attacken erfolgen nicht mehr im Massenversand – wie es bei früheren Phishing-Kampagnen noch der Fall war. Diese neue Betrugsform basiert auf ausgeklügeltem, aber technisch leicht durchführbarem Social Engineering. Dazu werden gezielt „echte" Daten aus dem sozialen Umfeld der angesprochenen Person aufbereitet, damit eine Situation vorgetäuscht werden kann, die im vermeintlich „richtigen" Kontext wahrgenommen wird. Je überzeugender die vorgetäuschte Situation, desto wahrscheinlicher handelt die kontaktierte Person im Sinne der Betrüger.

Zum Beispiel lassen sich Hierarchien und Organigramme aus veröffentlichten Jahresberichten entnehmen. Aus Posts in Social Media – zum Beispiel Fotos von Betriebsfeiern oder Urlaubsbilder – lassen sich auch inoffizielle Rangordnungen und Beziehungen ableiten. Zusätzlich können Pressemitteilungen oder die Social-Media-Aktivitäten von Familienmitgliedern Aufschluss über den aktuellen Aufenthaltsort einer Führungskraft geben. Daneben lädt das „digitale Zwitschern" von Twitter-Nutzern geradezu zum Ausspähen ein. Trotz Schulungs- und Sensibilisierungsmaßnahmen ist die Kombination aus frei verfügbaren persönlichen Informationen und dem im digitalen Zeitalter allgegenwärtigen Bedürfnis nach Schnelligkeit ein erfolgversprechender Ansatzpunkt für Betrüger.

Besonders gefährdet sind Unternehmen, in denen es akzeptiert wird, gelegentlich die reguläre Ablauforganisation zu vernachlässigen. Vorgesetzte, die ihren Mitarbeitern den Eindruck vermitteln, sie neigten zu „Geheimaktionen", stellen ebenfalls ein Sicherheitsrisiko dar. Ist die Belegschaft noch zusätzlich im „vorauseilenden Gehorsam" konditioniert, haben Betrüger ein leichtes Spiel. Diese Betrugsform benötigt zwar nur wenig Technologieeinsatz, aber systematische Vorbereitung. Damit wird das berechenbare Mitarbeiterverhalten zur Schwachstelle eines Unternehmens.

Eine Variante dieser Betrugsform ist Ende August 2018 bekannt geworden. Die Hackergruppe „Cobalt Group" hat dabei osteuropäische Banken angegriffen, indem sie eine E-Mail mit zwei Links an die Betroffenen verschickte. Entscheidend war wieder der vermeintlich vertrauenswürdige Kontext, der auf die individuelle Situation der in betrügerischer Absicht angesprochenen Personen zugeschnitten war. Mit dem E-Mail-Absender „backoffice@sepa-europe.info" wurde mittels Link auf ein Bilddokument verwiesen. Nachdem die Opfer diesen Link angeklickt hatten, wurde automatisch ein Programm geladen, gestartet und zusammen mit den Programmen aus einem zweiten Link kombiniert. Hierbei wurde umfangreiches technisches Hintergrundwissen zu potentiellen Sicherheitslücken eingesetzt. Solche Angriffe können aber nur dann gelingen, wenn in den attackierten Unternehmen gutgläubig und (vor-)schnell reagiert wird.

Mitte 2018 meldete das Internet Complaint Center (ICC) des US-amerikanischen FBI, dass zwischen Oktober 2013 und Mai 2018 der weltweite Schaden, der durch kompromittierte Unternehmens-E-Mails verursacht wurde, über 12,5 Milliarden US-Dollar betrug. Das Bundeskriminalamt und das Bundesamt für Sicherheit in der Informationstechnik warnen eindringlich vor CEO-Fraud.

Echtzeitbezahlverfahren begünstigen Betrug

Werden diese Betrugsmaschen nun mit Echtzeitbezahlverfahren – dem sogenannten Instant Payment – kombiniert, dann entstehen noch massivere Bedrohungsszenarien. Der 2018 veröffentlichte „Data Breach Investigations Report" von Verizon zeigt, dass durchschnittlich nur 16 Minuten vergehen, bis der erste Nutzer mit einem Klick auf eine frisch gestartete Phishing-Kampagne reagiert. Hingegen schlagen die ersten aufmerksamen Empfänger nach durchschnittlich 28 Minuten Alarm. In dieser Zeitspanne sind längst Zahlungen an die Konten der Betrüger angewiesen worden. Wurden dabei sogenannte Echtzeitzahlungen initiiert – wie zum Beispiel bei „SEPA Instant Payment" –, dann sind die überwiesenen Beträge dem Betrüger unwiderruflich gutgeschrieben und vermutlich schon längst weitergeleitet worden.

Das im November 2017 eingeführte Bezahlverfahren Instant Payment setzt seinen Nutzern ein deutliches Zeitlimit: Wurde der Überweisungsauftrag vom zuständigen Zahlungsdienstleister validiert, so kann dieser bereits zehn Sekunden danach nicht mehr widerrufen werden. Das SEPA Instant Payment ist zwar grundsätzlich auf 15.000 Euro begrenzt. Dennoch werden Aufträge über dieses Bezahlverfahren rund um die Uhr und an sieben Tagen in der Woche – Feiertage eingeschlossen – ausgeführt. Seit November 2018 ermöglicht das Eurosystem mit seinem neuen Service „TARGET Instant Payment Settlement" (TIPS), Echtzeitzahlungen in Zentralbankgeld abzuwickeln.

Selbst wenn es nur wenige Minuten dauert, einen Betrug zu erkennen, dann ist eine betrügerisch erschlichene Echtzeitzahlung bereits unwiderruflich „final" überwiesen. Das Geld ist in kürzester Zeit endgültig verschwunden. Die Verschleierungstaktiken von Betrügern werden durch das Echtzeitverfahren unter Umständen noch begünstigt. In diesem Fall bietet der Herausgabeanspruch aufgrund ungerechtfertigter Bereicherung gemäß § 812 des Bürgerlichen Gesetzbuchs (BGB) keine unmittelbare praktische Hilfe.

Das Instant Payment verdeutlicht die Ambivalenz moderner Entwicklungen: Kriminelle nutzen jede gegebene Möglichkeit, um sich Vorteile zu erschleichen. Wie die Erfahrungen aus Großbritannien mit dem dort seit einigen Jahren genutzten „Faster Payments Service" zeigen, warten Verbrecher nicht lange vor unverschlossenen Türen. Egal, um welche technischen Voraussetzungen es sich handelt: Wenn es Einfallstore gibt, dann werden diese früher oder später für Betrugsversuche genutzt. Dabei sind der Kreativität der Verbrecher keine Grenzen gesetzt. Um Geld zu stehlen, eignen sie sich das nötige Wissen und die entsprechenden Technologien an.

Selbst mit hohem technischen Aufwand geschützte Unternehmensnetzwerke lassen sich mit Spähsoftware infizieren. Einmal installiert, können damit sämtliche Aktionen der IT-Nutzer – einschließlich Benutzerkennungen, Passwörter und biometrische Zugangsdaten – ausspioniert und für spätere Angriffe verwendet werden. Hacker können zu diesem Zweck Screenshot-Programme oder sogar Videoüberwachung missbrauchen. Einem Bericht von Kaspersky Lab zufolge ging im Jahr 2014 eine Hackergruppe namens „Carbanak" nach diesem Muster vor. 2017 entwickelte eine Bande namens „Silence" diese Methode weiter. In beiden Fällen wurden Banken angegriffen, deren Sicherheitsstandards vermutlich nicht denen deutscher Banken entsprachen. Hierbei ist ein „Wettlauf zwischen Hase und Igel" zu beobachten. Das Vertrauen in technologischen Vorsprung ist zwar verführerisch. Jedoch kann blindes Vertrauen in Sicherheitstechnologie trügerisch sein.

Neue Player im Finanzmarkt und Platformication

Ein neues Gefahrenmoment entwickelt sich in Europa: Neue Player wie Fintechs – das sind technologische Anbieter mit spezifischen Funktionen – und große global agierende Technologieunternehmen – die sogenannten Bigtechs – etablieren sich in den Prozessketten des

Zahlungsverkehrs. Als traditionelle Anbieter von Zahlungsverkehrs-dienstleistungen werden Kreditinstitute von der Bundesanstalt für Finanzdienstleistungsaufsicht (BaFin) kontrolliert. Aufgrund jüngster Entwicklungen in der europäischen Gesetzgebung, wie beispielsweise im Fall der Payment Service Directive (PSD2), stehen nun auch einige der vergleichsweise jungen Fintechs unter der direkten Kontrolle der Aufsichtsbehörden. Allerdings haben die Aufsichtsbehörden bislang überwiegend keinen Einfluss auf Bigtechs.

Neben einem gewissen technologischen Rückstand einzelner Marktak-teure sind auch Verwerfungen in der Prozesslogik gefährlich, die mit asymmetrischem Technikverständnis einhergehen. Durch „digitale" Innovationen im Zahlungsverkehr lassen sich neue – wesentlich effi-zientere oder kundenfreundlichere – Abläufe entwickeln. Um die Vorteile der Digitalisierung in vollem Umfang zu nutzen, setzen die innovativen Unternehmen auf Ablauf- und Aufbauorganisationen, die sich deutlich von denen traditioneller Anbieter unterscheiden. Es entstehen veränderte Rollenverständnisse und neue Verantwortlichkeiten innerhalb der Organisationen sowie im Zusam-menspiel der Marktteilnehmer.

Das Vertrauen in tech-nologischen Vorsprung ist zwar verführerisch. Jedoch kann blindes Vertrauen in Sicherheitstechnologie trügerisch sein.

Davon profitiert die Plattformökono-mie. Hierbei arbeiten Unternehmen aus unterschiedlichen Branchen, aus verschiedenen Ländern und mit heterogenen Rechts- und Aufsichts-systemen zusammen. Im Zuge dieser sogenannten Platformication werden die Prozesse der Unternehmen eng miteinander und meist vollautomatisch über sogenannte Plattformen gekoppelt. Auf den Plattformen – von einfachen Vergleichsportalen bis zu industriellen Logistikdrehscheiben – tummeln sich Unternehmen mit stark unter-schiedlichen Sicherheitsstandards. Gelegentlich beinhalten die weit-gehend automatisierten Lieferketten sogar Privathaushalte.

Die Geschäftsmodelle dieser Plattformen sind konsequent auf Expan-sion ausgelegt. Im Gegensatz zu in der Vergangenheit eher starren und wenig veränderlichen unternehmensübergreifenden Wertschöp-fungsketten sind diese Plattformen prinzipiell nach außen hin „offen". Dadurch können ganz dynamisch neue Teilnehmer gewonnen wer-den. Zwischenbetriebliche Automation, die sich auf „geschlossene Clubs" mit einander bekannten Mitgliedern beschränkt, entwickelt sich zu dynamisch wachsenden Netzwerken weiter. Der Anteil der Teilnehmer, die einander kennen, sinkt damit drastisch. Trotzdem können auch potentiell unbekannte Teilnehmer untereinander weitgehend automatisiert Geschäfte abwickeln. Jedoch lässt sich die Zuverlässigkeit und Bonität dieser unbekannten Teilnehmer prinzipiell nicht mehr mit konventionellen Maßnahmen prüfen.

Selbst wenn die Plattformen höchstmögliche Sicherheitsstandards aufrechterhalten, indem sie die eingesetzten Technologien kontinuierlich weiterentwickeln, bieten allein die Vielfalt und Heterogenität der angeschlossenen Teilnehmer mögliche Einfallstore für Betrüger. In diesem Umfeld werden Unterschiede hinsichtlich der installierten Abwehrmaßnahmen auftreten.

Betrugsbekämpfung durch künstliche Intelligenz

Aus dem Zusammenspiel der oben dargestellten Faktoren ergibt sich eine günstige Situation für Kriminelle: Social Engineering ermöglicht Betrügern, Informationen über Personen und unternehmensinterne Prozesse zu gewinnen. Ein schneller, unbeabsichtigter Klick kann ein auf Schnelligkeit optimiertes Räderwerk zugunsten der Cyberkriminellen anstoßen. Werden dann noch die Bezahlvorgänge in Echtzeit abgewickelt, reduziert sich die mögliche Reaktionszeit vor unwiderruflicher Verschiebung der Geldvermögen auf Sekunden. Sind in den weitgehend automatisierten Abwicklungsprozess noch zusätzlich Dienstleister eingebunden, die unterschiedlicher oder nur unzulänglicher Aufsicht unterliegen, eröffnen sich ganz neue Dimensionen der Verschleierung.

Zur Beruhigung: In unserem Spiel sind Hasen und Igel beteiligt. Neuen Betrugsmöglichkeiten stehen moderne Betrugserkennungs- und Frühwarnverfahren entgegen. Diese basieren auf künstlicher Intelligenz beziehungsweise auf Machine Learning. Damit können Muster im Bezahlverhalten und ebenso Abweichungen von üblichen Mustern bei einem Betrugsversuch erkannt werden.

Maschinelle Betrugserkennung kann bereits mit einfachen deterministischen Regeln beginnen: Zahlungen können aufgrund der Betragshöhe, wiederkehrender Feldkombinationen im Auftragsdatensatz und der einfachen oder wiederholten Buchung gegen ansonsten anderweitig genutzte Konten auffallen. Ebenfalls können außerhalb von normalen Arbeitszeiten angewiesene Zahlungen als untypisch eingestuft werden. Allerdings sind solche Transaktionen eine Ausnahme, die von batch-orientierten Buchhaltungsprogrammen über Nacht für automatisierte Massenzahlläufe erstellt werden. Diese unternehmensspezifischen Transaktionen kann ein Programm zum Beispiel anhand spezieller Codierungen in Verwendungszweckfeldern erkennen.

Von Privatpersonen veranlasste Zahlungen unterliegen gewissen klaren Regelmäßigkeiten. Im Gegensatz dazu unterscheiden sich Unternehmen hinsichtlich ihres Zahlungsverhaltens weitaus stärker: Rein regelbasierte Systeme würden hier nicht wirklich trennscharf zwischen einem echten Betrugsversuch und einer durchaus gewollten, aber fälschlicherweise als Betrug eingestuften Transaktion („false positive") unterscheiden können.

Lassen die jeweiligen Unternehmen aber Computer, mittels großer Datensammlungen gesteuert, für sich „lernen", kann die Trennschärfe deutlich erhöht werden. Für den Einsatz solcher Methoden der Betrugserkennung ist es aber notwendig, dass die Informationen zu (potentiellen) Betrugsfällen schnell und systematisch für die Analyse gebündelt werden.

Der Einsatz solcher Verfahren auf Seiten des einzelnen Zahlungspflichtigen oder des Zahlungsempfängers kann die Gefahrenlage nur bedingt entschärfen. Ihr volles Wirkungspotential entfaltet die Mustererkennung, wenn sie an zentraler Stelle – zum Beispiel beim Betreiber der Zahlungsinfrastruktur oder bei den kontoführenden Instituten, die den Schutz der Vermögenswerte ihrer Kunden gewährleisten wollen – angesiedelt wird.

Technologie und Bewusstseinsbildung kombinieren

Machine Learning ist aber keineswegs ein Allheilmittel gegen Betrug, denn Technik ist im Allgemeinen nur ein Werkzeug, das bestimmten Rahmenbedingungen unterliegt und dessen Anwendung begrenzt ist. Bei der Nutzung moderner Verfahren zur Muster- und Betrugserkennung sind im Speziellen vier Aspekte zu beachten:

1. Bei all diesen Verfahren muss die Problematik der „false positive"-Ergebnisse berücksichtigt werden. Kein auf statistischen Analysen beruhendes System arbeitet so trennscharf, dass Fälle ausgeschlossen werden können, in denen eine irrtümlich als „falsch" (hier

betrügerisch) identifizierte Transaktion, also eine in Wirklichkeit korrekte Transaktion, gestoppt wird. Solche fälschlicherweise als betrügerisch eingestuften Transaktionen können unter Umständen hohe Schäden anrichten. Beispielsweise könnten dringend benötigte Lieferungen angehalten werden, weil Zahlungen nicht rechtzeitig eintreffen. In hochgradig integrierten Logistiksystemen können daraus gegebenenfalls Folgeschäden entstehen, die höher sind als der Zahlungsbetrag. An verspäteten Zahlungen sind schon Kundenbeziehungen zerbrochen. Deshalb sollten die Folgen einer angehaltenen Zahlung gegenüber potentiellen Betrugsschäden und möglicher Kulanz abgewogen werden.

2. Für eine Mustererkennung ist der Wert eines einzelnen Datensatzes eher gering. Es zählt die aggregierte Sammlung von Transaktionen, die über einen längeren Zeitraum stattfanden, und aller darin – sozusagen „unsichtbar" – enthaltenen Zusammenhänge. Insofern könnten bereits beachtliche Schäden entstanden sein, bevor die Maschine die schädlichen Muster erkannt hat.

3. Die Qualität der Betrugserkennung hängt unter Umständen weniger von den eingesetzten Algorithmen zur Mustererkennung ab, als vielmehr von den verfügbaren Datensammlungen. Deshalb müssen die zum „Lernen" genutzten Trainingsdaten mit Sorgfalt und viel Fachwissen ausgewählt werden. Die Trainingsmethode und Kompetenz der „Maschinentrainer" sind äußerst entscheidend für die Qualität der „detektivischen Software". Ohne die Expertise der „Maschinentrainer" bleibt die Leistung der Betrugserkennungssoftware schwach.

4. Ein Betrüger könnte zumindest theoretisch die Datensammlungen selbst angreifen. Dabei könnten sie so manipuliert werden, dass spezielle Muster vorgetäuscht werden. Der Einsatz von künstlicher Intelligenz würde in einem solchen Fall neue Betrugsmöglichkeiten für Kriminelle eröffnen. Die Daten zu manipulieren, mag zwar kompliziert klingen, ist aber – zum Beispiel aufgrund beeinflussbarer interner Mitarbeiter – prinzipiell nicht auszuschließen.

Ohne konsequentes, zuverlässiges Handeln der Menschen werden Betrüger Mittel und Wege finden, technische Sicherheitsvorkehrungen zu umgehen. Obwohl sich die technischen Möglichkeiten der Betrugsbekämpfung kontinuierlich weiterentwickeln, müssen Zahlungsverkehrsnutzer weiterhin methodisch und moralisch weitergebildet werden. Arbeitsabläufe mit Gefahrenpotential – dazu zählen auch Zahlungsprozesse – sind so zu gestalten, dass Stresssituationen möglichst reduziert werden. Auch auf Unternehmensseite müssen Mitarbeiter mit verbesserten Maßnahmen zum Thema Zahlungsverkehr geschult werden. Alle Technik wird nicht das typische Verhalten von Nutzern und Mitarbeitern ändern und die damit verbundenen Ansatzpunkte für Betrüger beseitigen können. Technische Möglichkeiten zu nutzen ist letztlich ein Pflichtprogramm, das aber durch die Kür, Menschen kontinuierlich zu sensibilisieren, vervollständigt werden muss.

ALLE SIND GEFORDERT

Karl-Heinz Streibich

ist Präsident und Vorsitzender des Senats von acatech – Deutsche Akademie der Technikwissenschaften e.V.

Vertrauen und ethisches Handeln in der digitalen Welt

Innovative, neue Technologien und Geschäftsmodelle haben nur dann eine Chance auf erfolgreiche Anwendung, wenn sie gesellschaftlich akzeptiert werden. Eine zentrale Voraussetzung für Akzeptanz ist Vertrauen, das auf der Basis von verantwortlichem Handeln und der sichtbaren Anwendung ethischer Prinzipien entsteht.

Die absehbare Digitalisierung nahezu aller Lebensbereiche wird den Alltag der Menschen wie kaum eine andere technologische Entwicklung zuvor verändern. Das Ziel der Digitalisierung ist, die reale Welt datenbasiert abzubilden, um aus diesen Daten automatisiert Erkenntnisse ziehen zu können. Alle realen Lebens- und Arbeitsbereiche – Industrie, Handel, Logistik, Mobilität, Ernährung, Gesundheit und nicht zuletzt das Privatleben aller Menschen – werden einen digitalen Zwilling haben. Daneben verändert das exponentielle Wachstum der Plattformökonomie die Beziehung zwischen Anbietern und Kunden grundlegend: Plattformen, die beide Seiten voneinander abkoppeln, drängen sich zwischen die Akteure. Somit funktioniert die Beziehung zwischen beiden Parteien nur noch über den Plattformanbieter. Dadurch geht der Direktkontakt verloren.

Der technische Fortschritt durch Digitalisierung basiert – neben der Verbesserung bei Speicher- und Rechentechnologien – vor allem auf

Alle sind gefordert

Softwaretechnologien und der Echtzeitanalyse von Massendaten. Entwicklungssprünge bei der Datenerfassung (Sensorik), bei der Datenauswertung (Big Data) und bei der Interpretation von Daten (künstliche Intelligenz) schaffen in stetig zunehmender Geschwindigkeit neue Handlungsoptionen und Anwendungsfelder für neue Geschäftsmodelle. Dadurch ist die Digitalisierung praktisch in allen Branchen – zum Beispiel in der Biotechnologie, in der Medizin oder in der Mobilitätsbranche – ein Innovationstreiber.

Digitalisierung und Ethik

Mit jeder neuen Anwendungsmöglichkeit, die durch neue Technologien geschaffen wird, entstehen auch neue Fragestellungen: Diese sind ökonomischer, rechtlicher, sozialer, politischer und ethischer Art. Denn Digitalisierung schafft neue Kommunikations- und Interaktionsmuster und löst damit gesellschaftliche Veränderungsprozesse aus. Darin wird der Mensch zugleich zum Nutzer, Konsumenten und Autor – wie zum Beispiel in sozialen Netzwerken. Diese Veränderungen gehen mit dem Wandel und der Entstehung neuer Werte und Normen einher. Schließlich verändert die Entstehung digitaler Zwillinge, als digitales Abbild von Menschen, die Wahrnehmung von Privatheit.

Die Digitalisierung fordert die Gesellschaft in den Kernbereichen ihrer sozialen Verfasstheit und somit an der Wurzel ethischer Fragestellungen heraus.

Neue digitale Technologien haben das Potential, das Leben zu verbessern und individueller zu gestalten: Automatisiertes Fahren ist vor allem unfall- und staufreieres, sowie umweltschonenderes Fahren. Die Smart City ist eine Stadt mit mehr Lebensqualität und einem geringeren Energieverbrauch. In der Medizin angewendete künstliche Intelligenz (KI) bedeutet bessere Heilungschancen und die Möglichkeit, Krankheiten zu vermeiden und Therapien zu verbessern. All diese Innovationen basieren auf Daten und ihrer Nutzung durch Algorithmen. Deshalb ist es notwendig, dass Maschinen und Menschen die entsprechenden Daten erkennen, bereitstellen und ihre Auswertung zulassen. Allein dadurch können lernende Systeme entstehen.

Für den einzelnen Menschen und die Gesellschaft bedeutet das: Sie müssen entscheiden, wie viele und vor allem welche Daten sie wem zu welchem Zweck zugänglich machen möchten. Für die Anbieter von Diensten und Waren bedeutet das wiederum: Sie müssen mit guten Argumenten dafür werben, Zugang zu Daten zu erhalten. Zusätzlich müssen sie gewährleisten, dass die Daten sicher erhoben und vertrauensvoll verarbeitet werden.

Der Vorsitzende des Deutschen Ethikrats, Peter Dabrock, hat darauf hingewiesen, dass die Empfehlung, mit Daten im Internet sparsam umzugehen, von vorgestern sei. Es sei viel wichtiger, den Bürgern durch Treuhänder und Schnittstellen die Souveränität über ihre Daten zu gewährleisten. Statt sich auf den Datenschutz zu fokussieren, sei es deshalb wesentlich essentieller, die Datensouveränität zu fördern.

Die Digitalisierung fordert die Gesellschaft in den Kernbereichen ihrer sozialen Verfasstheit und somit an der Wurzel ethischer Fragestellungen heraus: Dabei geht es um Anonymität, Privatheit, Sicherheit, Vertrauen und Selbstbestimmtheit. Umso wichtiger ist es, dass sich der Einzelne sowie die Gesellschaft aktiv mit den Herausforderungen auseinandersetzen, die sich in der digitalen Welt sowohl an unser Wertesystem als auch an ethische Prinzipien richten.

Verantwortung, Vertrauen und Akzeptanz

Innovationen und neue Technologien können nur dann gedeihen, wenn sie nicht im Widerspruch zu individuellen und gesellschaftlichen Werten stehen. Deshalb bilden Vertrauen und Akzeptanz die gesellschaftliche Basis für technische und soziale Innovation sowie für Fortschritt. Die meisten ethischen Fragen rund um den Themenkomplex Digitalisierung befassen sich mit Werten, Verantwortung und Vertrauen. Damit Vertrauen entstehen kann, muss verantwortlich gehandelt werden, und ethische Prinzipien müssen sichtbar angewendet werden.

Technologien, Dienste und Infrastrukturen werden nur dann akzeptiert, wenn die betroffenen Menschen die Sinnhaftigkeit einer Neuerung oder Änderung verstehen können – also ein signifikanter Mehrwert für sie erkennbar ist. Eine Veränderung nur um der Veränderung willen stößt in den meisten Fällen auf Ablehnung – sogar bevor deren eigentlicher Nutzen verstanden wird. Neue Technologien zu implementieren, ist zumeist mit Kosten, Zeitaufwand und der Veränderung von Gewohnheiten verbunden. Deshalb muss dieser

Aufwand durch einen klar benennbaren Mehrwert kompensiert werden.

Für neue Technologien und ihre Anwendung ist daher eine positive Nutzen-Risiko-Bilanz notwendig. Um entsprechenden Nutzen und die Risiken abwägen zu können, müssen diese aber transparent sein. Wer beispielsweise seine Daten bereitstellt, setzt sich damit auch dem Risiko aus, dass seine Privatsphäre im Falle einer Panne, eines Missbrauchs oder Betrugs verletzt wird. Die betroffene Person muss also einen Nutzen erkennen, der dieses Risiko aufwiegt: mehr Chancen, mehr Teilhabe, Kostenvorteile, Zeitersparnis oder Ähnliches. In Bezug auf die Einzelperson ist eine positive Nutzen-Risiko-Bilanz aber keine zwingende Voraussetzung. Trotz persönlicher Risiken kann auch ein klar erkennbarer Nutzen für andere, wertgeschätzte Personen oder Gruppen die Zustimmung des Einzelnen fördern.

Eine weitere Grundvoraussetzung für die Akzeptanz von Technologien ist, dass sie einen Beitrag zur Verbesserung der Selbstbestimmtheit der Betroffenen leisten. Eine Technologie, die ihr zugrundeliegende Infrastruktur oder das mit ihr verbundene Geschäftsmodell muss den Handlungsspielraum des Einzelnen vergrößern, zu mehr Selbstbestimmung führen und neue Handlungsoptionen eröffnen. Technologien, die das nicht leisten können oder sogar die Handlungsoptionen und den Handlungsspielraum von Nutzern einschränken, werden nicht akzeptiert werden.

Der Aufruf zur Datensparsamkeit ist von vorgestern. Wichtig ist, Nutzern die Souveränität über ihre Daten zu gewährleisten.

Ein letzter zentraler Akzeptanzfaktor ist das Maß emotionaler Identifikation, das mit einer Technologie, ihrer Anwendung und ihrem Alltagsnutzen oder mit dem Anbieter und Nutzerkreis verbunden ist. Ohne ein überzeugendes Narrativ können sich Technologien, die in neuen Anwendungsbereichen eingesetzt werden, heute immer schwerer durchsetzen. Nur wenn die skizzierten Voraussetzungen – Sinnhaftigkeit und Nutzen, Nutzen-Risiko-Bilanz, gesteigerte Souveränität und emotionale Identifikation – erfüllt sind, haben neue Technologien und Dienste eine Chance, von einer relevanten Zahl potentieller Anwender genutzt zu werden.

Vertrauen entsteht durch ethisches Handeln und die Gewissheit, dass es allgemein akzeptierte Normen und Regeln im Umgang miteinander gibt, die nicht in jedem Einzelfall neu verhandelt werden müssen. Dazu braucht es einen rechtlichen Rahmen, der definiert, was zulässig ist und was nicht. In einer digitalen Gesellschaft kann ein solcher Rahmen jedoch nur gesetzliche und rechtliche Leitplanken festlegen, die technologie- und produktübergreifend wirken. Denn der technologische Fortschritt und die Innovationsgeschwindigkeit nehmen im digitalen Zeitalter rapide zu. Eine Gesetzgebung, die technologische Entwicklungen unmittelbar rechtlich nachvollziehen will, würde Technologiesprüngen kontinuierlich hinterherhinken. Jeder Versuch, mit raschen gesetzlichen Nivellierungen und Neuregelungen auf neue Technologien und Geschäftsmodelle zu reagieren, würde nicht zu Rechtssicherheit, sondern im Gegenteil zu Rechtsunsicherheit, mangelnder Planungssicherheit, fehlender Verlässlichkeit und dadurch letztendlich zu Vertrauensverlust führen.

Umso bedeutender ist es deshalb, dass in der digitalen Gesellschaft alle Akteure vertrauensvoll und verantwortungsbewusst miteinander umgehen. Dies gilt gleichermaßen für Kundenbeziehungen im B2B- wie im B2C-Bereich, für Intermediäre, für Datentreuhänder, für Anbieter von Plattformen, für Nutzer von Daten und Nutzer von sozialen Netzwerken. Dabei beinhaltet vertrauensvolles und verantwortungsbewusstes Handeln mehr, als nur Recht und Gesetz einzuhalten: Verantwortliches, also ethisches Handeln ist nicht mit der Handlung abgeschlossen. Es fragt nicht nur nach unmittelbaren, sondern auch nach mittelbaren Auswirkungen des Handelns. Verantwortliches Handeln antizipiert die Bedürfnisse aller Beteiligten und berücksichtigt Unbehagen oder Kritik, indem sich der Handelnde damit transparent auseinandersetzt.

Darüber hinaus kann verantwortungsbewusstes Handeln unmittelbaren Mehraufwand verursachen. Es trägt aber mittelbar dazu bei, dass Innovations- und Wertschöpfungspotential freigesetzt werden. Dort, wo Vertrauen, Vertrauensräume und Vertrauensnetzwerke entstehen, öffnen sich Räume für freieres Handeln, Kreativität und Experimentiermöglichkeiten. Erst wenn eine Vertrauenskultur entstanden ist, können sich digitale Technologien in der Gesellschaft nutzen- und mehrwertstiftend entfalten.

Fallbeispiel: künstliche Intelligenz (KI)

Die im Rahmen der Datenerfassung und -auswertung erfolgten technologischen Fortschritte sind die Grundlage für KI. Das Veränderungspotential dieser Technologie ist hoch. Mittelfristig wird sie in alle Lebensbereiche vordringen. Vor allem in der Arbeitswelt werden die durch KI angestoßenen Veränderungen groß sein: Mittels KI lassen sich Prozesse in bestimmten Arbeitsbereichen – zum Beispiel in vielen Sachbearbeitungsfunktionen – automatisieren. Somit wird KI in absehbarer Zeit die Arbeit von Menschen ergänzen, die dann entsprechend ihrer überlegenen Fähigkeiten höherwertige Aufgaben übernehmen können. Dementsprechend erfordert dieser technologische Wandel, dass heutige Arbeitnehmer in Aufgaben qualifiziert werden müssen, die neue Systeme ergänzen.

Umso bedeutender ist es deshalb, dass in der digitalen Gesellschaft alle Akteure vertrauensvoll und verantwortungsbewusst miteinander umgehen.

Diese Veränderungsprozesse lösen bei vielen Menschen verschiedene und tiefgehende Sorgen sowie Ängste aus. Umso bedeutender ist es, mit Beschäftigten transparent, vorausschauend und verantwortungsbewusst umzugehen. Sie sollten gefördert und dazu motiviert werden, sich weiterzubilden. Wirtschaft, Wissenschaft, Politik und Zivilgesellschaft müssen den jeweiligen Nutzen lernender Systeme für Beschäftigte, für Unternehmen und für die Gesellschaft erläutern. Es muss nachvollziehbar sein, welche bisherigen Tätigkeiten sich verändern oder wegfallen werden, welche neuen Tätigkeiten durch KI entstehen, welche Qualifikationen dafür notwendig sind und wie Beschäftigte sowie Unternehmen sich diese aneignen können. Nur auf diese Weise können die Transformation zur digitalen Arbeitswelt nach ethischen Prinzipen gestaltet und der Fortschritt insgesamt ermöglicht werden.

KI wirft noch viele weitere ethische Fragen auf: Wer bringt den Systemen bei, wie sie in schwierigen Situationen abwägen und entscheiden sollen? Auf welchen kulturellen und ethischen Grundlagen werden diese Algorithmen programmiert? Genauso ist die Frage nicht hinreichend geklärt, wer die juristische Haftung für die Entscheidungen solcher Systeme übernimmt.

Viele menschliche Entscheidungen basieren nicht nur auf Wissen und Erfahrungswerten – also Faktoren, die Maschinen lernen können –, sondern auch auf Bauchgefühl, Empathie und Vernunft. Diese Fähigkeiten haben Maschinen nicht. Deshalb muss festgelegt werden, in welchen Situationen maschinelle Entscheidungen durch Menschen freigegeben werden müssen. Wie können wir beim Einsatz intelligenter Maschinen gleichzeitig menschliche Autonomie und Grundrechte wahren, Chancengleichheit sichern und Diskriminierung vermeiden? Herausforderungen wie diese können nur dann vertrauensstiftend beantwortet werden, wenn die Gesellschaft dabei mitwirkt, lernende Systeme zu implementieren.

KI ist noch eine neue Technologie und stellt deshalb auch eine Herausforderung für viele Themenbereiche dar. Es lohnt sich aber, sich damit auseinanderzusetzen. Denn KI kann signifikant dazu beitragen, dass viele Probleme der Menschheit in Zukunft vermieden und bekämpft werden können. Das betrifft alle Bereiche des heutigen Lebens, den Umweltschutz, die Mobilität, die Gesundheit, die Sicherheit, den sozialen Zusammenhalt durch bessere realistischere Information und vieles mehr. Damit werden wir Gefahren vorhersehen können, die uns heute noch „über Nacht" überraschen: egal, ob Wirtschaftskrisen, Naturkatastrophen, Epidemien oder Unfälle jeglicher Art. Mit Hilfe von KI werden wir diese Gefahren auch besser relativieren können und nicht nur auf Negativberichterstattungen reagieren müssen.

Auch technische Infrastrukturen wie die Blockchain-Technologie, die sich langfristig mit KI ideal ergänzen werden, beinhalten ethische Fragestellungen. In der Blockchain können Informationen und Transaktionen zuverlässig, dauerhaft und fälschungssicher gespeichert werden. Dafür ist kein vertrauenswürdiger Intermediär – wie eine Behörde, ein Notar oder eine Bank – mehr nötig. Damit kann die Blockchain einen herausragenden Beitrag zur Sicherheit im digitalen Raum leisten. Wenn aber eine Blockchain zum Beispiel einen hoheitlichen Intermediär überflüssig macht, bedeutet das, dass eine nach rechtsstaatlichen Grundsätzen demokratisch legitimierte Kontrollinstanz wegfällt?

Diese Beispiele zeigen, dass sich das Verhältnis von Mensch und Maschine durch KI grundlegend ändert. Es muss aber in allen Einsatzgebieten im Sinne des Menschen gestaltet werden. Nur auf diese Weise können Vertrauen und Akzeptanz für wegweisende Technologien wie KI entstehen.

Auf dem Weg zum Vertrauen

Ethisches Handeln in der digitalen Welt ist von Verantwortung geprägt, nimmt Fragen, Kritik sowie Unbehagen ernst und stiftet Vertrauen. Daneben ist Technikmündigkeit die zentrale Voraussetzung, um mit neuen Technologien aufgeklärt umgehen zu können. Sie kann nur durch lebenslange Bildung, transparente Information durch die Technologieanbieter, offene gesellschaftliche Dialoge über neue Technologien und durch einen transparenten rechtlichen Rahmen erreicht werden.

Erst wenn eine Vertrauenskultur entstanden ist, können sich digitale Technologien in der Gesellschaft nutzen- und mehrwertstiftend entfalten.

Bei personenbezogenen Daten ist die Datensouveränität der Bürger von höchster Bedeutung. Deshalb sollten neue Technologien und Geschäftsmodelle dem Grundsatz „Privacy by Design" folgen, da nachträgliche Korrekturen eines Systems bereits verlorenes Vertrauen nicht wiederherstellen können.

„Privacy by Design" ist auch im politischen Raum ein dringendes Gebot. Initiativen wie der Rat für Digitalethik der Hessischen Landesregierung oder die Datenethikkommission der Bundesregierung sind daher ein richtiger Weg. Sie begleiten technologische Entwicklungen bereits in frühen Stadien und unterstützen damit Innovationsprozesse.

Dialogplattformen wie die Plattform „Lernende Systeme" des Bundesministeriums für Bildung und Forschung und die „Nationale Plattform Zukunft der Mobilität" beim Bundesministerium für Verkehr und digitale Infrastruktur ermöglichen einen frühzeitigen Dialog zwischen Wissenschaft, Wirtschaft, Politik und Zivilgesellschaft. Sie tragen dazu bei, den gesellschaftlichen und individuellen Nutzen von Technologien zu erklären. Das ist wichtig, damit Vertrauen entstehen kann.

Dr. Ibrahim Karasu

ist Geschäftsführer Retail Banking und
Banktechnologie beim Bundesverband deutscher
Banken e.V.

Kriminelle Transaktionen verhindern

Bargeldloses Bezahlen gehört seit langem nicht nur bei Transaktionen in der Wirtschaft zum Standard. Auch bei Verbrauchern erfreuen sich die Giro- oder Kreditkarte sowie zunehmend mobile Zahlungsmethoden und Online-Banking großer Beliebtheit. Cyberkriminelle nutzen das digitale Bezahlverhalten von Unternehmen und Verbrauchern für ihre betrügerischen Absichten aus. Jedoch kann ein bewusster Umgang mit elektronischen Transaktionen potentielle Angriffe vereiteln und finanziellen Schaden reduzieren.

Kriminelle Transaktionen finden häufig über sehr komplexe Geldströme statt. Damit wollen die Täter die Herkunft des Geldes und den entsprechenden Verwendungszweck verschleiern. Die voranschreitende Digitalisierung bietet nicht nur einen Nährboden für neue Betrugsformen. Um den Betrügern hierbei möglichst frühzeitig das Handwerk zu legen, werden bereits heute neue Technologien eingesetzt. Dank intelligenter Datenanalyse durch künstliche Intelligenz können Unstimmigkeiten im Zahlungsprozess schon in einem frühen Stadium erkannt werden. Selbstlernende Algorithmen erleichtern es, ungewöhnliche Transaktionen und kriminelle Absichten zu identifizieren. Finanzdienstleister können mittels kooperativer Lösungen

Alle sind gefordert

auf Basis gemeinsamer Datenbestände die Genauigkeit, Geschwindigkeit, Leistungsfähigkeit und damit auch die Sicherheit im Finanzsystem weiter verbessern.

Damit ganzheitliche Betrugsbekämpfung stattfinden kann, müssen nicht nur technologische Lösungen implementiert, sondern auch Menschen für potentielle Risiken bei elektronischen Transaktionen sensibilisiert werden. Dabei gibt es Betrugsszenarien, die Menschen vor allem in ihrem Berufsalltag begegnen. Andere Betrugsformen betreffen aber auch Privatpersonen, die sich nicht selten aufgrund unzureichenden Wissens ungewollt zu Mittätern machen.

Unternehmen als Ziel von Online-Betrügern

Cyberkriminelle haben zunehmend Unternehmen im Visier. Dabei werden Firmen oftmals in einem ersten Schritt über das Internet ausspioniert. Für Betrüger sind dabei die jeweiligen Webseiten ihrer Opfer, öffentliche Register, aber auch die von den Mitarbeitern beruflich oder privat genutzten sozialen Netzwerke interessant. Die darin recherchierten Informationen bilden im Anschluss die Grundlage für den Betrug. Dabei stehen zunehmend Mitarbeiter im Fokus der Betrüger. Durch sogenanntes Social Engineering werden Angestellte geschickt manipuliert. Das Ziel dieser besonderen Einflussnahme ist, dass die arglosen Opfer vertrauliche Daten des Unternehmens preisgeben oder Zahlungen an fremde Konten anweisen.

Durch Social Engineering vorbereitete Betrugsfälle sind oftmals nur schwer zu erkennen. Die Strategien der Angreifer sind zwar vielfältig, üblicherweise nutzen die Täter dabei aber grundlegende Faktoren menschlichen Sozialverhaltens aus: Hilfsbereitschaft, Vertrauen, Angst und Respekt vor Autoritäten. Dabei werden Mitarbeiter durch Telefonanrufe oder per E-Mail manipuliert, so dass sie gutgläubig handeln und dennoch das eigene Unternehmen unbewusst schädigen.

CEO-Fraud

Zahlreiche Unternehmen sind in jüngerer Vergangenheit insbesondere durch CEO-Fraud geschädigt worden. In manchen Fällen kommt es sogar vor, dass sich ein vermeintlich vom CEO beauftragter Berater oder Rechtsanwalt beim getäuschten Mitarbeiter meldet. Oftmals wird der Anschein der Glaubwürdigkeit dieser Aufträge durch gefälschte Dokumente, wie beispielsweise Rechnungen oder notariell beglaubigte Urkunden, bekräftigt.

Ziel ist es, eine angeblich dringliche Zahlung in erheblicher Höhe zu veranlassen. Der Geldbetrag soll dabei auf ein Bankkonto transferiert werden, das sich häufig im Ausland befindet. Da ein CEO-Fraud von einem betroffenen Unternehmen häufig erst sehr spät erkannt wird, kann die entsprechende Betrugsmasche die Opfer unter Umständen sogar mehrfach treffen.

Mandate-Fraud

Eine andere Betrugsform, mit der Unternehmen konfrontiert werden können, ist der sogenannte Mandate-Fraud. Dabei ändern die Betrüger die Kontodaten von Lieferanten, Kunden oder Mitarbeitern des geschädigten Unternehmens, die in Verbindung mit Lastschrift- oder Daueraufträgen stehen. Ziel des Täters ist es, Zahlungen auf die geänderte betrügerische Bankverbindung umzuleiten. Das kann mit Hilfe einer einfachen E-Mail erfolgen, in der die neue Bankverbindung vermeintlich im Namen eines Geschäftspartners des Unternehmens mitgeteilt wird. Es sind aber auch Fälle bekannt, in denen per Brief auf geänderte Kontodaten hingewiesen wurde.

Ein CEO-Fraud wird von Unternehmen häufig erst sehr spät erkannt und kann sie unter Umständen sogar mehrfach treffen.

Im Immobiliengewerbe kommt es bisweilen vor, dass fingierte Aushänge in Mietshäusern auf einen vermeintlichen Eigentümerwechsel hinweisen und die Mieter dazu veranlassen, den Dauerauftrag zur Mietzahlung bei ihrer Bank zu ändern. Eine besonders perfide Art, eine neue Bankverbindung einzuschleusen, liegt vor, wenn sich Cyberkriminelle in eine bestehende E-Mail-Kommunikation hacken. Der Betrug wird in der Regel erst dann erkannt, wenn der rechtmäßige Zahlungsempfänger auf den fehlenden Geldeingang hinweist.

Gefälschte Rechnungen

Häufig erhalten Unternehmen auch gefälschte Rechnungen über erfundene Leistungen. Um keinen Verdacht zu erwecken, orientieren sich die Täter dabei am Inhalt von Rechnungen, die das betroffene Unternehmen durchaus in ähnlicher Form erhalten könnte. Dafür kopieren die Betrüger teilweise das Layout von Briefbögen realer Geschäftspartner des betrogenen Unternehmens. Zusätzlich tauschen sie die Bankverbindung gegen ihre eigene aus.

In einem solchen Fall werden unternehmensinterne Kontrollmechanismen beispielsweise dadurch ausgeschaltet, dass die gefälschte Rechnung als Anhang in einer E-Mail des vermeintlichen Chefs getarnt wird. Der Betrüger bittet dann in dessen Namen um dringende Erledigung und fordert dazu keine Rückmeldung. Um solchem Betrug vorzubeugen, sollte der betreffende Mitarbeiter deshalb immer vor Zahlungsanweisung Rücksprache mit der jeweiligen Fachabteilung halten.

Betrug durch Überzahlung

Bei dieser Betrugsmethode erhält ein Unternehmen einen nicht zuzuordnenden Geldeingang. Infolgedessen meldet sich der Betrüger und gibt sich als vermeintlich neuer Geschäftspartner aus. Er stellt den Geldeingang als Überzahlung aufgrund eines Fehlers in seiner Buchhaltung dar und fordert deshalb Teile des Geldbetrags zurück. Die Überzahlung erfolgt in der Regel direkt per Scheck an die Bank. Zahlt das betrogene Unternehmen bereitwillig den überschüssigen Betrag zurück, platzt kurze Zeit später der Scheck. Es sind auch andere Szenarien bekannt, in denen ein Unternehmen betrügerische Zahlungswege oder Kontonummern genannt bekommt, um die vermeintliche Fehlbuchung zu korrigieren.

Betrug mit Fernwartungssoftware

In der Finanzbranche wird häufig auf den Service externer IT-Dienstleister zurückgegriffen. Diesen Umstand machen sich Kriminelle zunutze: Sie geben sich als die Bank-IT betreuende Spezialisten aus. Dabei behaupten sie, dass ein Update der Banking-Software anstünde, für das alle Zeichnungsberechtigten zur Verfügung stehen müssten. In anschließenden mutmaßlichen Support-Anrufen folgen die Zeichnungsberechtigten des Unternehmens den Anweisungen des Betrügers: Sie benutzen beispielsweise Autorisierungsmedien, geben PINs ein oder gewähren dem angeblichen Support-Mitarbeiter Fernzugriff auf einen Unternehmensrechner.

In Verbindung mit dem vorgetäuschten Update der Banking-Software wird zusätzlich angekündigt, dass die Online-Banking-Plattform des Kreditinstituts für die Folgetage zunächst nicht erreichbar sein werde. In der Zwischenzeit ändert der Betrüger die Zugangsdaten von Bankkunden und stiehlt ihr Erspartes. In manchen Fällen werden auch Kontoauszüge der Kunden heruntergeladen, um diese dann verfälscht an die entsprechende Person zu verschicken. Dadurch wird verhindert, dass die Manipulation der Konten zeitnah aufgedeckt werden kann.

Schutz ist möglich

Unternehmen und ihre Mitarbeiter sind den Maschen der Betrüger jedoch nicht schutzlos ausgeliefert. Mit ein paar praktischen Handlungsempfehlungen für den Arbeitsalltag lassen sich Betrugsabsichten rechtzeitig erkennen und finanzieller Schaden abwenden:

Risikobehaftete Prozesse prüfen. An welcher Stelle im Unternehmen könnte ein Ansatzpunkt für die genannten Betrugsformen existieren? Nicht nur die Zahlungseingabe und -freigabe sind sicherheitskritisch. Auch die Änderung von Stammdaten, wie Kontoverbindungen und Versandadressen, sollte über gezielte Kontrollen abgesichert sein.

In der Finanzbranche geben sich Kriminelle häufig als externe, die Bank-IT betreuende Spezialisten aus.

Offene Unternehmenskultur. Bei ungewöhnlichen, verdächtigen Geschäftsvorgängen sollten Rückfragen immer bis in die Führungsebene möglich sein: Sich beispielsweise telefonisch bei einem Ansprechpartner oder Vorgesetzten im Unternehmen rückversichern zu können, kann Betrug verhindern.

Bewusster Umgang mit Social Media. Unternehmen sollten ihre Mitarbeiter dafür sensibilisieren, dass sie ihren Umgang mit persönlichen Daten, die sie in sozialen Netzwerken und im Internet preisgeben, eingehend überprüfen. Im Allgemeinen muss jeder aktive Internetnutzer für sich klären, inwieweit die frei verfügbaren Daten zu seiner Person im Extremfall auch gegen ihn selbst verwendet werden könnten – zum Beispiel im Kontext von Social Engineering. Darüber hinaus sollten über soziale Netzwerke gestellte Kontaktanfragen von Unbekannten nicht leichtfertig akzeptiert werden.

Alle sind gefordert

Vorsicht beim Öffnen von E-Mails unbekannter Absender. Der vorsichtige Umgang mit E-Mails unbekannter Absender ist entscheidend für die IT-Sicherheit eines Unternehmens. Selbst wenn der vermeintliche Absender der E-Mail seriös wirkt, sollte die E-Mail-Adresse überprüft werden. Passt die verwendete E-Mail-Adresse zum Absender, kann die E-Mail geöffnet werden. Falls das nicht zutrifft, sollte sie gelöscht werden. Im Allgemeinen sollte der Inhalt jeder E-Mail darauf geprüft werden, ob er glaubwürdig beziehungsweise plausibel erscheint. Dies gilt auch für alle Links und angehängten Bilddateien. Passen die Links nicht zum Absender, muss die E-Mail an den zuständigen IT-Support weitergeleitet und nachträglich gelöscht werden.

IT-Sicherheit gewährleisten. Damit die Abwehr von Cyberangriffen möglich ist, müssen Unternehmen ihre IT-Systeme adäquat absichern. Dafür sollten Firewalls, Antivirensoftware und auch stetig Updates implementiert werden. Ebenfalls sollten Passwörter regelmäßig geändert werden – das gilt für alle mit dem Internet verbundenen Systeme. Software, die Unternehmen und ihren Mitarbeitern von Dritten aufgedrängt wird, sollte nicht installiert werden.

Nutzerrechte und sichere Autorisierungsprozesse. Nutzerrechte für die Unternehmens-IT sollten nur in dem Umfang vergeben werden, soweit sie von den Anwendern benötigt werden, um ihre Aufgaben zu erledigen. Übermäßig viele Nutzerrechte stellen ein erhöhtes Risiko dar. Bei der Vergabe von Autorisierungsrechten sollte das Vier-Augen-Prinzip als Minimalstandard gelten. Gegebenenfalls kann bei Transaktionen von hohen Geldbeträgen auch das Sechs-Augen-Prinzip angewendet werden. Dagegen sollten keine Einzelvollmachten vergeben werden.

Schulungen durchführen. Damit Mitarbeiter für Betrug in ihrem Arbeitsalltag sensibilisiert werden können, bietet es sich an, regelmäßig entsprechende Schulungen durchzuführen. Darin können diverse Betrugsszenarien anhand von Beispielen erläutert werden. Zusätzlich sollte vermittelt werden, wie sich Mitarbeiter verhalten sollen, falls ihnen etwas Verdächtiges auffällt.

Verhalten im Ernstfall

Was ist zu tun, falls Betrüger mit ihrer Strategie erfolgreich sind? In jedem Fall sollte das geschädigte Unternehmen umgehend seine Bank kontaktieren – insbesondere wenn die Transaktion noch „frisch" ist.

Denn Zahlungen können nur dann garantiert rückgängig gemacht werden, wenn der Geldbetrag dem Empfängerkonto noch nicht gutgeschrieben worden ist. Unter Umständen ist das aber auch dann noch möglich, wenn noch nicht über das Geld verfügt wurde. Auch wenn ein Betrugsversuch rechtzeitig erkannt und abgewehrt werden konnte, sollte die Bank die Kontodaten erhalten, die der Betrüger für seine kriminellen Absichten nutzen wollte.

Vorsicht bei dubiosen Nebenverdienstmöglichkeiten

Neben Unternehmen werden auch Privatpersonen nicht selten im Rahmen krimineller Finanztransaktionen betrogen. Der Trick ist zwar nicht neu, aber immer wieder fallen Inhaber deutscher Bankkonten auf Betrüger herein, die ihnen auf Internetseiten oder auch gezielt per E-Mail einen angeblich lukrativen Nebenverdienst als sogenannter Finanzagent anbieten.

Die Aufgabe eines Finanzagenten besteht darin, über sein deutsches Bankkonto Zahlungen Dritter entgegenzunehmen und dieses Geld möglichst umgehend an eine ihm unbekannte, im In- oder Ausland befindliche Person oder Firma zu überweisen oder per Bargeldversand weiterzuleiten. Alternativ wird der Geldbetrag auch in Form von Prepaidguthabenkarten gefordert. Als Belohnung wird dem Finanzagenten eine Provision versprochen, die er als Differenz vom ursprünglich auf seinem Konto eingegangenen Geldbetrag einbehält.

Die an den Finanzagenten überwiesenen Gelder stammen von Opfern betrügerischer Handlungen, wie beispielsweise Phishing-Attacken oder Erpressung. Somit stellt sich der unwissende Kontoinhaber in den Dienst von Kriminellen, die die auf illegalem Weg erlangten Gelder schnell an Mittäter weiterleiten wollen. Durch den Einsatz des Finanzagenten soll letztendlich der Geldfluss verschleiert werden.

Verschiedene Ansätze des Betrugs

Damit Personen die Infrastruktur ihres Kontos bereitwillig zur Verfügung stellen, werden sie von Kriminellen mit verschiedenen Vorwänden getäuscht. Dementsprechend existieren verschiedene Formen dieser speziellen Betrugsmasche.

Fehlbuchungen. Auf das zuvor von Betrügern ausgespähte Konto eines ahnungslosen Verbrauchers wird ein bestimmter Geldbetrag überwiesen. Im Anschluss daran melden sich die Betrüger beim Kontoinhaber und geben sich als Unternehmer aus, der die Überweisung als Versehen bezeichnet. Sie erbitten den Betrag zurück, wobei der unwissentlich als Finanzagent missbrauchte Kontoinhaber für die entstandenen „Unannehmlichkeiten" einen geringen Teil des Geldes behalten darf. Allerdings soll in der Regel keine Rücküberweisung auf das Ursprungskonto erfolgen. Zumeist werden die Finanzagenten aufgefordert, das Geld bar ins Ausland zu verschicken.

Warenagenten. In diesem Betrugsszenario bestellen Kriminelle für gewöhnlich im Online-Shop eines Versandhändlers oder auf einer Online-Auktionsplattform hochwertige Waren im Wert von mehreren tausend Euro. Der Rechnungsbetrag wird dabei von einem zuvor ausgespähten Konto an den Verkäufer überwiesen. Als Lieferanschrift wird die Adresse eines sogenannten Warenagenten angegeben, der die Produkte entgegennimmt und diese an eine Packstation weiterschickt.

Nach intensivem Austausch über Chats täuscht der Betrüger eine Freundschaft oder sogar eine Liebesbeziehung zum Opfer vor.

In einer alternativen Variante dieser Betrugsform erhält ein Finanzagent das Geld aus einer betrügerischen Überweisung und wird angewiesen, damit hochwertige Waren zu erwerben und diese weiterzuschicken. Als Belohnung wird dem Warenagenten zum Beispiel ein hochwertiges technisches Gerät aus der entsprechenden Lieferung versprochen. Durch dieses Vorgehen wird der Warenagent zum Hehler und macht sich somit – wie ein Finanzagent – strafbar.

Kontovermieter. Dieser stellt sein Girokonto Betrügern komplett zur Verfügung. Dafür übergibt er ihnen auch seine geheimen Zugangsdaten wie PIN und TAN, so dass die Betrüger neben stationären Automaten auch uneingeschränkt auf das Online-Banking zugreifen können. Die Kriminellen nutzen dann das Konto weiterhin im Namen des offiziellen Kontoinhabers.

Liebesbekanntschaften im Internet. Bei dieser besonderen Betrugsvariante lernen sich der Betrüger und sein Opfer im Internet kennen. Nach intensivem Austausch über Chats täuscht der Betrüger eine Freundschaft oder sogar eine Liebesbeziehung zum Opfer vor. Unter dem Vorwand eines geplanten Besuchs erhält das Opfer eine Zahlung von einem zuvor vom Betrüger übernommenen Konto. Infolgedessen bittet der Kriminelle die Person, das Geld an einen vermeintlichen Verwandten weiterzuleiten, damit dieser angeblich ein entsprechendes Flugticket oder ein Visum erwerben kann.

Reisebuchung. Ein Krimineller bucht zum Beispiel ein privates Urlaubsquartier. Zu diesem Zweck erhält er vom Vermieter dessen Bankverbindung. Die geforderte Anzahlung oder der vollständige Mietbetrag wird vom Konto eines Geschädigten auf das Konto des Vermieters überwiesen. Kurz darauf meldet sich der vermeintliche Urlauber beim Vermieter, storniert das Urlaubsquartier und fordert das Geld zurück. Wie im Szenario einer Fehlbuchung lässt er sich das Geld nicht auf das Ursprungskonto überweisen. Dadurch wird der Vermieter unfreiwillig zum Finanzagenten und Geldwäscher.

Rechtliche Konsequenzen für Finanzagenten

Um Kontoinhaber für ihre kriminellen Absichten zu instrumentalisieren, greifen Kriminelle zu immer dreisteren Mitteln. Das führt dazu, dass Personen, die als Finanzagenten missbraucht werden, sich durch ihre Handlungen oftmals unwissentlich strafbar machen. Da sich Finanzagenten an Vorgängen im Rahmen von Geldwäsche beteiligen, können sie auch in strafrechtlichem Sinne zur Verantwortung gezogen werden. Falls die Geschädigten, von deren Konten die gestohlenen Geldbeträge stammen, gegen die Finanzagenten vorgehen, kommen auf sie ebenfalls zivilrechtliche Konsequenzen zu. Da die eigentlichen Drahtzieher der betrügerischen Machenschaften oft nicht zu ermitteln sind, muss der Finanzagent häufig allein für den gesamten entstandenen Schaden aufkommen.

Personen, die als Finanzagenten missbraucht werden, machen sich durch ihre Handlungen oftmals unwissentlich strafbar.

Auch in diesem Fall ist das Bewusstsein für diese spezielle Betrugsform entscheidend, damit sich Verbraucher konsequent schützen können. Die Polizei und die privaten Banken empfehlen daher, alle Vorgänge, bei denen das persönliche Konto zur Zahlungsabwicklung für Firmen oder fremde Personen genutzt werden soll, kritisch zu prüfen.

Falls unerwartete Gutschriften auf dem persönlichen Konto eingehen, sollten Kontoinhaber unverzüglich Kontakt zu ihrem Kreditinstitut aufnehmen. Grundsätzlich gilt, dass etwaige Rückbuchungen nur auf das jeweilige Ursprungskonto erfolgen sollten. Bei Finanztransaktionen ist erhöhte Aufmerksamkeit der beste Schutz.

ORR Prof. Eike Richter

ist Professor für Öffentliches Recht, Recht der
Digitalisierung und für IT-Sicherheitsrecht an der
Hochschule der Akademie der Polizei Hamburg.

Betrugsprävention und -verfolgung im Einklang mit dem Datenschutz

Das Datenschutzrecht muss auch bei der Betrugs-
bekämpfung und -verfolgung beachtet werden. Das
Spannungsverhältnis zwischen Betrugsbekämpfung und
Persönlichkeitsschutz und die sich daraus ergebenden
Konsequenzen werden am Beispiel des Betrugs von Banken
durch Externe und Mitarbeiter aufgezeigt. Dabei werden die
datenschutzrechtlichen Voraussetzungen des Einsatzes von
„Fraud Preventions" und „Detection Pools" beleuchtet.

Mit der zunehmenden Digitalisierung treten neben altbekannten
Betrugsformen auch bisher unbekannte Betrugsmuster und -bege-
hungsweisen. Dementsprechend ist es notwendig, dass auch für die
vorbeugende und verfolgende Betrugsbekämpfung neue Methoden
und Instrumente entwickelt und eingesetzt werden, die auf künstliche Intelligenz, Algorithmisierung und Big Data aufsetzen – wie etwa
die Fraud-Pool-Technologie. Sie zielt darauf ab, mit Hilfe von Algorithmen Anomalien in Sachverhalten – also Ereignisse, die nicht zu
einem als typisch angesehenen Verhalten passen – zu erkennen, um
so Betrugsfälle oder deren Anbahnung aufzudecken, seien es interne
Betrugsfälle wie zum Beispiel die Modifizierung von Aufzeichnungen
und Daten durch Mitarbeiter, oder externe Betrugsfälle, etwa von
Kunden inszenierte Autounfälle oder Täuschungen über die Vermö-
gensverhältnisse.

Fraud-Pool-Technologie braucht Datenvielfalt

Die Algorithmen benötigen dazu umfängliche Datenmengen verschiedener Art und aus verschiedenen Datenquellen, je nachdem, um welches Betrugsfeld es geht. So stehen bei Kreditkartenbetrügereien die Transaktionsdaten im Mittelpunkt wie der Zeitpunkt der Transaktion, die transferierte Geldmenge, die Transaktionswege (Geldautomat, Internet, Geschäft und so weiter), die Händlerart, die Kartennummer, der Bankaussteller, das Land der Transaktion oder das Alter und das Geschlecht des Karteninhabers. Zu diesen Transaktionsdaten kommen etwa Metadaten aus Social-Media-Kanälen, Lokalisierungsdaten von Smartphones und IP-Adressen hinzu.

Die regelmäßig konditional strukturierten Algorithmen oder Expertenregeln überprüfen die Daten nach bestimmten Bedingungen, die als Indizien für einen Betrugsfall oder dessen Anbahnung gelten, etwa wenn dieselbe Karte innerhalb einer Stunde an vier verschiedenen Geldautomaten oder für mehr als zwei Transaktionen innerhalb von fünf Minuten verwendet wurde.

Um zu verhindern, dass die Expertenregeln ineffektiv werden, etwa weil Betrüger ihre Verhaltensmuster ändern, wird das System um vorausschauende Analysen und Modellierungen ergänzt, die es „lernen" und als künstliche Intelligenz („Machine Learning") erscheinen lassen. Dazu werden sogenannte etikettierte Daten aus zurückliegenden Zeiträumen herangezogen – zum Beispiel Transaktionsdaten der vergangenen fünf Jahre, bei denen bekannt ist, ob die Transaktionen legal oder betrügerisch waren. Nach der Aufbereitung der Daten werden auf ihrer Grundlage neue Expertenregeln automatisiert evaluiert und kontinuierlich optimiert, um das Modell zu finden, das betrügerische Transaktionen genau vorhersagen kann.

Die Fraud-Pool-Technologie und das Anwendungsfeld der „Fraud Detection" sind zugleich eine Referenz dafür, wie die Digitalisierung gleichermaßen Quelle und Kern vieler gesellschaftlicher und wirtschaftlicher Umbrüche ist, die wir derzeit erleben. Deren transformatorische – manche sprechen auch von disruptive – Potentiale und Effekte gründen ganz wesentlich auf einen veränderten Umgang mit Daten und Informationen, insbesondere über Personen und persönliche Verhältnisse. Die Digitalisierung verstärkt damit das grundlegende Spannungsverhältnis zwischen der Nutzung personenbezogener Daten und dem Recht des Einzelnen, selbst über Daten zu seiner Person zu bestimmen.

Soweit auch die Betrugsbekämpfung zunehmend auf digitale Strukturen und Instrumente setzt, rücken die datenschutzrechtlichen Grenzen in das Blickfeld – nicht selten geleitet von der unbedachten Vermutung, das Datenschutzrecht behindere eine effektive Betrugsprävention und -strafverfolgung.

Datenschutz in drei Phasen der Betrugsbekämpfung

In einer ersten Phase stehen die datenschutzrechtlichen Rahmenbedingungen für die Erhebung und die Speicherung und der Abgleich von Kunden- und Mitarbeiterdaten durch die Kreditinstitute zum Zweck der Betrugsprävention und -erkennung im Mittelpunkt, insbesondere unter Einsatz der Fraud-Prevention-Technologie. Ergeben sich aus dieser präventiven und analytischen Datennutzung Verdachtsmomente, stellt sich die Frage, auf welche datenschutzrechtlichen Grenzen Kreditinstitute treffen, wenn sie gegen verdächtige Personen vorgehen, etwa wenn sie deren E-Mails und Dokumente kontrollieren wollen. Soweit im Anschluss Staatsanwaltschaft und Polizei aktiv werden, ist zu fragen, inwieweit sie im Rahmen der Strafverfolgung auf die Daten der Bank datenschutzrechtlich zugreifen dürfen, auch in Form eines Massenzugriffs auf Kunden- und Mitarbeiterdaten. Alle drei Phasen werden jeweils durch Vorgaben mehrerer Rechtsgebiete geprägt, etwa des Strafprozess-, Zivil-, Banken- oder des Arbeitsrechts. Der Beitrag konzentriert sich also nur auf eine spezifische von mehreren Rechtsebenen, nämlich das Datenschutzrecht, das insbesondere durch die Datenschutz-Grundverordnung (DSGVO), die sogenannte JI-Richtlinie (Richtlinie 2016/680, ABl. L 119 v. 4. Mai 2016, S. 89) und das in der Folge neu gefasste Bundesdatenschutzgesetz (BDSG) jüngst eine weitreichende Reform erfahren hat.

1. Phase: Datenschutz bei Betrugsprävention und -erkennung

Die Effektivität von Fraud-Prevention-Pools hängt wesentlich von der Qualität und dem Umfang der erhobenen, gespeicherten und gegenseitig übermittelten Daten ab, die im Einzelfall über die Expertenregeln ausgewertet und abgeglichen werden und die zugleich als Grundlage für die selbstlernende Weiterentwicklung der Expertenregeln fungieren. Zentraler Rechtsrahmen bildet § 25h des Kreditwesengesetzes (KWG), der zur Ergreifung datenschutzgerechter Compliance-Maßnahmen verpflichtet und der Ausdruck der allgemeinen – und nach § 130 des Gesetzes über Ordnungswidrigkeiten

(OWiG) auch bußgeldbewehrten – Legalitätspflicht in § 25a Absatz 1 Satz 1 KWG ist, also der Pflicht jedes Kreditinstituts, die zu beachtenden gesetzlichen Bestimmungen zu gewährleisten. Neben diesen datenschutzrechtlichen Regelungen kann die Betrugsprävention und -erkennung noch anderen Begrenzungen unterliegen – insbesondere dem Fernmeldegeheimnis (§ 88 des Telekommunikationsgesetzes – TKG – und § 206 des Strafgesetzbuchs – StGB).

Pflichten zum Einsatz von Fraud-Prevention-Systemen

Nach § 25h Absatz 1 Satz 1 KWG hat ein Kreditinstitut interne Sicherungsmaßnahmen zu ergreifen, die der Verhinderung von Geldwäsche, Terrorismusfinanzierung oder sonstiger, strafbarer und vermögensgefährdender Handlungen dienen, insbesondere, soweit solche Handlungen durch die Anonymität von Geschäftsbeziehungen begünstigt werden (Satz 3). Zu diesen sonstigen strafbaren Handlungen nach § 25h Absatz 1 Satz 1 KWG gehören sowohl solche, die von Dritten, als auch solche, die durch eigene Mitarbeiter oder Organe begangen werden. Als eine konkrete Sicherungsmaßnahme schreibt § 25h Absatz 2 Satz 1 den Betrieb von Datenverarbeitungssystemen vor, mit denen Kreditinstitute Geschäftsbeziehungen und einzelne Transaktionen im Zahlungsverkehr erkennen können, die als zweifelhaft oder ungewöhnlich anzusehen sind. Nach § 25h Absatz 3 Satz 1 hat ein Kreditinstitut die Pflicht, jede Transaktion, die besonders komplex oder groß ist, ungewöhnlich abläuft oder ohne offensichtlichen wirtschaftlichen oder rechtmäßigen Zweck erfolgt, zu untersuchen, auch um gegebenenfalls eine Strafanzeige gemäß § 158 der Strafprozessordnung (StPO) prüfen und erstatten zu können. Zudem haben die Institute gemäß Satz 2 die Pflicht, solche Transaktionen, die zu ihnen durchgeführten Untersuchungen und deren Ergebnisse zu dokumentieren, um gegenüber der Bundesanstalt für Finanzdienstleistungsaufsicht darlegen zu können, dass diese Sachverhalte nicht darauf schließen lassen, dass eine strafbare Handlung begangen oder versucht wurde.

Datenverarbeitung zur Erfüllung der gesetzlichen Präventionspflichten

Um ihre Analysefunktion zu erfüllen, verarbeiten Fraud-Prevention-Systeme notwendigerweise personenbezogene Daten. Hierin liegt ein gewichtiger Eingriff in das grundrechtlich geschützte Persönlichkeitsrecht der Betroffenen. Eine Erlaubnis und zugleich ihre Grenzen formuliert das Gesetz in § 25h Absatz 2 Satz 2 KWG. Nach dieser Vorschrift darf ein Kreditinstitut zum Betrieb solcher Fraud-Prevention-Systeme und zur Erfüllung der genannten Untersuchungs- und Dokumentationspflichten die dafür erforderlichen personenbezogenen Daten verarbeiten, also etwa Daten über bestimmte Personen in das System einstellen. Auch wenn sich bei den vom Gesetzgeber gewählten Begrifflichkeiten manche Unsicherheiten ausmachen lassen (dazu Herzog/Achtelik, GWG, Kommentar, 3. Aufl. 2018, § 25h KWG Rn. 19), dürfte „verarbeiten" in § 25h Absatz 2 Satz 2 KWG letztlich eurorechtskonform auszulegen und unter Rückgriff auf Artikel 4 Nummer 2 DSGVO nicht nur das Erheben, das Speichern und das Nutzen, sondern in einem umfassenden Sinne alle Formen des Verarbeitens meinen, also etwa auch den für die analytische Wirkung von Fraud-Prevention-Systemen entscheidenden Abgleich von Daten. § 25h Absatz 2 Satz 2 KWG bildet damit die zentrale gesetzliche Erlaubnis für den Einsatz von Fraud-Prevention-Systemen.

Eine solche Erlaubnis in Form eines Gesetzes bedarf es insbesondere deshalb, weil eine Einwilligung der betroffenen Person – die zweite grundlegende Möglichkeit, Eingriffe in das Persönlichkeitsrecht zu rechtfertigen – die Verarbeitung ihrer personenbezogenen Daten in Fraud-Prevention-Systemen in der Regel nicht hinreichend zu legitimieren vermag. Denn eine wirksame Einwilligung setzt unter anderem voraus, dass sie freiwillig erfolgt, also insbesondere kein erhebliches Ungleichgewicht zwischen dem für die Verarbeitung der Daten verantwortlichen Kreditinstitut und dem Betroffenen besteht (vgl. Artikel 7 Absatz 4 DSGVO). Dem werden häufig die Umstände nicht gerecht, unter denen Einwilligungen erteilt werden und die bei der Beurteilung der Freiwilligkeit zu berücksichtigen sind (§ 26 Absatz 2 Satz 1 BDSG), im Falle eines überprüften Mitarbeiters etwa dessen Abhängigkeit im Beschäftigungsverhältnis.

Mit der Erlaubnis des § 25h Absatz 2 Satz 2 KWG hat der Gesetzgeber eine Interessenabwägung zum Ausdruck gebracht, nämlich zwischen den Allgemeininteressen an der Stabilität und Integrität des Finanzmarktes und dem Privatinteresse der Institute am Schutz vor ungewollten Beteiligungen an Straftaten einerseits, und den Privatinteressen des Kunden an der Geheimhaltung seiner Transaktionen und am Schutz vor Überwachung andererseits. Mit der Begrenzung der Verarbeitung personenbezogener Daten auf das für die Erfüllung der im KWG geregelten betrugspräventiven und -verfolgenden Pflichten erforderliche Maß soll sichergestellt werden, dass der Grundsatz der Datenminimierung nach Artikel 5 Absatz 1 litera c DSGVO und die Löschungspflichten nach Artikel 17 DSGVO in Verbindung mit § 35 BDSG beachtet werden.

Es wird allerdings immer wieder angezweifelt, ob der so gefasste gesetzliche Rahmen dem Umstand tatsächlich angemessen Rechnung zu tragen vermag, dass Fraud-Systeme zu ihrer Funktionalität darauf angewiesen sind, große Mengen personenbezogener Daten zu verarbeiten und vorzuhalten, und zwar naturgemäß auch von Kunden und Mitarbeitern, bei denen sich herausstellt, dass sie keine ungewöhnlichen oder verdächtigen Transaktionen tätigen. Hinzu kommt, dass die Bundesanstalt für Finanzdienstleistungen (vgl. § 25h Absatz 5 KWG) und andere mit der Überwachung des Finanzdienstleistungssektors betraute staatliche Akteure ihr Hauptaugenmerk regelmäßig eher auf die solvenz- als auf die datenschutzsichernden Vorgaben richten werden, so dass die Effektivität der datenschutzrechtlichen Vorgaben praktisch von den betrieblichen und staatlichen Datenschutzbeauftragten und deren Ressourcen abhängig sein dürfte.

Aufgrund der hohen Risiken für die Rechte und Freiheiten von Kunden und Beschäftigten haben die Kreditinstitute zudem vor der Einrichtung von Fraud-Prevention-Systemen eine Datenschutz-Folgenabschätzung durchzuführen.

Dieser, im Kern durch § 25h Absatz 2 Satz 2 KWG geprägte datenschutzrechtliche Rahmen wird durch weitere, allgemeine datenschutzrechtliche Vorgaben ergänzt. Aus ihnen wird etwa im Anschluss an das Verbot der staatlichen Totalüberwachung des Bürgers, wie es vom Bundesverfassungsgericht bereits im sogenannten Volkszählungsurteil (v. 13. April 1983 – 1 BvR 209/83 u.a.) statuiert wurde, abgeleitet, dass anlasslose Kontrollen sämtlicher Transaktionen eines bestimmten Kunden durch ein privates Unternehmen, etwa durch den Einsatz von Keyloggern, nicht zulässig sind. Aufgrund der hohen Risiken für die Rechte und Freiheiten von Kunden und Beschäftigten haben die Kreditinstitute zudem vor der Einrichtung von Fraud-Prevention-Systemen eine Datenschutz-Folgenabschätzung durchzuführen, an der der Datenschutzbeauftragte zu beteiligen ist (Artikel 35 DSGVO).

Zuletzt ist eine Abwägung vorzunehmen: Die Datenverarbeitung ist nur dann rechtmäßig, wenn sie zum Schutz des Vermögens oder zur

Wahrung anderer berechtigter Interessen des Kreditinstituts oder eines Dritten erforderlich ist und wenn die Interessen, Grundrechte oder Grundfreiheiten, die den Schutz personenbezogener Daten erfordern, nicht überwiegen (vgl. Artikel 6 Absatz 1 Satz 1 litera f DSGVO). Dabei ist in der Abwägung entsprechend zu gewichten, dass der europäische Gesetzgeber die Betrugsverhinderung explizit als ein berechtigtes Interesse hervorgehoben (vgl. Erwägungsgrund 47 zur DSGVO, Satz 6) und in diesem Sinne privilegiert hat. Als Abwägungshilfe wird im Übrigen auf die in den Verwaltungsanweisungen der Mindestanforderungen an das Risikomanagement (MaRisk) zur Auslegung von § 25h KWG veröffentlichten Konkretisierungen des Risikomanagements für Kreditinstitute zurückgegriffen.

Die digitale Vernetzung und Durchdringung machen es Tätern leicht, bei ihren Aktivitäten immer wieder die Bankinstitute zu wechseln.

Innerhalb des so umrissenen datenschutzrechtlichen Rahmens bleiben allerdings erhebliche Rechtsunsicherheiten, nicht zuletzt aufgrund der weitreichenden Änderungen im Bereich des Datenschutzrechts durch die DSGVO und die noch abzuwartende Rechtsprechung. In der Praxis empfehlen sich behutsame Maßnahmen, die einerseits eine aus Gründen der Compliance gebotene stichprobenmäßige Kontrolle ermöglichen, andererseits aber die Persönlichkeitsrechte der Betroffenen durch klare Begrenzung der Datenabgleiche auf vordefinierte Risikogruppen, auf bestimmte Zeitvorgänge und auf die für die Aufdeckung des vermuteten Fehlverhaltens erforderlichen Daten wahren. Dies gilt für Kunden- und Beschäftigtendaten gleichermaßen, zumal die Datenabgleiche auch in Fraud-Prevention-Systemen regelmäßig Daten beider Personengruppen erfassen und kombinieren.

Austausch personenbezogener Daten über Fraud-Prevention-Pools

Die digitale Vernetzung und Durchdringung macht es Tätern leicht wie nie zuvor, bei ihren betrügerischen Aktivitäten immer wieder die Bankinstitute zu wechseln. Von daher besteht bei den Instituten ein hohes Interesse, sich gegenseitig vor solchen Personen zu warnen, was wiederum die Übermittlung und die Weiterverwendung personenbezogener Daten bedingt. Technisch erfolgt dies über die Vernetzung der Fraud-Prevention-Systeme der einzelnen Kreditinstitute zu Fraud-Prevention-Pools.

Für die damit verbundene Übermittlung und Weiterverwendung von personenbezogenen Daten bildet § 25h Absatz 3 Satz 4 KWG in Verbindung mit § 47 Absatz 5 des Geldwäschegesetzes (GWG) die Grundlage: Danach dürfen die Institute bestimmte Informationen über Auffälligkeiten oder Ungewöhnlichkeiten, die auf strafbare Handlungen hindeuten, einander und auch unter Verwendung von Datenbanken zur Kenntnis geben, wenn sie davon ausgehen können, dass diese Informationen für die Risikobeurteilung einer Transaktion oder für die Prüfung einer Strafanzeige nach § 158 StPO benötigt wird.

Mit der Bezugnahme auf § 47 Absatz 5 GwG wollte der Gesetzgeber eine klare Regelung schaffen, die auch datenschutzrechtliche Zweifelsfragen ausreichend beantwortet. Die früher geltende Vorschrift beschränkte den Informationsaustausch auf „Einzelfälle". Sie konnte nach verbreiteter Auffassung daher auch den Austausch im Rahmen von Fraud-Prevention-Pools nicht rechtfertigen.

Entwicklungsperspektiven: Big Data, Profiling, Screening und Scoring

Fraud-Prevention-Systeme und -Pools sind Teil einer Entwicklung der stetigen Ausweitung und Verknüpfung auswertbarer Daten, für die Schlagwörter wie „Big Data" und Methoden wie das „Profiling" stehen. Das Profiling meint die Erstellung, Aktualisierung und Verwendung von Profilen natürlicher Personen, also die Verwendung personenbezogener Daten zur Bewertung bestimmter Aspekte der Person (vgl. Artikel 4 Ziffer 4 DSGVO). Unter Big Data wird darüber hinaus die Auswertung großer, aus einer Vielzahl unterschiedlicher Quellen stammender unstrukturierter Daten zum Zwecke der Erkennung von Gesetzmäßigkeiten, Korrelationen und Kausalitäten sowie der Generierung neuer Informationen (Kontextwissen) verstanden.

Mit dem Profiling hängen wiederum die Methoden des Screenings und Scorings eng zusammen, die so gleichfalls die Entwicklung von Fraud-Prevention-Systemen prägen und vorantreiben und schon heute sichtbare Elemente dieser Systeme sind. Beim Screening werden aus großen Datenbeständen Elemente gefiltert, die bestimmte Eigenschaften aufweisen, um etwa Straftaten oder Unregelmäßigkeiten aufzudecken. Scoring geht noch einen Schritt weiter und ist ein Verfahren, mit dem aufgrund einer mathematisch-statistischen Analyse des bisherigen Verhaltens sowie personenbezogener Faktoren das wahrscheinliche zukünftige Verhalten dieser Person prognostiziert wird.

Es mag überraschen, dass sich das neue Datenschutzrecht der DSGVO und des BDSG mit diesen mächtigen und längst absehbaren Entwicklungen explizit allenfalls in Ansätzen befasst. Das führt zu erheblichen und – angesichts des hohen Bußgeldrahmens (Artikel 83 Absatz 5 litera a DSGVO) – bedenklichen Rechtsunsicherheiten. So findet sich in Artikel 22 DSGVO zwar ein Maßstab für das Profiling. Streng nach dem Wortlaut betrifft er allerdings nur das Entscheiden, nicht das Verarbeiten von Daten. Zudem ist unklar, inwiefern diese Vorschrift auch das Scoring erfasst. Artikel 22 DSGVO soll gewährleisten, dass nicht Maschinen ohne Mitwirkung von Menschen über Fragen entscheiden, die das Leben von Menschen beeinflussen können. Als Grundregel gibt Absatz 1 jedem das Recht, nicht einer ausschließlich auf einer automatisierten Verarbeitung – einschließlich Profiling – beruhenden Entscheidung unterworfen zu werden, die ihr gegenüber rechtliche Wirkung entfaltet oder sie in ähnlicher Weise erheblich beeinträchtigt. Absatz 2 litera b lässt Ausnahmen auf Grundlage von Rechtsvorschriften der Union oder der Mitgliedstaaten zu. Das BDSG hat hiervon in § 37 Gebrauch gemacht. Es regelt zudem – über die DSGVO hinaus – in § 31 das Scoring und legt einen an die Vorgängerregelung angelehnten Schutzstandard fest.

Auch wenn an dieser Stelle nicht weiter auf Einzelheiten eingegangen werden kann (hierzu weiterführend Gola, Datenschutz-Grundverordnung, 2. Aufl. 2018, DSGVO Artikel 6 Rn. 105 ff.), kann doch für die Rechtspraxis festgehalten werden: Je stärker sich Fraud-Technologien in Richtung Big-Data-Analysen weiterentwickeln, die mit Hilfe größter Datenmengen ergebnisoffen und ohne konkrete oder mit sich ändernder Zweckbestimmung auf Mustererkennung abzielen oder neue personenbezogene Daten generieren, desto zweifelhafter wird die datenschutzrechtliche Zulässigkeit. Als Stütze käme letztlich allenfalls Artikel 6 Absatz 4 DSGVO in Betracht, der dann zudem besonders innovationsoffen ausgelegt werden müsste. Um die datenschutzrechtlichen Unvereinbarkeiten wenigstens abzumildern, wird verbreitet empfohlen, die Möglichkeiten der Datenanonymisierung, -pseudonymisierung und -verschlüsselung auszuschöpfen. Da Betrugspräventionssysteme aber wesensgemäß nie auf einen gewissen Grad der Personalisierung verzichten werden können, bedarf es perspektivisch der Schaffung neuer oder der Weiterentwicklung der bestehenden (oben dargestellten) Rechtsgrundlagen, die dann wegen der hohen Streubreite von Big-Data-Anwendungen aus verfassungsrechtlichen Gründen wohl hohe Anforderungen an die technisch-organisatorischen Rahmenbedingungen (zum Beispiel Trustcenter) formulieren müssten.

2. Phase: Bankeninternes Vorgehen in Verdachtsmomenten

Ergeben sich aus dem Einsatz von Fraud-Prevention-Systemen und -Pools im Einzelfall Verdachtsmomente, stellt sich die Frage, auf welche datenschutzrechtlichen Grenzen Kreditinstitute treffen, wenn sie gegen verdächtige Personen vorgehen. Vor dem Hintergrund der weitreichenden „Digitalisierung" der Arbeitswelt – kaum ein Arbeitsplatz, zumal im Dienstleistungsbereich, kommt noch ohne digitale Technologien aus – geht es regelmäßig um die Sichtung und Analyse von elektronischen Dateien, etwa von E-Mails, elektronischen Dokumenten, Suchverlaufs- und Zugriffsprotokollen.

Datenschutzrechtliche Grenzen beim Vorgehen gegen Beschäftigte

Was das Vorgehen gegen Mitarbeiterinnen und Mitarbeiter betrifft, bildet § 26 Absatz 1 Satz 2 BDSG den zentralen, datenschutzrechtlichen Maßstab. Mit dieser Vorschrift hat der deutsche Gesetzgeber von der in Artikel 88 DSGVO enthaltenen Öffnungsklausel zum Erlass nationaler Vorschriften für die Datenverarbeitung im Beschäftigungskontext (in allerdings umstrittener Weise, dazu Maschmann, in: Kühling/Buchner, Datenschutz-Grundverordnung/ BDSG, 2. Aufl. 2018, Artikel 88 DSGVO, Rn. 62 f.) Gebrauch gemacht hat. Nach § 26 Absatz 1 Satz 2 BDSG dürfen zur Aufdeckung von Straftaten personenbezogene Daten von Beschäftigten nur

Zur Aufklärung bei Verdachtsmomenten müssen bei Sichtung und Analyse von Dateien datenschutzrechtliche Grenzen eingehalten werden.

dann verarbeitet werden, wenn tatsächliche Anhaltspunkte, die zu dokumentieren sind, den Verdacht begründen, dass die betroffene Person im Beschäftigungsverhältnis eine Straftat begangen hat, die Verarbeitung zur Aufdeckung erforderlich ist und das schutzwürdige Interesse der oder des Beschäftigten an dem Ausschluss der Verarbeitung nicht überwiegt, insbesondere Art und Ausmaß im Hinblick auf den Anlass nicht unverhältnismäßig sind.

Der Gesetzgeber geht dabei davon aus, dass Maßnahmen eines Unternehmens zur Aufdeckung einer Straftat eines Beschäftigten in der Regel besonders intensiv in das allgemeine Persönlichkeitsrecht eingreifen. § 26 Absatz 1 Satz 2 BDSG bezieht sich deshalb nur auf die

Verfolgung eines bereits festgestellten Verdachts, nicht auch auf die vorgelagerte Aufdeckung solcher Verdachtsmomente und auf die Vermeidung von Straftaten. Die Vorschrift bietet daher beispielsweise keine Rechtsgrundlage für die bereits erörterten Fraud-Prevention-Systeme oder für andere Formen des Mitarbeiterscreenings oder der Internal Investigations, deren Einsatz in Kreditinstituten, wie gezeigt, auf § 25h Absatz 2 Satz 2 KWG (s. dazu B.II) und in Unternehmensbereichen nur in ganz engen Grenzen auf § 26 Absatz 1 Satz 1 BDSG gestützt werden kann.

Maßnahmen der Verfolgung und der Aufdeckung und Vermeidung hängen aber insoweit zusammen, als etwa der Einsatz von Fraud-Prevention-Systemen einen Verdacht zu Tage treten lassen kann, der wiederum die Erlaubnis für die Kreditinstitute für ein Vorgehen nach § 26 Absatz 1 Satz 2 BDSG auslöst, etwa für eine Sichtung und Kontrolle von E-Mails. Für ein solches Vorgehen reicht qualitativ aber ein „bloßer Verdacht" auf Grund von vagen Hinweisen oder bloßen Gerüchten nicht aus.

Der Verdacht muss sich aber zumindest ansatzweise auf konkrete Tatsachen stützen lassen und sich dabei auf einen konkreten Beschäftigten oder auf einen konkret abgrenzbaren Kreis von Beschäftigten richten.

In Anlehnung an die notwendigen Voraussetzungen, unter denen die Staatsanwaltschaft die Strafverfolgung aufnehmen darf, dürfte vielmehr ein Anfangsverdacht im Sinne des § 152 StPO erforderlich sein. Über etwa den Einsatz eines Fraud-Prevention-Systems müssen sich also zureichende tatsächliche Anhaltspunkte für die Begehung einer Straftat, beispielsweise eines Betrugs gemäß § 263 StGB, ergeben haben. Das verlangt keine lückenlose Tatsachenbasis. Der Verdacht, der zudem zu dokumentieren ist, muss sich aber zumindest ansatzweise auf konkrete Tatsachen stützen lassen und sich dabei auf einen konkreten Beschäftigten oder auf einen konkret abgrenzbaren Kreis von Beschäftigten richten.

Schließlich muss die Datenverarbeitung, wie dies § 26 Absatz 2 Satz 1 BDSG explizit vorgibt, für die Aufdeckung der Straftat erforderlich sein. Der Begriff der Erforderlichkeit wird hierbei nicht im Sinne einer „absoluten" Notwendigkeit ausgelegt, sondern im Sinne eines Gebots, den Verhältnismäßigkeitsgrundsatz anzuwenden. Erforderlichkeit liegt damit vor, wenn die Datenverarbeitung zur Aufdeckung der Straftat geeignet ist und es keine anderen, gleichermaßen geeigneten Mittel und Wege gibt, die weniger in die informationelle Selbstbestimmung und damit in das Persönlichkeitsrecht eingreifen.

Aufklärungsinteresse muss überwiegen

Zudem muss das Aufklärungsinteresse das Persönlichkeitsinteresse überwiegen. Dabei kommt es auf die Art und die Schwere der in Rede stehenden Straftat sowie auf die Intensität des Verdachts an. Ein Straftatverdacht an sich rechtfertigt die Verarbeitung personenbezogener Daten noch nicht. Die konkret ergriffenen Aufklärungsmaßnahmen müssen sich vielmehr im Verhältnis zu den mit ihn einhergehenden konkreten Beeinträchtigungen des Persönlichkeitsrechts als angemessen erweisen. Allerdings soll auch an dieser Stelle nicht unerwähnt bleiben, dass auch bei dem so durch § 26 Absatz 1 Satz 2 BDSG gezogenen Rahmen aufgrund der weitreichenden Änderungen im Bereich des Datenschutzrechts durch die DSGVO noch grundlegende Fragen offen sind und erhebliche Rechtsunsicherheiten auslösen. So lassen sich insbesondere in Hinblick auf die Erfordernisse der konkreten Verdachtsmomente und der Dokumentation Zweifel an der europarechtlichen Konformität von § 26 Absatz 1 Satz 2 BDSG anbringen (dazu Maschmann a.a.O., Rn. 71).

Nur am Rande soll hier erwähnt werden, dass bislang nicht nur aus dem BDSG, sondern auch aus dem TKG wichtige datenschutzrechtliche Regelungen beim Vorgehen gegen Beschäftigte folgten – vor allem, wenn das Kreditinstitut die private Nutzung dienstlich bereitgestellter Betriebs-IT ausdrücklich gestattete oder jedenfalls duldete. Das Kreditinstitut ist dann als Anbieter von Telekommunikationsdiensten im Sinne von § 3 Nummer 6 TKG beziehungsweise von Telemedien im Sinne der §§ 2 Nummer 1, 11 des Telemediengesetzes (TMG) anzusehen. In der Folge unterfallen alle Inhalts- und Verbindungsdaten eines Beschäftigten dem Telekommunikationsgeheimnis nach § 88 TKG und § 206 StGB und sind grundsätzlich für eine Kontrolle durch den Arbeitgeber gesperrt. Dies allerdings wiederum nur solange, wie der Kommunikations- und Übertragungsvorgang andauert, woraus zugleich folgt, dass nach Abschluss des Übertragungsvorgangs auf den betrieblichen IT-Systemen gespeicherte Daten, auch soweit sie privat waren, telekommunikationsrechtlich kontrolliert werden dürfen. Für diese Situation sehen die § 93 ff. TKG spezielle datenschutzrechtliche Regelungen etwa zu Unterrichtungspflichten des Arbeitgebers über IT-Kontrollen oder zu Einwilligungserfordernissen vor, die bislang zur Anwendung kamen. Mit Inkrafttreten der DSGVO gelten jetzt auch insoweit deren Vorschriften und die zu ihrer Konkretisierung erlassenen Regelungen des BDSG.

Datenschutzrechtliche Grenzen beim Vorgehen gegen Kunden

Zu den zentralen Prinzipien des Datenschutzrechts gehört der Grundsatz der Zweckbindung, wie er in Artikel 5 Absatz 1 litera b DSGVO niedergelegt ist: Personenbezogene Daten müssen für festgelegte, eindeutige und legitime Zwecke erhoben werden und dürfen nicht in einer mit diesen Zwecken nicht zu vereinbarenden Weise weiterverarbeitet werden. Durch die Zweckbindung wird der fremde Umgang mit personenbezogenen Daten grundlegend eingeschränkt und in der Folge das grundrechtlich garantierte Recht wirksam, stets selbst über die eigenen personenbezogenen Daten zu bestimmen.

Um einem Betrugsverdacht nachzugehen, wird ein Kreditinstitut personenbezogene Daten des Verdächtigen etwa in E-Mails sichten und auswerten, die das Institut regelmäßig zu geschäftlichen Zwecken erhalten hat. Der Zweckbindungs- oder besser Zweckvereinbarungsgrundsatz, wie er in der DSGVO ausgestaltet und durch das BDSG konkretisiert wird, steht einer solchen Weiterverarbeitung zu einem modifizierten Zweck nicht per se entgegen, sondern zeigt – abhängig vom Grad der Abweichung des neuen Zwecks vom ursprünglichen Zweck – grundsätzlich zwei Wege auf, unter denen eine Weiterverarbeitung zulässig ist: Zunächst normiert Artikel 6 Absatz 4 DSGVO eine Liste von Voraussetzungen, unter denen neuer und alter Verarbeitungszweck als miteinander vereinbar anzusehen sind.

Im vorliegenden Zusammenhang wäre von dem Kreditinstitut also im Einzelfall anhand dieser Voraussetzungen zu prüfen, ob der Zweck der Betrugsstrafverfolgung mit dem geschäftlichen Zweck, aufgrund dessen personenbezogene Daten erhoben wurden, kompatibel ist. In der Folge bestehen dann jedoch Rechtsunsicherheiten, ob die Weiterbearbeitung bereits mit der Feststellung einer solchen Kompatibilität zulässig ist oder ob es – wofür wohl die überwiegenden Gründe sprechen – zusätzlich einer expliziten Rechtsgrundlage bedarf (dazu Buchner/Petri, in: Kühling/Buchner, a.a.O., Artikel 6 DSGVO, Rn. 181 ff.). Einer solchen, die weitere Verarbeitung explizit erlaubenden Rechtsgrundlage – und dies ist der zweite Weg – bedarf es in jedem Fall, wenn die Kompatibilitätsprüfung ergibt, dass die Zwecke von vornherein nicht vereinbar sind. Es liegt dann eine Verarbeitung zu einem geänderten Zweck vor, die unter Erlaubnisvorbehalt einer zusätzlichen, gesonderten Rechtsgrundlage steht.

Der Gesetzgeber hat mit § 24 Absatz 1 Nummer 1 BDSG eine solche Rechtsgrundlage statuiert: Danach dürfen nichtöffentliche Stellen personenbezogene Daten zu einem anderen Zweck als zu demjenigen, zu dem sie Daten erhoben haben, verarbeiten, wenn dies unter anderem zur Verfolgung von Straftaten erforderlich ist. Wohl um die erwähnten Rechtsunsicherheiten auf der Ebene der DSGVO auszuräumen, geht der Gesetzgeber dabei davon aus, dass die Weiterverarbeitung personenbezogener Daten zu einem geänderten Zweck auf diese Erlaubnisnorm unabhängig davon gestützt werden kann, ob der Zweck der Weiterverarbeitung mit den Zwecken, für die die Daten ursprünglich erhoben wurden, nach Artikel 6 Absatz 4 DSGVO vereinbar ist (Bundestags-Drucksache 18/11325, S. 96). Tatbestandlich setzt § 24 Absatz 1 Nummer 1 BDSG voraus, dass personenbezogene Daten zur Verfolgung von Straftaten, wie etwa eines Betrugs nach § 263 StGB, weiterverarbeitet werden. Die Verfolgung von Ordnungswidrigkeiten reicht nicht aus. Zudem muss die Weiterverarbeitung erforderlich sein. Es darf also kein anderes geeignetes Mittel zur Verfolgung der konkreten Straftat geben, das weniger in die Rechte des Betroffenen eingreift.

Gerade zur Verfolgung von verdächtigen Kunden kommen auch sogenannte Background-Checks in Betracht, weil die Datenlage nicht so dicht sein wird wie bei Mitarbeitern. Sie kommen aber auch zur Verfolgung von Mitarbeitern und zur Betrugsprävention und -erkennung in Betracht. Beim Background-Check werden personenbezogene Daten vom Betroffenen nicht etwa bei ihm selbst, sondern bei Dritten oder aus elektronisch zugänglichen Quellen, etwa aus allgemeinzugänglichen Internetquellen oder sozialen Netzwerken, erhoben und gesammelt. Background-Checks werfen regelmäßig erhebliche Zweifel an der Verhältnismäßigkeit auf, zumal wenn sie für den Betroffenen nicht erkennbar sind. Hinzu tritt, dass unter zukünftiger Geltung des Artikel 9 Absatz 2 litera e DSGVO das Sammeln frei zugänglicher Daten datenschutzrechtlich zwar grundsätzlich gerechtfertigt sein mag, jedoch nach der Rechtsprechung des Bundesverfassungsgerichts (vgl. Urteil v.

> *Gerade zur Verfolgung von verdächtigen Kunden kommen auch sogenannte Background-Checks in Betracht, weil die Datenlage nicht so dicht sein wird wie bei Mitarbeitern.*

11. März 2008 – 1 BvR 2074/05, 1 BvR 1254/07) weiterhin nicht der Persönlichkeitsprofilbildung dienen darf.

3. Phase: Strafverfolgung durch Staatsanwaltschaft und Polizei

Das Spannungsverhältnis zwischen Betrugsbekämpfungsinteresse einerseits und Persönlichkeitsschutz beziehungsweise Datenschutz andererseits setzt sich fort, soweit im Anschluss an die instituts- und unternehmensinternen Maßnahmen, insbesondere in Folge einer Strafanzeige, Staatsanwaltschaft und Polizei die Betrugsstrafverfolgung aufnehmen.

Auch hier stellt sich die Frage nach den grundlegenden datenschutzrechtlichen Voraussetzungen, unter denen die staatliche Strafverfolgung auf Daten einer Bank zugreifen darf. Maßgeblich sind vor allem spezielle datenschutzrechtliche Vorschriften des Strafverfahrensrechts, insbesondere der StPO, die zurzeit umfassend reformiert werden, um die europarechtlichen Vorgaben der DSGVO und vor allem der JI-Richtlinie sowie weitere Anforderungen aus dem Urteil des Bundesverfassungsgerichts vom 20. April 2016 (1 BvR 966/09) zum Gesetz über das Bundeskriminalamt und die Zusammenarbeit des Bundes und der Länder in kriminalpolizeilichen Angelegenheiten (BKAG) umzusetzen. Von daher soll sich an dieser Stelle darauf beschränkt werden, die datenschutzrechtlichen Grenzen zu skizzieren und die reformbedingt zu erwartenden Rechtsänderungen anzudeuten.

Ob und unter welchen Voraussetzungen Staatsanwaltschaft und Polizei auf Daten eines Kreditinstituts zur Ermittlung von Straftaten zugreifen dürfen, ist nur in gesondert gelagerten Fällen explizit gesetzlich geregelt (vgl. etwa § 11 GwG). Zentrale Rechtsgrundlage für die Ermittlung ist daher für die Staatsanwaltschaft die sogenannte Generalermächtigung in den §§ 160 Absatz 1, 161 Absatz 1 Satz 1 StPO. Nach dieser hat die Staatsanwaltschaft die Aufgabe und grundsätzlich die Pflicht (§ 152 Absatz 2 StPO), den Sachverhalt zu erforschen, sobald sie durch eine Anzeige oder auf anderem Wege von dem Verdacht einer Straftat Kenntnis erhält. Dazu ist sie befugt, von allen Behörden Auskunft zu verlangen und Ermittlungen jeder Art entweder selbst vorzunehmen oder durch die Behörden und Beamten des Polizeidienstes vornehmen zu lassen.

Ergänzend weist § 163 Absatz 1 StPO der Polizei die Aufgabe zu, Straftaten zu erforschen und alle keinen Aufschub gestattenden Anordnungen zu treffen, um die Verdunkelung der Sache zu verhüten. Zu diesem Zweck ist die Polizei befugt, alle Behörden um Auskunft zu ersuchen, bei Gefahr im Verzug auch, die Auskunft zu verlangen, sowie Ermittlungen jeder Art vorzunehmen.

Weil Banken Privatunternehmen oder Genossenschaften sind, wird aus den genannten Ermächtigungen für Staatsanwaltschaft und Polizei ein Wahlrecht der Banken abgeleitet, ob sie von der Staatsanwaltschaft im Einzelfall verlangte Auskünfte erteilen oder nicht. In der Praxis müssen die Banken allerdings damit rechnen, dass ihr Vorstand gemäß § 161a StPO als Zeuge geladen wird, falls sie der Auskunftsaufforderung nicht nachkommen. In dieser Weise kann die Staatsanwaltschaft Druck auf die Unternehmen ausüben, die Auskunft zu erteilen, obwohl an sich keine rechtliche Verpflichtung dazu besteht.

In diesem strafverfolgungsrechtlichen Rahmen werden datenschutzrechtliche Grenzen relevant, wenn – wie häufig – das Auskunftsverlangen oder der Zugriff auf bankeninterne Daten zugleich eine Erhebung beziehungsweise Verarbeitung personenbezogener Daten (durch die Staatsanwaltschaft) bedeutet. Hierzu bedarf es grundsätzlich einer gesetzlichen und in Hinblick auf das informationelle Selbstbestimmungsrecht hinreichend bestimmten Rechtsgrundlage. Zwar lässt sich aus § 161 Absatz 2 StPO ableiten, dass die genannte Generalermächtigung des § 161 Absatz 1 StPO die Erhebung von personenbezogenen Daten einschließt. Wegen ihrer Unbestimmtheit soll dies nach verbreiteter Rechtsauffassung aber grundsätzlich nur für geringfügige Erhebungsmaßnahmen gelten. Entsprechend rechtlich umstritten sind insbesondere Fälle, in denen die Staatsanwaltschaft oder die Polizei auf umfängliche Datensammlungen der Kreditinstitute unmittelbar zugreifen oder aber diese auffordern darf, ihren Kundendatenbestand selbst nach bestimmten Kriterien zu durchsuchen und über die Ergebnisse Auskunft zu geben – so etwa im sogenannten Fall „Aktion Mikado", in dem 22 Millionen Kreditkartenkonten überprüft wurden. Das Bundesverfassungsgericht hat hier § 161 StPO auch in Hinblick auf die informationelle Selbstbestimmung als hinreichende Rechtsgrundlage angesehen, und zwar sowohl in Hinblick auf jene Karteninhaber, deren Identität als Treffer an die Staatsanwaltschaft übermittelt worden seien, als auch auf jene, deren Daten in der Datenbank ohne Treffer nur überprüft wurden (BVerfG, Urteil v. 17. Februar 2009, 2 BVR 1372/07; ausführlich: Kahler, Massenzugriff der Staatsanwaltschaft auf Kundendaten von Banken zur Ermittlung von Internetstraftaten, 2016, passim).

Soweit sich danach der Datenzugriff auf die Generalermächtigung stützen lässt, verlangt sie das Vorliegen hinreichender tatsächlicher Anhaltspunkte für die Begehung einer Straftat (vgl. § 152 Absatz 2 StPO). Für einen solchen Anfangsverdacht reicht die Möglichkeit aus, dass nach kriminalistischer Erfahrung eine verfolgbare Straftat vorliegt (Bundesgerichtshof, Urteil v. 21. April 1988, III ZR 255/86). Diese Möglichkeit kann sich aus bereits angestellten Ermittlungen des Kreditinstituts ergeben, soweit sie auf festgestellten Tatsachen beruht.

Umstritten ist hingegen die Lage, wenn an Stelle von Tatsachenfeststellungen – wie etwa im Fall „Aktion Mikado", in dem zwar Tatsachen vorlagen, die den Verdacht der Begehung von Straftaten begründeten, aber noch keine konkreten Verdachtspersonen identifiziert werden konnten – mathematische Wahrscheinlichkeiten gesetzt werden, um einen hinreichenden Anfangsverdacht zu begründen. So könnte der Zugriff auf die Fraud-Prevention-Systeme oder auch auf andere Datenbestände der Kreditinstitute mit dem Argument zu begründen versucht werden, dass die mathematische Wahrscheinlichkeit dafür spräche, dass sich in der Gesamtheit der Bankenkunden stets Betrugsverdächtige befinden. An einer solchen Argumentation wird kritisiert, dass so der Anfangsverdacht letztlich durch einen Generalverdacht ersetzt und seine Funktion als Eingriffsschwelle verlieren würde. Dass diese rechtlich schwierigen und verfassungsrechtlich fragwürdigen (dazu Kahler, a.a.O., S. 111 ff. m.w.N.) Grenzziehungen vor dem Hintergrund von „Big Data" und den damit verbundenen Möglichkeiten der massenhaften Datenauswertung noch einmal eine gesteigerte Virulenz für die informationelle Selbstbestimmung erfahren, ist leicht einzusehen. Umso fokussierter richten sich die Erwartungen an die erwähnte, laufende Reform des strafverfolgungsrechtlichen Datenschutzrechts, insbesondere in Hinblick auf die Anforderungen der europarechtlichen JI-RL und des Urteils des BVerfG zum BKAG. Dies betrifft etwa die Vorgabe gemäß Artikel 6 JI-RL, die die Mitgliedstaaten verpflichtet, bei ihren strafverfolgungsbezogenen Datenverarbeitungen so weit wie möglich zwischen den personenbezogenen Daten verschiedener Kategorien betroffener Personen klar zu unterscheiden, insbesondere von verdächtigen und nichtverdächtigen Personen. Allerdings stellen die für die Rechtmäßigkeit von Datenverarbeitungen zentralen Vorschriften der Artikel 4 Absatz 2 und Artikel 8 JI-RL im Vergleich etwa zur DSGVO offene und zurückhaltende Vorgaben an die staatsanwaltliche Datenverarbeitung. Der im Gesetzgebungsverfahren befindliche, hundertzwanzigseitige Reformentwurf (s. Bundestags-Drucksache 19/4671) sieht unter anderem eine Neufassung des § 161 Absatz 3 StPO vor, wonach die zweckändernde Verwendung von Daten, die durch eingriffsintensive Maßnahmen erhoben wurden, als Ermittlungsansatz unter bestimmten Voraussetzungen für zulässig erklärt wird (s. dazu auch BVerfG, Urteil v. 20. April 2016, 1 BvR 966/09, Rn. 315). Der Ausgang dieser umfassenden Reform bleibt abzuwarten.

Dr. Frederic Ufer

ist Rechtsanwalt und Leiter Recht & Regulierung beim Verband der Anbieter von Telekommunikations- und Mehrwertdiensten e.V. (VATM).

Mobilfunkkunden vor Betrug schützen

Die Digitalisierung schafft neue Möglichkeiten für die Telekommunikationsbranche. Auch Betrüger machen sich neue Technologien zunutze und richten damit großen Schaden auf Seiten der Mobilfunkkunden an. Deshalb haben Mobilfunkanbieter und der Gesetzgeber Maßnahmen ergriffen, um die Verbraucher zu schützen. Alle Akteure müssen hart dafür arbeiten, dass das Vertrauen der Nutzer in eine digitalisierte Welt gestärkt wird.

Mit der Digitalisierung findet unbestritten eine der tiefgreifendsten Entwicklungen unserer Zeit statt. Die digitale Transformation unserer gesellschaftlichen und wirtschaftlichen Lebensumstände hat bereits zu erheblichen Veränderungen bis hin zu Verwerfungen geführt. Trotzdem ist die enorme Tragweite der Digitalisierung nur den wenigsten Betroffenen bewusst – und betroffen sind ausnahmslos alle Menschen: Angefangen bei den sogenannten Digital Natives, die seit ihrer Geburt mit den Möglichkeiten der Digitalisierung mitwachsen, bis hin zu denjenigen, die den größten Teil ihres Lebens in einem analogen Umfeld verbracht haben.

Während beim Gedanken an die Chancen der Digitalisierung die Phantasie der Auguren in kaum vorstellbarem Ausmaß beflügelt wird, muss der Blick auch zwangsläufig auf die Risiken dieser Ent-

Alle sind gefordert

wicklung fallen. Die Sorgen der Wirtschaft und der Bürger drehen sich dabei um klassische Internetkriminalität, genauso wie um manipulierte Informationen und die damit zusammenhängenden negativen Konsequenzen.

Größte Bedrohung durch Computerviren und manipulierte Informationen

Von Top-Führungskräften wahrgenommene Cyberrisiken für die deutsche Bevölkerung; in Prozent der Nennungen

Computerviren beziehungsweise Schadsoftware	77
Manipulation der öffentlichen Meinung durch Fake News	75
Datenbetrug im Internet	74
Lahmlegung wichtiger Infrastruktureinrichtungen durch Cyberangriffe	68
Missbrauch von persönlichen Daten durch andere Nutzer in sozialen Netzwerken	65
Diebstahl von privaten Dateien durch Cyberangriffe	62
Überwachung der deutschen Bürger durch andere Staaten	54
Missbrauch von persönlichen Daten durch Unternehmen	53
Gefährdung der Privatsphäre der Bürger durch die Vernetzung von Haustechnik	53
Überwachung der deutschen Bürger durch den deutschen Staat	17
Gefährdung der Privatsphäre der Bürger durch die Verbreitung von Drohnen	17

Quelle: Deloitte, Cyber Security Report, 2018.

Dass die Anzahl in Deutschland genutzter Breitbandanschlüsse rasant gestiegen ist, verdeutlicht die wachsende Bedeutung eines Internetzugangs. Aktuell nutzen die Deutschen mehr als 34 Millionen stationäre Breitbandanschlüsse. Das Datenvolumen im Mobilfunknetz steigt jedes Jahr rasant an. Für das Jahr 2018 weist die jährlich durchgeführte „ARD/ZDF-Onlinestudie" 63,3 Millionen Online-Nutzer aus, was einem Anteil von 90,3 Prozent an der deutschsprachigen Bevölkerung ab 14 Jahren entspricht.

Mit der steigenden Verfügbarkeit des Internets, der rasanten Entwicklung der technischen Möglichkeiten und der darauf basierenden

Angebote verlagern sich unsere alltäglichen Aktivitäten zunehmend ins Internet. Die Sicherheitsforscher Lange und Bötticher bezeichnen das Internet als „Möglichkeitsraum", aber auch als „Gefahrenstrom": Im Internet lauern zunehmend Gefahren für Unternehmen sowie für Privatpersonen, die teils erheblichen Schaden anrichten. Dabei geht es nicht nur um neue Risiken, die erst durch neue Technologien entstanden sind, sondern auch um „klassische" kriminelle Aktivitäten, die ihren Ursprung weit vor dem digitalen Zeitalter haben. Diese stoßen durch die Möglichkeiten der Telekommunikationstechnologie und der Entgrenzung im Internet in ganz neue Dimensionen vor.

Aufgrund von Anonymität und der häufig nur geringen Schädigung der Betroffenen sinkt die Hemmschwelle der Täter. Daneben steigt die Erreichbarkeit potentieller Opfer ins Unermessliche, und deren Achtsamkeit ist ohne physisch sichtbaren Täter häufig vermindert. Kriminelle Aktivitäten sind finanziell attraktiv, da riesige Gewinne bei nur geringem technischen Aufwand locken. Zudem fühlen sich Kriminelle im digitalen Raum und durch die Zuhilfenahme telekommunikationstechnischer Einrichtungen in größerer Sicherheit. In diesem Zusammenhang weist der Jurist Ralf Kölbel darauf hin, dass bei entsprechenden staatlichen Ermittlungen und häufig länderübergreifenden Verbrechen Überführungsschwierigkeiten bestehen. Die strafrechtliche Einordnung bei neuartigen Tatbildern sei bislang keineswegs klar.

Insbesondere Betrug hat mit den Mitteln der Telekommunikation ganz neue Ausprägungen angenommen. Die im Folgenden dargestellten Beispiele zeigen, wie die Telekommunikationsbranche immer wieder in den Fokus krimineller Aktivitäten gerät und wie die Anbieter, Strafverfolger und der Gesetzgeber diese Verbrechen bekämpfen und sich gegen die Angriffe wappnen. Die Beispiele beziehen sich auf die Anfangsjahre der Digitalisierung und auf die Gegenwart. Sie gewähren auch einen Ausblick in die Zukunft betrügerischer Aktivitäten im Cyberumfeld.

Die Anfänge: Ping-Anrufe

Als die Digitalisierung in ihren heutigen Ausmaßen noch kaum zu erahnen war, nutzten Kriminelle bereits die Mittel der Massenkommunikation. Dadurch entwickelten sie ausgeklügelte Betrugsmaschen. Eines der bekanntesten Phänomene, das zu Beginn des neuen Jahrtausends aufkam, sind die bis heute auftretenden Lockanrufe –

auch Ping-Anrufe genannt. Dafür wird mit Hilfe von Computern eine große Menge von Mobilfunk- sowie Festnetzrufnummern angerufen, wobei das Telefon der Angerufenen aber nur einmal klingelt. In ihrer Anrufliste erscheint nicht die Rufnummer eines Festnetzanschlusses, sondern eine computergenerierte Rufnummer eines kostenpflichtigen Mehrwertdienstes. Durch diesen Trick sollen die angerufenen Anschlussinhaber veranlasst werden, diese kostenauslösenden Mehrwertdiensterufnummer zurückzurufen. Dies betraf in erster Linie Rufnummern mit der Vorwahl 0137 (§ 3 Nr. 11d Telekommunikationsgesetz, sogenannte „Massenverkehrsdienste") – aber auch die 0190er-Rufnummern (heute mit der Vorwahl 0900). Die Besonderheit dieser Rufnummern ist, dass ein Anruf pauschal und bereits dann komplett berechnet wird, sobald die Verbindung erfolgreich zustande gekommen ist.

Ein Mehrwertdienst versteckt sich aber keinesfalls hinter der angerufenen Rufnummer: In einem vom Bundesgerichtshof im Jahr 2014 als vollendeten Betrug abgeurteilten Fall – die Tat hatte allerdings im Jahr 2006 stattgefunden – wurde den Anrufern lediglich ein sinnloser Text („Ihre Stimme wurde gezählt.") angesagt. Damit ein Betrugsdelikt als verwirklicht gilt, ist ein Vermögensschaden erforderlich. Im Fall der Ping-Anrufe liegt ein entsprechender Schaden vor, da der Rückruf für den „Angepingten" nutzlos ist. Besonders perfide: Die vom Bundesgerichtshof

Kriminelle Aktivitäten sind finanziell attraktiv, da riesige Gewinne bei nur geringem technischen Aufwand locken.

bestraften Ping-Anrufe erfolgten in der Weihnachtszeit. Denn die Täter setzten darauf, dass die ahnungslosen Angerufenen mit Weihnachts- oder Neujahrsgrüßen aus dem Verwandten- oder Bekanntenkreis rechneten. Dieser Umstand war mit einer erhöhten Bereitschaft verbunden, die in der Anruferliste vermerkte Rufnummer zurückzurufen.

Darüber hinaus machten es sich die Betrüger zunutze, dass die mit der Länderkennung für Deutschland verschleierte Nummer mit der Vorwahl +49137 begann, die der Vorwahl +49173 des Mobilfunkanbieters Vodafone ähnelte. Davon erhofften sich die Täter, dass die von ihnen eingesetzte Nummer nicht als Mehrwertdiensterufnummer erkannt werden würde. Die Betrüger teilten die Erlöse in Höhe von 98 Cent pro Anruf – abzüglich des Anteils, der dem Vermieter der Mehrwertdiensterufnummer zustand – untereinander auf. Allein in diesem konkreten Fall aus dem Jahr 2006 riefen mehr als 660.000 Mobilfunk-kunden zurück.

Die Reaktion von Telekommunikationsbranche und Gesetzgeber

Anfang der 2000er Jahre hatte sich die Telekommunikationsbranche bereits über die Unzulässigkeit von Ping-Anrufen verständigt. Die daraus resultierende Selbstverpflichtung erfolgte in Form eines Verhaltenskodexes, der auch Bestandteil der Verträge zur Überlassung der 0137-Mehrwertdiensterufnummern geworden war. Durch diese Maßnahmen sollte der Kunde Vertrauen in die von den Unternehmen angebotenen Mehrwertdienste schöpfen können.

Allerdings wurden die Bemühungen der Telekommunikationsbranche in so vielen Fällen unterlaufen, dass der Gesetzgeber tätig werden musste. Heute ist über den §66k des Telekommunikationsgesetzes (TKG) geregelt, dass deutsche Rufnummern für Auskunftsdienste, Massenverkehrsdienste, Neuartige Dienste oder Premium-Dienste sowie Nummern für Kurzwahlsprachdienste nicht als Rufnummer des Anrufers übermittelt werden dürfen. Damit sind nicht nur automatische Rückrufbitten unzulässig, die zu kostenpflichtigen Mehrwertdiensterufnummern führen Vielmehr soll damit auch Tarifverschleierung und Identitätsdiebstahl vorgebeugt werden.

Die Ära der massenweise getätigten Ping-Anrufe ist keinesfalls vorbei.

Jedoch ist die Ära der massenweise getätigten Ping-Anrufe keinesfalls vorbei. Die Bundesnetzagentur, die für die Telekommunikationsbranche als Aufsichtsbehörde zuständig ist, teilt in ihrem Jahresbericht 2018 mit, dass bei ihr im Jahr 2017 über 76.000 Beschwerden zu Ping-Anrufen eingegangen sind. Damit sind diese betrügerischen Anrufe ein Schwerpunkt bei der Missbrauchsbekämpfung.

Allerdings haben die Betrüger ihre Vorgehensweise an die vom Gesetzgeber verschärften Rahmenbedingungen angepasst: Statt Mehrwertdienstevorwahlen werden nun exotische Auslandsziele gewählt. Deren internationale Vorwahlen sind bei flüchtigem Blick zum Teil leicht mit deutschen Vorwahlen zu verwechseln: Die internationale Telefonvorwahl von Madagaskar (00261) ähnelt der Koblenzer Ortsvorwahl (0261). Die Landesvorwahl von Liberia (00231) unterscheidet sich nur in einer Ziffer von Dortmunds Vorwahl (0231). Mit der Zahlenfolge 0232 beginnen zahlreiche Ortsvorwahlen im Ruhrgebiet, aber auch die Landesvorwahl von Sierra Leone (00232).

Damit diese Betrugsfälle vermieden werden können, müssen die Telekommunikationsanbieter seit dem 15. Januar 2018 eine präventive Maßnahme gegenüber ihren Kunden ergreifen. Mit kostenlosen Preisansagen werden die Rückrufenden gewarnt. Damit bekommen sie auch die Möglichkeit, noch aufzulegen, ohne dass für sie Kosten anfallen. Die Ansagen sind obligatorisch für 22 Länder, die besonders anfällig für Ping-Anrufe sind. Dazu gehören Exoten wie Burundi, Marokko, Tschad, die Malediven, aber auch Ziele aus Europa wie Serbien, Albanien und Bosnien-Herzegowina.

Zusätzlich wurden Rechnungslegungs- und Inkassierungsverbote erlassen. Diese sollen sicherstellen, dass gegenüber den Getäuschten die Kosten, die für Verbindungen zu den Rufnummern entstanden sind, nicht in Rechnung gestellt und beigetrieben werden können. Die Anbieter selbst sperren die Rufnummern, die von der Bundesnetzagentur in ihrer öffentlich einsehbaren Rubrik „Ping-Calls" in einer Maßnahmenliste hinterlegt wurden. Zusätzlich fahnden sie nach betrügerischen Rufnummern und sperren auch diese proaktiv. Generell empfiehlt es sich auch heutzutage noch, eine ausländische Rufnummer nicht zurückzurufen – sofern aus diesem Land kein Anruf erwartet wird.

Die Gegenwart: ungewollte Kosten auf der Handyrechnung

Spätestens seit dem Durchbruch des Smartphones werden zahlreiche Abläufe des täglichen Lebens immer stärker von mobilen Applikationen unterstützt oder gänzlich übernommen. Dabei ist das mobile, bargeldlose Bezahlen eine wichtige Funktion, die sich permanent weiterentwickelt und den Nutzern ein stetig komfortabler werdendes Einkaufserlebnis bieten soll. Viele Länder haben hier einen deutlichen Vorsprung. Aber auch für Deutschland ist unübersehbar, dass es sich dabei um einen der großen Trends der digitalen Zukunft handelt. Das Bezahlen über Telekommunikationseinrichtungen wird den Bargeldverkehr zunehmend substituieren.

Allein die große Popularität von Smartphones – verglichen mit Kredit- und Debitkarten – wird dem mobilen Bezahlen auch hierzulande

Mobiles Bezahlen in Deutschland noch nicht angekommen

Für 2018 prognostiziertes, durchschnittliches Transaktionsvolumen für mobile Bezahlverfahren[1] pro Nutzer; in Euro

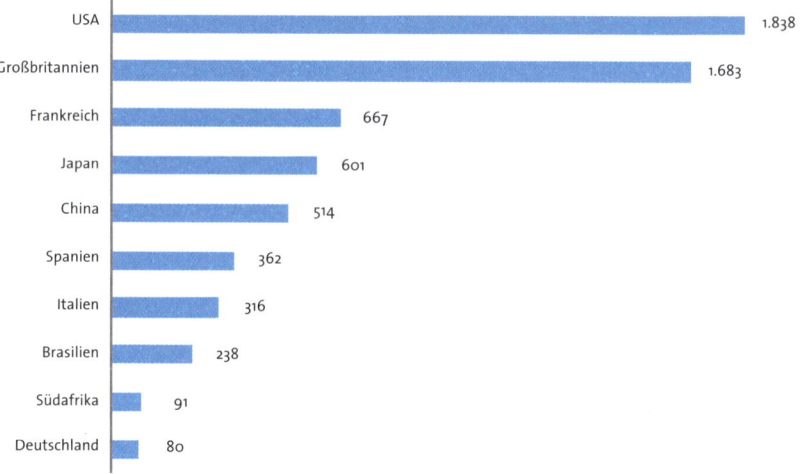

USA	1.838
Großbritannien	1.683
Frankreich	667
Japan	601
China	514
Spanien	362
Italien	316
Brasilien	238
Südafrika	91
Deutschland	80

1 Zahlungen am Verkaufsort über mobile Wallets, App-basierte Transaktionen mit einem geeigneten Zahlungsterminal des Händlers und NFC, QR-Code oder Bluetooth-basierte Zahlungsvorgänge

Quelle: Statista Digital Market Outlook, 2018.

den Weg bereiten. Mobiles Bezahlen kommt dabei in vielen Varianten vor: Eine Zahlung kann beispielsweise über die im Smartphone integrierte Technologie „Near Field Communication" (NFC) erfolgen, bei der das Mobiltelefon nur in die Nähe eines Lesegerätes gehalten werden muss. Mittlerweile steckt diese Technologie fast in jedem Mobiltelefon. Die großen Smartphonehersteller unterhalten eigene Dienste – zum Beispiel Apple Pay und Samsung Pay – mit denen die Technik der eigenen Geräte genutzt werden soll (oder muss). Darüber hinaus gibt es zahlreiche populäre Online-Bezahldienstleister, die einen unkomplizierten Kauf im Internet ermöglichen.

Besonders einfach ist es aber, über die Telefonrechnung des Mobilfunkanbieters zu bezahlen (das sogenannte „Carrier/Operator Billing"). Hierbei handelt es sich um ein elektronisches Bezahlverfahren, das im Gegensatz zu den vorher aufgezählten mobilen Bezahlmethoden nicht an der Verkaufstheke im Ladengeschäft eingesetzt wird, sondern in räumlicher Distanz als Fernzahlungsmethode. Der große

Vorteil: Für das Bezahlen per Mobilfunkrechnung muss sich der Kunde vorher nicht registrieren. Weder Passwörter noch andere persönliche Daten, wie die Adresse oder die Kontoverbindung, werden dabei abgefragt. Diese sind bereits bei dem Mobilfunkanbieter des Kunden hinterlegt. Damit ist der Verbraucher beim Anbieter einer Ware oder Dienstleistung legitimiert. Jedes Smartphone wird einfach anhand seiner SIM-Karte eindeutig identifiziert. Dadurch lassen sich beispielsweise Abonnements, Musik, E-Books, Spiele, Filme und vieles mehr kaufen. Mittlerweile akzeptieren die großen Online-Shops die Zahlung per Handyrechnung. Aber auch Briefmarken, Fahrkarten oder Parkscheine können ganz einfach mit dem Smartphone bestellt und per Handyrechnung bezahlt werden. Außerdem kann dieses Bezahlverfahren mit dem stationären Rechner des Kunden genutzt werden. In diesem Fall wird die Zahlung von einem SMS-TAN-Verfahren begleitet, um die Legitimation des Käufers zu gewährleisten.

Darüber hinaus lassen sich damit digitale Produkte von sogenannten Drittanbietern bezahlen. Dabei werden dem Kunden nicht von seinem Mobilfunkanbieter, sondern von einem anderen Unternehmen Leistungen in Rechnung gestellt. Der Drittanbieter lässt die Kosten dafür über den Mobilfunkanbieter einziehen, der dann den Geldbetrag weiterleitet. Die Kosten für das Ansehen, Anhören oder Herunterladen des gewünschten Artikels werden bei Kunden mit einem Laufzeitvertrag mit der nächsten Handyrechnung verrechnet oder direkt vom Prepaid-Guthaben abgezogen. Gerade in Ländern ohne etablierte Banken- und Kontensysteme hat der bargeldlose Zahlungsverkehr über das Smartphone besondere Popularität erlangt.

Immer dort, wo Geld die Seiten wechselt, entstehen jedoch mit Sicherheit kriminelle „Geschäftsideen". Die Mobilfunkanbieter befinden sich dabei in einem Spannungsfeld zwischen Betrug und Zukunftstechnologien. Allerdings begrüßt auch die Bundesregierung grundsätzlich die Möglichkeit, Drittanbieterleistungen über die Telefonrechnung abrechnen zu lassen. Denn das unkomplizierte Geschäftsmodell des mobilen Bezahlens kann für zahlreiche erwünschte Dienste – unter anderem für den Fahrscheinkauf im öffentlichen Personennahverkehr – genutzt werden.

Jedoch haben sich in der Vergangenheit immer wieder Verbraucher bei den Mobilfunkanbietern, der Bundesnetzagentur und den Verbraucherzentralen über Positionen auf ihren Mobilfunkrechnungen beschwert, die sie sich nicht erklären konnten und die von Drittanbietern stammten. Der Ursprung der Kosten liegt in intransparent ausgestalteten Diensten, bei denen mit einem Klick unbemerkt ein Bezahlbutton betätigt wird. Nach Auskunft der Bundesnetzagentur ist die Anzahl der in solchen Fällen erfolgten Beschwerden im Vergleich zu anderen Missbrauchskonstellationen verhältnismäßig gering.

Wie können aber Dienste vom Nutzer unbemerkt über das Smartphone aktiviert werden? Eine beliebte Masche der Betrüger ist, Verbraucher auf Bezahlseiten zu leiten, die absichtlich mit Bildern sowie Texten überlagert und somit maskiert sind: Dem Besucher einer Webseite wird zum Beispiel vorgetäuscht, dass er mit seinem Smartphone über ein Play-Icon ein Video abspielen kann. In Wirklichkeit lässt die oberste und allein für den Nutzer sicht- und klickbare Ebene der Webseite quasi den Klickbefehl „durch": Die entsprechenden klickbaren Flächen sind so angeordnet, dass der unsichtbar darunter liegende Aktivierungsbutton ausgelöst wird. Das zieht letztendlich einen Vertragsschluss und eine finanzielle Forderung nach sich. Eine Anfrage der Fraktion Bündnis 90/Die Grünen an die Bundesregierung hat ergeben, dass die Verschleierung solcher Webinhalte häufig mit der Programmiertechnik „I-Framing" realisiert wird. Eine andere Variante ist das „Click-Jacking". Hierbei wird der richtige, durch den Nutzer steuerbare Mauszeiger auf einer Webseite versteckt und durch einen virtuellen Cursor ersetzt. Dadurch erkennt der Nutzer nicht, dass die Eingabe auf ein anderes Element umgeleitet wurde. Auf diese Weise können im mobilen Internet Vertragsschlüsse unbemerkt und gegen den Willen der Verbraucher herbeigeführt werden.

Betrugsbekämpfung und Verbraucherschutz bei mobilen Mehrwertdiensten

Die Mobilfunkanbieter Telefónica Deutschland, Telekom Deutschland und Vodafone haben bereits 2011 die sogenannte Clean-Market-Initiative gestartet, um den Markt für mobile Mehrwertdienste kundenfreundlicher zu gestalten. 2012 ist Mobilcom-Debitel dieser Initiative beigetreten. Ziel ist es auch, den Verbraucherschutz im Hinblick auf den Kauf und die Abrechnung digitaler Güter zu verbessern. Dafür sollen das Kundenvertrauen in die Sicherheit des mobilen Bezahlens gestärkt und Betrug bekämpft werden. Die Anbieter setzen sich dafür ein, gleichermaßen einheitliche wie kundenfreundliche Regelungen und Standards für das Bezahlen per Handyrechnung im Markt zu etablieren. Eine eigens dafür eingerichtete Internetseite (www.zahleinfachperhandyrechnung.de) dient dabei als Informationsplattform für Verbraucher und Anwender sowie für Meinungsbildner.

Auch die Behörden beschäftigen sich mit dem Phänomen des ungewollten oder betrügerisch herbeigeführten Vertragsabschlusses, der
an einen Bezahlvorgang über die Mobilfunkrechnung gekoppelt ist,
denn durch den technischen Fortschritt werden die Methoden der
Betrüger immer ausgeklügelter. Bereits im Jahr 2012 hat der Gesetzgeber diesem Umstand Rechnung getragen. Seitdem beinhaltet das
TKG die Vorschrift des §45d Abs. 3. Dadurch kann der Kunde von
seinem Mobilfunkanbieter verlangen, dass die Identifizierung seines Mobilfunkanschlusses zur Inanspruchnahme und Abrechnung
einer neben der Verbindung erbrachten Leistung netzseitig gesperrt
wird. Das Gesetz setzt bei der automatisierten Identifizierung an und
berechtigt den Kunden, die zwischen Mobilfunkanbieter und Drittem
genutzte Schnittstelle kostenfrei sperren zu lassen. Durch diese Dritt-
anbietersperre können Drittangebote nicht mehr abgerechnet werden. Das führt jedoch auch dazu, dass diese bequeme Abrechnungs-
möglichkeit auch für bewusst nachgefragte und nützliche Dienste
nicht mehr zur Verfügung steht. Eine selektive, auf einzelne Drittanbieter beschränkte Sperrung wird von einigen Mobilfunkanbietern
freiwillig angeboten. Allerdings muss diese erst in einem sogenannten Opt-out-Verfahren durch den Kunden veranlasst werden. Das
Gesetz verbürgt hier keinen entsprechenden Anspruch. Nicht selten
entschließen sich Kunden also erst dazu, nachdem sie einen Schaden
erlitten haben.

An dieser Stelle knüpft eine weitere Regelung innerhalb dieses Gesetzes an, die erst im Jahr 2017 ergänzt wurde. Die Bundesnetzagentur
kann dadurch ein Verfahren festlegen, das die Mobilfunkanbieter
anwenden müssen, um die Identifizierung eines Mobilfunkanschlusses zur Inanspruchnahme und Abrechnung einer neben der Verbindung erbrachten Leistung zu nutzen. Damit sollen die Mobilfunkkunden wirksam davor geschützt werden, dass eine neben der Verbindung
erbrachte Leistung gegen ihren Willen in Anspruch genommen und
abgerechnet wird (vgl. §45d Abs. 4 TKG).

Dazu bietet sich das sogenannte Redirect-Verfahren an, bei dem der
Nutzer zum Vertragsschluss über eine Drittanbieterleistung auf eine
Internetseite des Mobilfunkanbieters umgeleitet wird. Das Layout
und der Inhalt dieser Webseite sind für den gesamten Markt einheitlich vorgegeben. Darauf findet der Kunde die wesentlichen Angaben
zum Drittanbieterdienst. Dadurch kann der nichtsahnende Kunde
mit einem einfachen Klick auf einer beliebigen Internetseite also
keine Bezahlung mehr auslösen. Mehr als 1.000 Drittanbieter haben
sich gegenüber den Mobilfunkanbietern verpflichtet, die meisten der

angebotenen Dienste auf eine unabhängige Bestätigungsseite weiterzuleiten. Allerdings müssen Drittanbieter und deren Angebote im Vorfeld ein Freischaltungs- und Prüfverfahren durchlaufen.

Das Redirect-Verfahren soll sicherstellen, dass die Nutzer den Bestellvorgang ausschließlich auf einer im Herrschaftsbereich des Mobilfunkanbieters liegenden Internetseite abschließen können, auf der die wesentlichen Vertragsbestandteile dargestellt sind. Erst dort bestätigt der Kunde die Bezahlmethode, nachdem er noch einmal ausdrücklich auf das angezeigte Angebot hingewiesen und gefragt wurde, ob er es tatsächlich bezahlen möchte. Das entspricht aber auch dem Vorgehen bei Internetabofallen, bei denen die Kunden durch intransparente Darstellungen auf den Internetseiten der Anbieter in eine Kostenfalle gelockt wurden.

Hier reagierte der Gesetzgeber und führte die „Button-Lösung" ein, womit der Missbrauch im Wesentlichen eingedämmt werden konnte: Gemäß § 312j BGB müssen Verbrauchern unmittelbar vor einem Vertragsschluss im elektronischen Geschäftsverkehr die wesentlichen Informationen zum Vertragsgegenstand, wie wesentliche Merkmale der Ware oder Dienstleistung sowie der zu zahlende Preis, zur Verfügung gestellt werden. Zudem muss die Bestellsituation so gestaltet werden, dass der Verbraucher mit seiner Bestellung ausdrücklich bestätigt, dass er sich zu einer Zahlung verpflichtet. Hierfür muss eine Schaltfläche zur Abgabe der Bestellung mit den Worten „zahlungspflichtig bestellen" oder mit einer entsprechend eindeutigen Formulierung beschriftet sein. Wird gegen diese Vorgaben verstoßen, kommt der Vertrag erst gar nicht zustande. Die „Button-Lösung" gilt auch im Drittanbieterumfeld. Im Falle einer Betrugsabsicht ist sie jedoch unwirksam, wenn der Button nach oben dargestelltem Muster maskiert wird.

Seit der Einführung des Redirect-Verfahrens in seiner aktuellen Form im Jahr 2016 sind die Beschwerden bei den Anbietern sowie bei den Verbraucherzentralen sichtbar zurückgegangen. Gleichsam muss zugestanden werden, dass es auch hier wieder programmiertechnische Mittel und Wege gibt, den Redirect zu unterbinden.

Kunden, die trotz der oben skizzierten Maßnahmen ungewollte Kostenpositionen auf ihrer Handyrechnung entdecken, haben dennoch Möglichkeiten zu handeln: Sie können – soweit möglich und aufgrund der Höhe sinnvoll – entsprechende Zahlungen zurückhalten, einen Widerspruch gegen die Rechnung einlegen, das betreffende

Abonnement kündigen und ihr Widerrufsrecht ausüben. Scheitern all diese Schritte, sollten sie bei der Bundesnetzagentur ein Schlichtungsverfahren einleiten oder eine Beschwerde einreichen.

Betrüger sind oft schlau, doch Branche und Politik schlafen nicht

Bei der Betrugsbekämpfung liegt es in der Natur der Sache, dass Anbieter, Behörden und auch die Nutzer beziehungsweise Kunden immer nur reagieren können. Durch immer neue Regelungen rentieren sich viele kriminelle Geschäftsmodelle nicht mehr, so dass die Angriffe ausbleiben. Allerdings gleichen diese Bemühungen häufig einer Sisyphusarbeit. Immer wenn ein krimineller Sumpf trockengelegt wurde, entsteht woanders ein neuer. Die technischen Möglichkeiten der Telekommunikation und die breite Digitalisierung unserer Welt bieten neben all ihren Vorteilen auch die Basis für Betrug. Deshalb dürfen kriminelle Aktivitäten nicht dazu führen, dass die Menschen von der digitalen Welt abgeschreckt werden. Um das unglaubliche Potential der Digitalisierung heben zu können, wird Vertrauen als Basis benötigt. Das Vertrauen in neue Technologien sowie in die Chancen und Möglichkeiten, die sich für alle Menschen in den unterschiedlichen Lebenssituationen daraus ergeben, ist entscheidend.

Dabei kommt dem Gesetzgeber eine Schlüsselrolle zu. Mit einem weitsichtigen Rechtsrahmen schafft er das Fundament für die neuen digitalen Geschäftsmodelle und das Sicherheitsgefühl der Nutzer. Dennoch darf die Regulierung des Markts dessen Möglichkeiten nicht ersticken. Der Gesetzgeber kann nicht jeden Missbrauch antizipieren und vorausschauend entsprechende Verbote oder Gebote erlassen. Die Pioniere des digitalen Markts und deren Geschäftsmodelle müssen Spielräume ausschöpfen können. Sie müssen scheitern und sich neu erfinden, um am Ende einen wirklichen Mehrwert bieten zu können. An dieser Stelle tragen auch die Anbieter Verantwortung: Sie müssen die Telekommunikation zur Vertrauenssache gegenüber ihren Kunden machen. Das ist durch Transparenz, Information und kundenorientierten Dialog zu erreichen. Wenn die Menschen uneingeschränkt das Gefühl haben, dass die Technologie und die Angebote sinnvoll und zum eigenen Vorteil genutzt werden können – ohne dass ein Schaden zu befürchten ist –, dann ist die digitale Transformation in unserer aller Leben eine Entwicklung, die alle Beteiligten mit großen Erwartungen annehmen können.

MEINE IDENTITÄT GEHÖRT MIR

Prof. Dr. Stephan G. Humer

ist Diplom-Soziologe und Informatiker und leitet den Forschungs- und Arbeitsbereich Internetsoziologie (FABIS) an der Hochschule Fresenius Berlin.

Denise Burkert

studiert derzeit im Masterstudiengang Security Management an der TH Brandenburg und war bis 2018 Mitarbeiterin bei FABIS an der Hochschule Fresenius Berlin.

Social Engineering – in der sozialen Grauzone

Unternehmen investieren viel in technische Sicherheit, vernachlässigen dabei aber die menschliche Komponente. Bereits mit kurzen Schulungen und einfachen Mitteln lassen sich „soziale" Angriffe abwehren. Wer von den Methoden der Angreifer lernt und sie sich zunutze macht, kann Schwachstellen und künftige Angriffsmöglichkeiten beseitigen.

Der Begriff „Social Engineering" dürfte vor allem IT-Sicherheitsexperten geläufig sein, doch Anwendung findet diese Angriffsstrategie mittlerweile in vielen Bereichen. Sowohl Unternehmen und Institutionen, also auch Privatpersonen, sind Ziel von Social Engineering. Mit psychologischen und soziologischen Herangehensweisen nutzen

Angreifer typische menschliche Schwächen und Verhaltensmuster aus, um insbesondere an sensible Informationen zu gelangen – und ohne dass ihre Opfer etwas davon merken. Wenn das Ziel von Social Engineering das Eindringen in fremde Computersysteme ist, spricht man auch von „Social Hacking". Grundsätzlich gibt es Social Engineering in zwei Varianten: Computer-Based Social Engineering und Human-Based Social Engineering.

Computer-Based Social Engineering setzt technische Hilfsmittel bei der Informationsbeschaffung ein, insbesondere vernetzte IT-Systeme. Ziel ist es, etwa durch Verbreitung von Schadsoftware oder durch Manipulation von Menschen, Zugriff auf Computersysteme und digitale Inhalte zu bekommen. Häufige Angriffsmethoden sind das Verschicken von Köder-E-Mails mit schädlichen Anhängen, Telefonate unter falscher, gefälschter oder fremder Identität sowie Phishing durch gefälschte, manipulierte oder infizierte Websites.

Beim Human-Based Social Engineering geht es um die Beschaffung von Informationen durch Kontaktaufnahme ohne digitale Hilfsmittel, wobei der Angreifer eine falsche Identität annimmt. Im Gegensatz zum Computer-Based Social Engineering ist wesentlich mehr Vorarbeit zu leisten. So setzt sich der Angreifer intensiv mit seinen potentiellen Opfern auseinander und sammelt alle relevanten Informationen über sie. Bei der Recherche stützt er sich auch auf digitale Quellen. Aufgrund der Digitalisierung unserer Lebenswelt stehen ihm viele Anknüpfungspunkte zur Verfügung.

Kernelemente von Social-Engineering-Attacken

Der rasante Aufstieg von Social Engineering bedeutet nicht, dass es keine wirksamen Gegenmaßnahmen gibt. Es sei an dieser Stelle aber betont: Gegen Social-Engineering-Angriffe gibt es keine allgemeingültigen Regeln, denn die Angriffsmethoden sind so vielfältig wie das menschliche Leben und Handeln selbst. Dies anzuerkennen ist ein erster wichtiger Schritt, um keine unerfüllbaren Hoffnungen bezüglich der Verteidigungslinie zu wecken.

Wichtigste Einzelwerkzeuge sowie Dreh- und Angelpunkt aller Maßnahmen sind Aufklärung und Achtsamkeit. Alle Datenanwender sollten sich darüber im Klaren sein, dass Angriffe nicht nur möglich, sondern sogar sehr wahrscheinlich sind und dass man nie perfekt geschützt ist. Lediglich fallweise kann man sich bereits im Vorhinein gegen Social Engineering rüsten. Dafür sollten einige allgemeinen Grundsätze sowie psychologische und soziologische Heuristiken beachtet werden, die beim Social Engineering eine Rolle spielen.

Allgemeine Grundsätze für die Abwehr

Der Prozess des Social Engineerings wird bereits seit langem – also bereits vor der Digitalisierung und Vernetzung – eingesetzt, beispielsweise von Trickbetrügern, die eine falsche Identität vortäuschen. Trotzdem war Human-Based Social Engineering lange Zeit nicht im öffentlichen Bewusstsein. Potentielle Opfer hatten keine Kenntnis davon und konnten sich deshalb auch nicht systematisch schützen. Man sprach immer nur über Einzelfälle und einzelne Taktiken von (Trick-)Betrug, Bauernfängerei und Täuschung, sah aber nicht die ganzheitliche Strategie sozialer Manipulation dahinter. So widmete man sich einzelnen Symptomen, ohne die Ursachen zu bekämpfen.

Aus historischen Gründen ist soziale Manipulation in Deutschland ein sensibles Thema, bedingt durch die Erfahrungen mit dem „Dritten Reich", aber auch mit den ideologischen Heilsversprechen der Sozialisten nach 1945 im Osten Europas. Der Philosoph Karl Popper hat bereits 1945 den ganzheitlichen Ansatz zur Schaffung einer „besseren" Gesellschaft aufs Schärfste kritisiert: Der „große Wurf", die allumfassende Verbesserung bestehender Gesellschaften, das Versprechen sozialer Glückseligkeit führen ins Unglück, so Popper. Die Manipulation ganzer Gesellschaften durch die Ideen einiger weniger sei brandgefährlich. Auch wenn in den siebziger Jahren des vergangenen Jahrhunderts noch der eine oder andere Versuch des politischen Social Engineerings gestartet wurde, beispielsweise in Chile, blieb diese Strategie im Westen doch – zurecht – verpönt. Realpolitisch geht Überzeugung vor Manipulation.

Human-Based Social Engineering war lange Zeit nicht im öffentlichen Bewusstsein.

Bei der negativen Beurteilung von Social Engineering spielt auch eine Rolle, dass „Social Engineers", also Menschen, die Social-Engineering-Angriffe planen und durchführen, Strategien verfolgen, um allgemeine soziale Phänomene auszunutzen und negativ zu interpretieren. Aus einer anderen Perspektive lassen sich solche Phänomene genauso gut positiv interpretieren beziehungsweise nutzen.

So wird aus der Manipulation ein gesellschaftlich weitgehend akzeptiertes „Nudging", also eine Kunst, Menschen zu einem für sie und die Gesellschaft sinnvollen und nützlichen Handeln zu überreden. Ähnlich wird in anderen Zusammenhängen aus einer verwerflichen Bedrohung eine heldenhafte Nothilfe oder aus einer inhaltlichen Grenzüberschreitung eine plausible Notlüge.

Die Grenze zwischen richtig und falsch, erwünscht und verwerflich ist also keineswegs leicht zu ziehen. Es handelt sich um eine Grauzone. Genau deshalb ist Social Engineering so erfolgreich. Denn wie man sich in einer mehrdeutigen und damit komplexen Situation als Mensch richtig verhält, ist keineswegs leicht zu entscheiden – besonders nicht unter Zeitdruck. Wie bereits deutlich gemacht: Für Social Engineering gibt es keine Pauschallösung. Im sozialen Umfeld ist es unmöglich, jederzeit alles richtig zu bewerten und zu entscheiden. Die positive Interpretation sozialer Techniken ist gesellschaftlich weitverbreitet. Menschen wollen oft gar nicht das Negative einer Handlung wahrnehmen, sondern richten sich ganz auf positives Denken aus. So erscheint vielen ein gerütteltes Maß an sozialem Misstrauen, das professionell trainiert und laufend aufgefrischt wird, eher abschreckend. Viel einfacher ist die Projektion negativer Aspekte auf entsprechende Institutionen in Staat und Gesellschaft.

Viele menschliche Verhaltensweisen basieren auf Vertrauen. Vertrauen prägt unsere heutige Welt und ist sozial und individuell erwünscht. Ohne Vertrauen kann kein Mensch ein gutes Leben führen – niemand will und kann alles kontrollieren. Natürlich ist jedem bewusst, dass Vertrauen missbraucht werden kann. In der Sicherheitspraxis geht es aber nicht um die theoretische Möglichkeit eines Missbrauchs, sondern um die Beurteilung jedes einzelnen Falls: Wann kann ich, wann sollte ich vertrauen und wann nicht? Welche Strategie wende ich an? Die Mehrheit zieht es in der Regel vor, solche Entscheidungen und die Verantwortung dafür an andere zu delegieren, zum Beispiel an die Behörden („Die Kriminalpolizei rät …"), an Herausgeber von Gütesiegeln („Geprüfte Sicherheit") oder an die Autoren schriftlicher und mündlicher Ratgeber („Sorge dich nicht – lebe!").

In diesem Umfeld weitet sich der Bereich der Grauzone erheblich aus – verbunden mit der zunehmenden Digitalisierung und Vernetzung und unterstützt von Werkzeugen des Computer-Based Social Engineerings. Für Social Engineers entstehen so ganz neue Möglichkeiten, die sie intensiv nutzen. Ihr Hauptwerkzeug ist die menschliche Kommunikation, die in unserer Gesellschaft überwiegend positiv bewertet wird. Für die Durchführung von Social-Engineering-Angriffen bedarf es hoher Überredungskunst beziehungsweise eines Kommunikationsgeschicks. Nicht von Bedeutung sind dagegen körperliche Überlegenheit, personelle Überzahl oder außergewöhnliche Sachmittel. Es geht um die Manipulation durch den einfachen Dialog – andere Werkzeuge sind höchstens unterstützender Natur.

Durch Berücksichtigung gewisser grundlegender, psychologischer Merkmale des menschlichen Denkens und Handelns „bearbeiten" Social Engineers ihre Opfer, um bestimmte Informationen zu erlangen. Anzumerken ist hierbei, dass es sich, streng genommen, nicht um Informationsdiebstahl handelt, da die Opfer die Informationen freiwillig herausgeben. Das Verwerfliche ist allein der Betrug des Täters. Das Opfer handelt im guten Glauben. Da ein Mensch unmöglich jede Situation richtig bewerten kann, lässt sich auch in solchen Fällen eine falsche Entscheidung, Informationen preiszugeben, nur bedingt kritisieren. Niemand ist „unüberwindbar".

Die Psychologie der Heuristiken

Neben diesen allgemeinen Aspekten setzt soziale Manipulation auch einige besondere Elemente voraus: Social Engineers verwenden in der Regel sogenannte Heuristiken. Diese werden von Psychologen wie folgt charakterisiert. Heuristiken …

- … bauen auf Fähigkeiten von Menschen auf, die sich im Lauf der Evolution entwickelt haben. Im Gegensatz zu erlernten Fähigkeiten sind Heuristiken einfach. Der Mensch wird in die Lage versetzt, Entscheidungen schnell, sparsam, transparent und robust zu fällen.

- … nutzen Umweltstrukturen. Die Qualität einer Heuristik muss in Bezug auf die Umwelt, in der die Heuristik angewendet wird bzw. ursprünglich entstand, betrachtet werden. In unterschiedlichen Situationen können und sollten unterschiedliche Heuristiken genutzt werden.

- … sind Prozessmodelle und keine Modelle für eine „Als-ob-Optimierung". Als-ob-Optimierungen bezeichnen Erklärungen menschlichen Verhaltens mit Hilfe mathematischer Berechnungen: Wenn ein Mensch einen Ball in die Luft wirft und wieder auffängt, verhält er sich so, als ob er eine Reihe von Differenzialgleichungen zur

Berechnung der Flugbahn gelöst hätte. In Wirklichkeit kommt in diesem konkreten Fall die Blickheuristik zum Tragen: Der Mensch fokussiert den Ball im immer gleichen Winkel und läuft somit in dessen Richtung.

Bei Heuristiken wird zwischen kognitiven und sozialen Heuristiken unterschieden. Erstere erleichtern die Entscheidungsfindung unter Unsicherheit, das heißt, wenn weder alle Fakten offen liegen, noch die Person alle Fakten kennt oder sie in ihre Entscheidungsfindung einbezieht. Die beiden IT-Sicherheitsexperten Bettina Weßelmann und Werner Degenhardt heben folgende sechs kognitiven Heuristiken hervor:

Sure-Gain-Heuristik. Menschen entscheiden sich eher für einen kleinen sicheren Gewinn als für einen weniger sicheren großen oder langfristigen Gewinn, was in dem Motto „Lieber den Spatz in der Hand als die Taube auf dem Dach" gut zum Ausdruck kommt. Dieses Phänomen beruht auf der urzeitlichen Überlebenssicherung und der Notwendigkeit, schnelle Erfolge zum Beispiel bei der Jagd zu erzielen, um nicht zu verhungern. In der IT stört diese Heuristik zum Beispiel die Sicherung des E-Mail-Verkehrs: Wenn durch eine Firewall das Versenden von E-Mails in Gastnetzwerken ohne zusätzliche, komplizierte Sicherheitsmaßnahmen nicht gestattet ist, tendieren Mitarbeiter dazu, die Firewall kurzzeitig ganz abzuschalten und E-Mails lieber ungesichert zu versenden. Dies nutzen Social Engineers aus: Sie erzeugen gezielt Netzwerkprobleme, sprich Situationen, in denen die IT-Sicherheit „nervt", damit Mitarbeiter die vorhandenen Sicherheitsmaßnahmen abschalten oder umgehen.

Optimismus. Menschen unterschätzen eine objektiv hohe Gefahr, wenn es um ihre eigene Person geht. Dies ist ein Grund dafür, dass selbst erfahrene Mitarbeiter manchmal auf fragwürdige Links klicken, obwohl sie über die Gefahr Bescheid wissen und ihren Kollegen oder Mitarbeitern bestimmt davon abraten würden, die Links anzuklicken. Social Engineers streuen deshalb weltweit große Mengen an Phishing-Mails in der Hoffnung, zumindest ein paar wenige Opfer zu finden, die solche Mails öffnen.

Heuristik der Kontrolle. Menschen schätzen manche Situationen als weniger gefährlich ein, wenn sie (vermeintlich) die Kontrolle darüber haben. Viele halten deshalb Fliegen für gefährlicher als die Fahrt mit dem eigenen Auto, obwohl es statistisch betrachtet umgekehrt ist. Social Engineers gestalten Angriffe deshalb so, dass ihre Opfer den

Eindruck bekommen, sie hätten die Kontrolle über die Situation. In diesem Fall sind sie auch eher bereit, Informationen preiszugeben.

Affektheuristik. Menschen urteilen oft nicht auf der Grundlage von Fakten, sondern aufgrund von Gefühlen. Wohlbefinden oder Wut können Entscheidungen direkt beeinflussen und zum Beispiel die Risikofreude erhöhen. Setzt man Menschen – durch Zeitdruck oder persönliche Angriffe – unter Stress oder versetzt sie mit Lob, Jubel, Erfolgsmeldungen oder Geschenken in eine besonders positive Stimmung, steigt die Chance, dass sie nicht rational, sondern emotional handeln und sich „mitreißen" lassen.

Verfügbarkeitsheuristik. Menschen halten Situationen für wahrscheinlicher, wenn sie sich an ähnliche Vorkommnisse in der Vergangenheit erinnern können. Da Social-Engineering-Angriffe oft unentdeckt bleiben, fehlt den Beteiligten der Zugriff auf entsprechende Erinnerungen. Deshalb erhalten Sicherheitsmaßnahmen oft nicht die Aufmerksamkeit, die sie verdienen.

Bestärkungsheuristik. Menschen berücksichtigen bei Entscheidungen vor allem solche Informationen, die ihre eigenen Ansichten und Werte verstärken. Social Engineers können somit eine Beziehung zu ihren Opfern aufbauen, wenn sie deren Ansichten, Werte oder Analysen übernehmen beziehungsweise bestärken. Eine gewisse Sympathie zum Angreifer spielt hierbei die entscheidende Rolle: Angriffsopfer geben relevante Informationen dann heraus, wenn sie nichts Böses ahnen.

Soziale Heuristiken

Soziale Heuristiken sind „Regeln", die sich auf das zwischenmenschliche Verhalten beziehen. Der US-amerikanische Psychologe Robert Cialdini sowie Bettina Weßelmann nennen sechs einflussreiche soziale Heuristiken:

Reziprozität. Menschen fühlen sich verpflichtet, auf ein Geschenk beziehungsweise auf eine Gefälligkeit mit einer entsprechenden – idealerweise äquivalenten – Gegenleistung zu reagieren. Reziprozität ist eine tief verankerte Denk- und Handlungsweise von Menschen, die Handel und Tausch erst möglich macht. Social Engineers können diese Heuristik einsetzen, indem sie ihrerseits dem Angriffsziel gewisse Informationen zur Verfügung stellen oder einen Gefallen erweisen, etwa die Unterstützung bei IT-Problemen. Im Gegenzug bitten sie um bestimmte Informationen. Bezüglich der Äquivalenz der Gegenleistung liegt die Kontrolle beim Social Engineer: Durch die „Großzügigkeit" seines Angebots bestimmt er auch, was er als Gegenleistung erwarten kann.

Konsistenz und Commitment. Menschen empfinden Spannungen und Inkonsistenzen zwischen Meinungen und Verhalten oder auch zwischen gegensätzlichen Meinungen als unangenehm. Der Sozialpsychologe Leon Festinger stellte bereits in den fünfziger Jahren eine Theorie der kognitiven Dissonanz auf, die dieses Phänomen beschreibt. Demnach streben Menschen danach, solche Dissonanzen schnell aufzulösen und Widerspruchsfreiheit herzustellen.

In Bezug auf das „Commitment" eines Menschen geht es um die Konsistenz zwischen Zusagen und geäußerten Meinungen und dem eigenen Handeln. Menschen fühlen sich verpflichtet, Versprechen einzuhalten beziehungsweise zu ihren Ansichten zu stehen. Social Engineers nutzen dies aus, indem sie an gewisse, angeblich in der Vergangenheit geäußerte Haltungen ihres Gegenübers appellieren. Solche Appelle können auch ins Blaue hinein abgegeben werden, wenn es sich um weitverbreitete Meinungen handelt. Dabei weist der Angreifer sein Opfer auf angebliche Widersprüche zwischen Haltung und Handeln hin.

Soziale Bewährtheit. Menschen, die in einer neuen Situation nicht wissen, wie sie sich verhalten sollen, orientieren sich meist an ihren Mitmenschen. Sie beobachten, was andere in derselben oder ähnlichen Situation tun, oder stellen Vermutungen an, was diese tun würden. Beim Social Engineering weisen Angreifer deshalb ihre Opfer zum Beispiel darauf hin, wie sich Kollegen im selben Unternehmen angeblich in dieser Situation verhalten haben. Wer sich dieser Heuristik nicht bewusst ist, tappt schnell in die Falle. Es erfordert ein hohes Maß an Selbstdisziplin, Analysefähigkeit und Stressresistenz, um sich gegen eine vermeintliche Mehrheit und das sozial Erwünschte zu stellen. Diese Heuristik gehört damit zu den wirksamsten Angriffsmethoden.

Sympathie. Ebenfalls von großer Bedeutung ist der Faktor Sympathie. Wenn sich Menschen sympathisch finden, geben sie eher Informationen weiter, als wenn sie sich schlecht fühlen oder unter Stress stehen. Eine Reihe von Sympathiefaktoren lässt sich benennen: Körperliche Attraktivität führt dazu, dass auch andere Merkmale einer

Person als besser oder wertvoller eingeschätzt werden, denn gemäß Haloeffekt überstrahlen besonders hervorstechende Merkmale alle übrigen Eigenschaften. Dieser Effekt ist wissenschaftlich gut dokumentiert und bei Social Engineers entsprechend verbreitet. Ähnlichkeiten bezüglich Meinungen, Ansichten, Persönlichkeit oder Lebensweisen sind ebenfalls ein wichtiger Sympathiefaktor. Wer einem ähnlich ist, kann eher Unterstützung, Rückhalt und Verständnis erwarten. Komplimente sorgen für ein Gefühl von Wertschätzung. Wer sich von seinem Gegenüber wertgeschätzt fühlt, ist diesem meist ebenfalls wohlgesonnen. Angebote für eine Zusammenarbeit tragen ebenfalls zur Sympathie bei. Solidarität geht vor Wettbewerb. Gute Nachrichten sorgen in der Regel dafür, dass auch der Überbringer der Nachricht als sympathisch eingestuft wird und umgekehrt. Social Engineers können diese Faktoren auf vielfältige Weise anwenden, interpretieren und kombinieren, um auf ihre Angriffsopfer sympathisch zu wirken.

Autorität. Menschen neigen eher dazu, Forderungen zu erfüllen, wenn diese von Autoritätspersonen erhoben werden, wie der bekannte ehemalige Hacker Kevin Mitnick aus Erfahrung berichtet. Wenn die Opfer eines Angriffs in Organisationen arbeiten, die stark hierarchisch aufgebaut sind, ist diese Heuristik besonders leicht einsetzbar. Denn das Hinterfragen von Entscheidungen ist hier verpönt. Außerdem ist es für einen Social Engineer prinzipiell sehr einfach, sich als Autoritätsperson auszugeben. Wer sich beispielsweise als Polizist zu erkennen gibt, benötigt dazu nur einen schlecht gefälschten Ausweis, da kaum jemand weiß, wie ein richtiger Polizeiausweis aussieht.

Knappheit. Menschen werden durch die Gefahr, etwas zu verlieren, stärker zum Handeln motiviert als durch die Chance, etwas (dazu) zu gewinnen. Gleichzeitig empfinden Menschen seltene Güter als wertvoller als häufige. Angreifer machen sich diese Knappheit beim Faktor Zeit zunutze. Unter künstlichem Zeitdruck geben ihre Opfer eher Informationen preis als unter normalen Umständen, zum Beispiel steht angeblich ein wichtiger Vertragsabschluss kurz bevor und darf nicht durch fehlende Informationen gefährdet werden.

Das Wissen über die typisch menschlichen kognitiven und sozialen Heuristiken sowie die Fertigkeit, diese einzusetzen, verschafft Social Engineers im Dialog mit ihren Opfern einen Vorsprung. Viele dieser Heuristiken laufen quasi automatisch ab, so dass die Opfer nicht einmal im Nachhinein merken, dass sie Ziel eines Angriffs waren. Social-Engineering-Angriffe bleiben oft unbemerkt.

Meine Identität gehört mir

Aufklärung tut not

Wer über die Methoden von Social Engineering aufklärt, sollte betonen, dass weder blindes Vertrauen noch übermäßige Zweifel an allem und jedem der richtige Weg sind, um nicht zum Opfer eines Angriffs zu werden, sich aber auch nicht gegen alle gesellschaftlichen Konventionen stellen zu müssen. Letztlich ist ein Mittelweg zu empfehlen.

Aufklärung sollte – ähnlich wie dieser Beitrag – vor allem folgende Fragen beantworten:

- Was ist Social Engineering?

- Was sind die Kernelemente von Social-Engineering-Attacken?

- Was sind allgemeine Abwehrgrundsätze?

- Welche Heuristiken sind zu beachten?

Diese vier Bausteine sollten Teil jedes Schulungskonzepts sein, wobei dieses stets aktualisiert werden sollte, um auch neueste Fälle zu berücksichtigen. Das Konzept sollte so an die Zielgruppe angepasst werden, dass Heuristiken von hoher Relevanz Priorität genießen, und es sollte didaktisch so gut vermittelt werden, dass es die Achtsamkeit für sicherheitsrelevante Fragen erhöht.

Als Inspiration für die Gestaltung eines Aufklärungskonzepts sei der Beitrag von Michael Lardschneider, Chief Security Officer der Munich Re, in der Zeitschrift „Datenschutz und Datensicherheit" von 2008 empfohlen: „Social Engineering. Eine ungewöhnliche aber höchst effiziente Security Awareness Maßnahme". Der Artikel ist klug gegliedert, leicht nachzuvollziehen und immer noch höchst aktuell.

Sämtliche Maßnahmen sind jedoch – das sei abschließend betont – nur Hilfsmittel und keine Heilmittel. Gute Social-Engineering-Abwehr muss den Menschen in den Mittelpunkt stellen. Und dieser ist – zum Glück – nie komplett kontrollierbar.

Tina Groll

*ist Redakteurin bei ZEIT ONLINE im Ressort Politik &
Wirtschaft und Autorin mehrerer Bücher. Sie wurde
2009/2010 selbst Opfer von Identitätsmissbrauch. Sie
wehrte sich erfolgreich dagegen – heute hält sie über
das Thema Vorträge, berät Opfer und betreibt das
Informationsportal www.identitaetsdiebstahl.info.*

Cem Karakaya

*Cem Karakaya ist ehemaliger Interpol-Agent und Experte für Internet-
kriminalität und Prävention bei der Polizei München sowie Sekretär
der Internationalen Polizei Vereinigung (IPA) bei der Verbindungs-
stelle München. Bei Interpol war er unter anderem für die Abteilung
Auswärtige Angelegenheiten und als Generalsekretär der IPA für die
türkische Sektion tätig. Später wechselte er in den Bereich Neue Medien
und Internetkriminalität.*

Vorsicht, Identitätsklau!

Nie war es einfacher, sich der Identität eines anderen
zu bemächtigen. Identitätsdiebstahl ist zu einem
Massenphänomenen geworden. Wer die Täter sind, wie es
funktioniert und wie man sich schützen kann.

Es ist mittlerweile zehn Jahre her, dass sich andere für mich ausgaben: Anfang 2009 benutzten Betrüger den Namen Tina Groll und
mein Geburtsdatum, um in Hunderten von Fällen Warenkreditbetrug zu begehen. Was sich heute so lapidar erzählt, war damals ein
echter Albtraum. Über Monate flatterten mir tagtäglich Rechnungen
und Mahnschreiben ins Haus, forderten Firmen, von denen ich zuvor
noch nie etwas gehört hatte, hohe Summen von mir für Warensen-
dungen, die ich weder bestellt noch jemals erhalten hatte. Es gab
Haftanordnungen gegen mich und Einträge ins Schuldnerregister
über mich. Und als wäre das alles noch nicht genug, hatten die Täter
sogar Schreiben verfasst, in denen sie sich als angebliche Nachbarn

ausgaben und behaupteten, ich habe bei ihnen gewohnt und sei tatsächlich die gesuchte Täterin.

Doch das Allerschlimmste waren die falschen Daten: Denn natürlich waren auch die Versandunternehmen um ihre Waren geprellt worden, und die so entstandenen Forderungen, die meiner Person zugeordnet wurden, waren in der Welt. Sie wurden von Versandhändlern, Inkassounternehmen, Auskunfteien und Behörden gehandelt und weiterverbreitet – und mit weiteren echten, personenbezogenen Daten über meine Person zusammengeführt. Wer was über mich gespeichert hatte, war mir als Betroffene völlig intransparent. Ein Jahr lang dauerte es, bis die meisten Datensätze bereinigt waren und nicht mehr mit der echten Person Tina Groll in Verbindung gebracht wurden. Doch vollkommene Sicherheit gibt es bis heute nicht: Immer wieder kommt es vor, dass falsche Daten oder unberechtigte Forderungen „wiederbelebt" werden, etwa weil alte Sperrvermerke im Zuge einer Systemumstellung wegfallen oder alte Archivdaten wieder hochgeladen werden.

Ein Identitätsdiebstahl ist daher vor allem eins: sehr hartnäckig. Und bis heute ist es für Kriminelle sehr einfach, mit den Identitätsdaten eines anderen Straftaten zu begehen. Wir behaupten sogar: Es ist heute einfacher denn je, schließlich gibt es immer mehr Internetnutzer, die personenbezogene Daten im Netz hinterlassen.

Einer Studie der Unternehmensberatung PWC zum Thema Cyber Security aus dem Jahr 2016 zufolge soll jeder dritte Deutsche schon von Datenmissbrauch betroffen sein. Demnach steigt die Wahrscheinlichkeit, Opfer zu werden, mit dem Nutzungsverhalten im Internet. So gilt Online-Shopping als größte Gefahrenquelle. Der Untersuchung zufolge soll jeder Zweite, der regelmäßig mindestens einmal pro Woche im Internet einkauft, schon einen Datenmissbrauch erlebt haben.

So funktioniert Identitätsdiebstahl bei Warenkreditbetrug

In der Regel fängt alles ganz harmlos an. Ein Schreiben liegt im Briefkasten, eine Mahnung. Meist stammt sie von einem Inkassounternehmen oder der Abteilung für Forderungsmanagement eines Versandhändlers. Diese Firma verlangt Geld und oft auch Mahngebühren für eine Warensendung, die in der Regel an eine andere Adresse oder eine Paketstation geliefert worden ist. Der Zeitpunkt der Bestellung liegt häufig schon Monate zurück. Oft ist es bereits das zweite oder dritte

Schreiben. Meist wurde schon versucht, an der anderen Adresse zu vollstrecken. Für den Betroffenen ist häufig nicht sofort ersichtlich, was genau bestellt worden ist oder wohin es geliefert wurde. In meinem Fall bastelten sich die Betrüger einfach aus meinem Namen und meinem Geburtsdatum eine kostenlose Mailadresse, die nur dem Warenkreditbetrug dient.

> *Identitätsdiebstahl ist heute einfacher denn je, schließlich gibt es immer mehr Internetnutzer, die freiwillig personenbezogene Daten im Netz hinterlassen.*

Als die Versandhändler Wochen später den Zahlungsausfall bemerkten, erreichten sie unter dieser Mailadresse natürlich niemanden. Oft löschen die Täter die Mailadressen sogar oder stellen sie auf inaktiv. Und natürlich finden die geprellten Unternehmen den vermeintlichen Schuldner auch nicht an der sogenannten „Dropzone". So nennen die Ermittlungsbehörden die Wohnungen oder Paketstationen, an die die bestellte Ware geliefert wird. Meist handelt es sich um leer stehende Wohnungen in riesigen Mietshäusern. Da, wo die Anonymität groß ist, fällt es den Nachbarn nicht auf, wenn sich Strohmänner in oder vor leer stehenden Wohnungen aufhalten, um den Paketboten abzufangen. Und erst recht fällt es nicht auf, wenn kurzfristig verschiedene Namen auf die Türschilder geklebt werden. Noch einfacher ist es für die Täter, Paketstationen zu verwenden. Hier können die Kriminellen häufig ganz im Schutz der Anonymität agieren. Allerdings reagieren die Postdienste mittlerweile auf die wachsenden Fälle von Betrug: Viele Stationen sind mittlerweile videoüberwacht, immer häufiger werden auch verschiedene Authentifizierungsverfahren für die Nutzung der Stationen eingesetzt. Das schreckt Täter ab.

In meinem Fall ziehe ich am Tag vor Weihnachten ein Schreiben aus dem Briefkasten mit dem Betreff „Mahnung". Es beinhaltet eine Kunden- und Vorgangsnummer, die ich nicht zuordnen kann. Die Creditreform will Geld von mir für eine Warenlieferung der Württembergischen Metallwarenfabrik (WMF) – mehrere Hundert Euro, die Hälfte davon für Mahn- und Verfahrenskosten, die angeblich in den vergangenen Monaten zusammengekommen seien.

Ich bin geschockt und verwirrt. Ich habe die WMF bis dahin gar nicht gekannt und frage mich, ob das eine Betrugsmasche sein könnte? Und vor allem, was ich jetzt tun müsste: nicht reagieren oder nachhaken?

Ich entschließe mich, sofort Kontakt mit dem Inkassodienst aufzunehmen. In der Hotline fragt man nach der Kundennummer. Mir ist es unangenehm, eine Kundennummer zu nennen, die einem Schuldenfall zugeordnet ist. Es ist ja nicht meine Kundennummer, sondern mutmaßlich die von jemand anderem. Ich werde zur Inkassoabteilung durchgestellt, aber dort ist niemand mehr erreichbar. Frust kommt auf. Also schreibe ich einen Brief an beide Firmen und erkläre, dass die Forderung nicht berechtigt sei und ich noch nie eine Geschäftsbeziehung mit der WMF gehabt habe. Außerdem fordere ich die Unternehmen auf, die falschen Daten zu löschen und mir dies zu bestätigen. Denn nach Bundesdatenschutzgesetz müssen falsche Daten gelöscht werden und dürfen nicht weiter verwendet werden.

Besorgt recherchiere ich im Netz nach mehr Informationen. Ich finde eine Mitteilung des Justizministeriums. Darin heißt es: „Sollten Sie den Eindruck haben, jemand könne Ihren Namen unbefugt benutzt haben, ist es besonders ratsam, sich mit dem Rechnung stellenden Unternehmen in Verbindung zu setzen. (…) In solchen Fällen einer Bestellung unter falscher Namensangabe sollten ebenfalls die Polizei oder Staatsanwaltschaft eingeschaltet werden." Noch sehe ich aber davon ab, Anzeige zu erstatten. Lieber will ich auf eine Reaktion von der Creditreform und der WMF warten.

Kurz nach dem Jahreswechsel bekomme ich eine Antwort des Inkassodienstes per Einschreiben, das ich in der Postfiliale abhole. Noch in der Post reiße ich den Brief auf und fühle mich wie vom Schlag getroffen. Das Schreiben ist wie eine Anklageschrift formuliert. In acht Punkten legt das Unternehmen dar, dass ich die Schuldnerin sei. „Sie, Tina Groll, haben …", steht da. Ich hätte an der falschen Adresse gelebt, sei dort aber nie gemeldet gewesen.

Das bestätige auch ein anhängiges Schreiben einer Nachbarsfamilie. Diese Personen behaupten, mich zu kennen, und dass ich im Jahr 2009 eine Weile bei ihnen gewohnt habe. Ein Nachbar habe das Paket der WMF – und viele andere – für mich angenommen. Das bestätigt auch die Kopie seiner Unterschrift, die die Creditreform von der DHL bekommen hat. Die Creditreform behauptet, dass es an mir liege zu beweisen, dass ich nicht die Schuldnerin sei. Es liegen außerdem Haftanordnungen beim Amtsgericht Bremen-Blumenthal gegen mich vor, behauptet die Creditreform. Was heißt das? Kann ich jetzt verhaftet werden? Voller Panik gehe ich sofort zur Polizei, um Anzeige zu erstatten. Aber was zeige ich hier eigentlich an?

Das Wort „Identitätsmissbrauch" fällt das erste Mal auf der Wache. Der aufnehmende Beamte hat so etwas selbst schon einmal erlebt. Betrüger nutzten seinen Namen, um Konzertkarten zu bestellen. Als der Tickethändler das Geld schließlich von ihm forderte, nahm er sich einen Anwalt, erzählt er. „Ansonsten hätten die nicht locker gelassen. Sie sollten sich auch einen Rechtsbeistand holen", sagt der Polizist. Immerhin sei es nicht leicht, unberechtigte Einträge ins Schuldnerregister ohne juristischen Beistand löschen zu lassen. Mir ist ganz mulmig.

Ich habe unzählige Fragen. Auf die meisten hat der freundliche Beamte leider keine Antwort. Wer ist der Täter, kenne ich ihn? Wie konnte so etwas passieren? Muss ich nun in jedem Einzelfall meine Unschuld beweisen? Muss ich für den Schaden haften? Haftet man für seine Daten? Und wie klaut man die Identität eines Menschen?

Die traurige Antwort lautet: Es ist sehr einfach. Bis heute braucht man für einen Kauf auf Rechnung meist nur den Namen und das Geburtsdatum einer Person, die eine gewisse Bonität hat. Die Betrüger könnten sich natürlich auch einfach jemanden ausdenken, aber weil die meisten Versandhändler einen Abgleich bei den großen Auskunfteien machen, ehe sie Ware auf Rechnung verschicken, wären sie mit rein fiktiven Verbrauchern nicht erfolgreich. Beute machen sie nur, wenn die Person echt ist – und vor allem ihre Bonität. Und daher ist eigentlich der Begriff „Identitätsdiebstahl" nicht ganz richtig. Denn bei einem Warenkreditbetrug – und hierfür werden Identitäten am häufigsten missbraucht – stehlen die Kriminellen eigentlich „nur" den guten Bonitätsscore unter Verwendung der echten personenbezogenen Daten.

Wie die Täter an die Daten kommen

Und weil heute immer mehr Menschen aktiv im Netz sind, gibt es immer mehr Datenquellen, in denen man Namen, Geburtsdaten und idealerweise noch weitere persönliche Daten finden kann. Der Beruf beispielsweise liefert Kriminellen einen Anhaltspunkt darüber, ob jemand solvent ist. Man muss also nicht einmal Hacker sein.

Tatsächlich werden vor allem Politiker und Prominente Opfer von Identitätsdiebstahl. Kein Wunder, über die findet man bei Wikipedia allerlei personenbezogene Daten inklusive Geburtsdatum. 2018 beispielsweise wurde in den Boulevardmedien bekannt, dass der beliebte

„Tatort"-Schauspieler Axel Prahl Opfer von Internetbetrügern geworden war. Auch hier bestellten die Täter unter Verwendung seines Namens Waren und bezahlten diese nie. Und im Jahr 2016 wurden im Namen der Politiker des Berliner Abgeordnetenhauses mehr als 500 Einzelbestellungen bei Online-Versandhäusern getätigt.

Oft müssen die Betrüger nicht einmal das Netz bemühen, um an die Daten ihrer Opfer zu kommen. Denn schon lange vor dem Internet gab es Identitätsmissbrauch. Personenbezogene Daten kommen schließlich auch ganz analog weg, zum Beispiel, wenn einem die Brieftasche mit Ausweis gestohlen wird. Kriminelle durchsuchen auch den Hausmüll und finden in Briefen und Dokumenten viele Daten. Manchmal fragen die Täter auch einfach danach – zum Beispiel, indem sie angebliche Telefonumfragen durchführen.

Bei einem Warenkreditbetrug – und hierfür werden Identitäten am häufigsten missbraucht – stehlen die Kriminellen eigentlich „nur" den guten Bonitätsscore unter Verwendung der echten, personenbezogenen Daten.

Am häufigsten geben die Opfer ihre Daten daher sogar selbst preis: Studien zeigen, dass das bevorzugte Mittel der Täter immer noch Trojaner und Phishing sind. Dann werden Geburtsdaten, Zugangsdaten für soziale Netzwerke oder auch Bankverbindungen ganz bequem über gefälschte Internetseiten „abgefischt". Im Darknet gibt es Anleitungen, wie man solche gefälschten Anmeldeseiten zum Beispiel von Facebook, ganz einfach selbst programmieren kann, wenn man grundlegende Technikkenntnisse hat.

Wer sind die Täter?

Trotzdem handelt es sich bei den Tätern überwiegend um professionelle Betrüger. Die Polizei geht von drei klassischen Tätergruppen aus. Da sind zum einen die Menschen, die auf einfachem Weg andere betrügen. Sie kaufen die Waren oft für sich selbst, und um sich vor dem Bezahlen zu drücken, geben sie die Identität von Nachbarn, Kollegen, Bekannten oder sogar Familienangehörigen an. Meist lassen sie sich die Ware zu sich nach Hause oder sogar zu den Verwandten selbst senden und fangen diese dort ab. Nicht selten haben diese Täter ein eher instabiles soziales Umfeld und verfügen nur über wenig Geld. Die Opfer können diese Täter dann zwar anzeigen, einen

Schadensersatz gibt es bei dieser Tätergruppe aber selten. Auch die geprellten Unternehmen bleiben meist auf ihrem Schaden sitzen.

Zur zweiten Gruppe gehören Kleinkriminelle, die sich Identitätsdaten oft aus dem Netz besorgen. Im Darknet kann man mittlerweile Datensätze mit Tausenden Identitäten günstig kaufen. Einige nutzen auch Phishing. Diese Täter kennen ihre Opfer in der Regel nicht. Diese Gruppe verfügt oft über einfache Programmier- und Hackerkenntnisse und hat Zugang zur kriminellen Szene. Die Betrugsware wird oft über Hehler und Strohmänner verkauft. Die Kleinkriminellen arbeiten oft in Netzwerken zusammen.

Straftaten in Verbindung mit einem Identitätsmissbrauch sind Warenkreditbetrug, aber auch Mobbing und Stalking.

Zur dritten Gruppe gehören organisierte Kriminelle, hochkarätige Hacker. Diese Täter betreiben einen sehr großen Aufwand, hacken ganze Unternehmensnetzwerke, stehlen die Daten von oft Hunderttausenden und agieren in der Regel anonym. Diese hochkriminellen Täter werden nur selten gefasst.

Die Statistik ist oft nicht verlässlich

Wie viele Betroffene es dagegen auf der anderen Seite gibt, lässt sich gar nicht so leicht feststellen. Denn auch wenn es, wie eingangs erwähnt, Studien gibt, sind die Zahlen nicht ganz verlässlich. Das eigentliche Problem entsteht ja erst, wenn die Daten für Straftaten benutzt werden. Identitätsdiebstahl und Identitätsmissbrauch sind, streng genommen, zwei verschiedene Vorgänge:

Beim Identitätsdiebstahl beschaffen sich die Täter nämlich zunächst nur die Identität eines Menschen. Aber das Opfer bemerkt den Schaden in der Regel erst, wenn unter der Identität Straftaten begangen wurden – und insofern ein Missbrauch von Identitätsdaten stattgefunden hat.

Und diese Tat muss als solche schließlich auch korrekt zur Anzeige gebracht werden, damit die Statistik stimmt. Das ist ein weiteres Problem. Denn viele Opfer wissen gar nicht, was sie genau anzeigen sollen. Mitunter wird bei den Ermittlungsbehörden das Delikt auch unter einer anderen Rubrik geführt – Betrug etwa statt Identitätsdiebstahl und Cybercrime. Und als wäre das noch nicht genug, werden unter einer Identität häufig verschiedene Straftaten verübt. Das alles führt dazu, dass auf die offizielle Statistik des Bundeskriminalamtes (BKA) wenig Verlass ist. Für das Jahr 2017 beispielsweise tauchen nur 86.372 Fälle von Computerbetrug auf (Polizeiliche Kriminalstatistik für die Bundesrepublik Deutschland, Jahrbuch 2017, Band 4, V 3.0, S.177).

Straftaten in Verbindung mit Identitätsdiebstahl

Wie bereits erwähnt, gehört zu den meisten Straftaten in Verbindung mit einem Identitätsmissbrauch Warenkreditbetrug im Internet. Weit verbreitet sind aber auch Mobbing und Stalking. Hier kommen die Täter häufig aus dem Umfeld der Opfer: Es sind Ex-Partner oder frühere Mitarbeiter. In beiden Fällen geht es in der Regel um Rache. Manchmal geht es den Tätern auch darum, mit kriminellen Methoden unliebsame Konkurrenz aus dem Geschäft zu drängen. Nicht selten kommen Fälle vor, in denen Mitbewerber mit gezielter Reputationszerstörung geschädigt werden sollen. Und manchmal scheint es überhaupt keine Erklärung zu geben, zum Beispiel, wenn Kinder und Jugendliche Opfer von Mobbing über das Internet werden und Mitschüler mit Psychoterror fertig machen.

Sind die Opfer selbst Schuld?

Die Frage, wie ein Identitätsdiebstahl denn nun passieren kann und ob die Opfer nicht möglicherweise auch eine gewisse Schuld trifft, ist daher völlig falsch und unberechtigt. Leider hält sich noch hartnäckig der Eindruck, Opfer von Datenmissbrauch seien nicht sorgfältig mit ihren Daten umgegangen. Und viele Menschen nehmen an, ihnen könnte so etwas nicht passieren, sie gingen ja nicht leichtfertig mit ihren Daten um. Verstärkt wird dieser Eindruck auch durch die einschlägige Literatur und Berichterstattung über das Phänomen.

Doch die Wahrheit ist: In einer digitalisierten Welt, in der Big Data Teil des wirtschaftlichen und politischen Handelns geworden ist, hat es der einzelne Bürger nicht mehr eigenverantwortlich in der Hand, wer welche Daten über ihn speichert, analysiert, verteilt oder mit denen von anderen Bürgern zusammenbringt. Und auch nicht, ob diese Daten sicher vor Missbrauch sind. Mehr noch: Heute macht man sich geradezu verdächtig, wenn man zurückhaltend mit seinen Daten ist.

Das Problem mit den Daten

Doch das wahre Problem bei einem Identitätsmissbrauch sind eigentlich gar nicht die Straftaten, die Kriminelle begehen, sondern die daraus erwachsenden falschen Daten. Wir nennen sie die „toxischen" Daten. Bleiben wir beim Beispiel Warenkreditbetrug: Nach einem ID-Missbrauch bleiben unzählige falsche Forderungen, geringe Scores, falsche Daten zurück. Und die Unternehmen, die diese speichern – Banken, Auskunfteien, Telekommunikationsunternehmen, Versandhändler und Inkassodienste etwa – können zunächst ja gar nicht wissen, dass diese Daten falsch sind. Experten gehen davon aus, dass durchschnittlich 400 Arbeitsstunden anfallen, um den Datenschaden nach einem Identitätsmissbrauch zu reparieren. Als ich diese Zahl das erste Mal hörte, musste ich schlucken. Tatsächlich müssen es in meinem Fall gut 800 Stunden gewesen sein.

Mehr als ein Jahr lang war ich mit der Beseitigung des Identitätsdiebstahls beschäftigt. Und bin es bis heute. Warum, zeigt folgendes Beispiel: An dem Tag, als ich das Antwortschreiben der Creditreform in der Hand halte und von der Polizei zurückkomme, telefoniere ich umgehend mit der Auskunftei. Der Geschäftsführer der Inkassoabteilung ist freundlich. Er rät mir dringend, mich beim Amtsgericht in Bremen-Blumenthal zu melden, wo die Haftbefehle bestehen. Es täte ihm auch leid. Er wolle „die Sache auf Eis legen", sagt er.

Erst nachdem wir aufgelegt haben, fällt mir auf, dass es damit nicht getan ist. Wieso auf Eis legen? Ich bin ja nicht die Schuldnerin. Da ist nichts auf Eis zu legen, da sind die falschen Daten zu löschen und zwar umgehend. Aber genau wie es die Creditreform zunächst nicht tut, tun es viele weitere Unternehmen nicht. Die, bei denen die Waren bestellt worden sind, und auch die Inkassounternehmen haben die falschen Adressen und die Forderungen in der Regel an SCHUFA und viele weitere solcher Unternehmen hierzulande gemeldet. Hier führt man diese falschen Daten mit den realen zusammen. So sinkt kontinuierlich die Bonität. Und so entsteht ein völlig falscher Datensatz, der schlimmstenfalls noch an Vertragspartner weitergegeben wird. Das ist allerdings auch schädlich für die datenverarbeitenden Unternehmen. Denn ihr Geschäftsmodell basiert ja darauf, dass die Datengrundlage möglichst korrekt ist.

Wenn an einer Stelle die falschen Daten, wie etwa eine falsche Forderung oder ein falscher geringer Bonitätsscore, gelöscht werden, müssen sie nicht zwingend auch an anderer Stelle bereinigt werden. Und macht ein Unternehmen einen Fehler und belebt alte, falsche Daten nach Jahren wieder, dann ist der Schaden wieder da und verteilt sich schlimmstenfalls erneut. So ist zu erklären, warum Opfer von Identitätsmissbrauch auch Jahre später noch unter den Folgen leiden.

Hilfe für die Opfer

Zwar gilt mittlerweile die EU-Datenschutzgrundverordnung (DSGVO), die Unternehmen dazu zwingt, sorgfältiger mit personenbezogenen Daten etwa von Kunden umzugehen. Das Gesetz sieht in der Theorie bei Verstößen sogar hohe Bußgelder vor. Aber sich sein Recht zu verschaffen, ist schwer. Meist braucht man juristischen Beistand dafür.

Außer Anwälten gibt es heute auch eine wachsende Anzahl von Unternehmen, die Opfer von Datenmissbrauch vertreten und sich ihren Service viel Geld kosten lassen. Eine steigende Anzahl an Datenschutzexperten hat sich darauf spezialisiert. Freilich haben auch schon viele Versicherungsunternehmen dieses Geschäftsmodell entdeckt und bieten zahlreiche Produkte an.

2009 ist das noch anders. Ich habe Angst, dass ein Gerichtsvollzieher bei mir auftauchen könnte, eine Gehalts- oder Kontopfändung durchgeführt werden könnte oder ich doch noch im Gefängnis lande. Und so suche ich umgehend nach Erstattung der Anzeige bei der Polizei einen Anwalt. Eine Rechtsschutzversicherung habe ich nicht. Ich überlege, eine abzuschließen. Nein, dieser Fall wäre nicht versichert, heißt es damals bei den Anbietern. Cybercrime versichere man generell nicht, sagt mir ein Unternehmen. Heute haben viele Versicherungen speziellen Schutz gegen Cybercrime im Angebot. Diese Produkte können zwar keinen Datenmissbrauch verhindern, aber oft sind einige Kosten abgedeckt, die man für den umfangreichen Schriftverkehr im Schadensfall hat.

Ich selbst finde nach einiger Suche eine große, teure, aber gute Kanzlei, die auf Strafrecht und Datenschutz spezialisiert ist. Mein Anwalt führt nun umfangreiche Korrespondenzen mit Inkassofirmen, Auskunfteien und Behörden. Denn bei einer Bestellung haben es „meine Betrüger", wie ich sie nenne, nicht belassen. Sie haben Hunderte von Waren unter meinem Namen bestellt. Und so ist auch zu erklären, dass wochenlang immer neue Forderungen bei mir eintreffen. Die geprellten Firmen haben ihre Forderungen meist verkauft und die Inkassodienste geben einfach meinen Namen bei Google ein – schon haben sie mich dank meines öffentlichen Berufes mit echter Adresse gefunden. Ich leite alles an den Juristen weiter. Der Anwalt erfährt beim Amtsgericht, dass dort weitere Haftbefehle für Personen mit meinem Familiennamen vorliegen – unter der gleichen falschen Adresse. Ich google die Namen und finde im Internet die Identitäten, inklusive Geburtsdaten. Wochenlang schreiben wir Briefe per Einschreiben, warten auf Antwort. Ein Jahr später, Ende 2010, füllen ganze Aktenordner mein Bücherregal.

Zermürbend ist, dass viele Unternehmen auf meine Widerspruchsschreiben zunächst nicht reagieren, sondern erst auf die Briefe des Anwalts. Erst Wochen später werden die falschen Daten gemäß Bundesdatenschutzgesetz gelöscht. Und dann muss man ja auch noch jede einzelne Betrugstat bei der Polizei anzeigen. Alles das kostet Zeit, Nerven und Geld. An dieser Stelle geben viele Betroffene auf. Und so ist an Urlaub oder Entspannung für Monate nicht zu denken.

Irgendwann aber wird es endlich ruhiger. An einem Abend treffe ich einen alten Freund, der Schriftsteller ist. Er findet meine Geschichte faszinierend, er spinnt bei einem Glas Wein einen ganzen Roman. „Stell Dir mal vor, dass Du am Ende feststellst, dass Du wirklich die Betrügerin bist, aber nichts davon weißt ..., weil Du eine multiple Persönlichkeit bist!", malt er mir aus. Ich muss lachen. Es ist das erste Mal seit langem. Ein ähnliches Buch gibt es übrigens schon. Es heißt „Talk, talk" und wurde von T.C. Boyle geschrieben (Boyle, T.C.: Talk, talk. München 2008).

Die Ermittlungsbehörden haben es schwer

Tatsächlich gehörten „meine" Betrüger wohl zur sogenannten Kategorie drei. Die Ermittlungsbehörden finden sie nie. Dass die Täter nicht ermittelt werden konnten, ist leider eher die Regel. Die Aufklärungsquote ist sehr gering. Oft wird überhaupt nicht ermittelt, sondern direkt eingestellt. Allerdings befinden sich die Behörden auch in einem Dilemma: Letztlich kann Internetkriminalität so ziemlich jeden Straftatbestand umfassen, der im Strafgesetzbuch steht. Daher ist es nicht nur für die Opfer, sondern auch die Polizei selbst schwer, die richtige Dienststelle zu finden, die den Vorgang bearbeiten soll. Und dann darf man die Gesetzgebung nicht vergessen: Geht es um eine Straftat in sozialen Netzwerken, Suchmaschinen und Plattformen, die in den USA gehostet sind, was zum Beispiel bei Identitätsmissbrauch in Verbindung mit Mobbing meist der Fall ist, kann die Polizei oft nicht weiterhelfen, denn hier ist sie gar nicht zuständig.

Die Bilanz am Ende meines Identitätsdiebstahl sieht so aus: Ich habe gut 800 Arbeitsstunden und sehr viel Geld für juristische Vertretung investiert. Am Ende aber hat der Identitätsmissbrauch meiner Reputation gar nicht so sehr geschadet: Aus der Journalistin ist auch die Expertin für Internetkriminalität geworden. Wir Journalisten nennen das Reporterglück.

Wie man sich schützen kann

Klar ist: Man kann nicht verhindern, Opfer von Internetkriminalität zu werden. Man kann auch keinen Identitätsdiebstahl vorab erkennen. Aber man kann es den Kriminellen etwas schwerer machen. Erstens sollte man daher alle Geräte mit einer Antivirensoftware, einer Firewall und allen Updates aktuell halten. Updates zu machen, ist so etwas, wie die Haustür abzuschließen, ehe man die Wohnung verlässt. Allerdings soll hier nicht unerwähnt bleiben, dass Hersteller mitunter Sicherheitslücken zu spät entdecken oder Updates zu spät veröffentlichen. Einen vollumfassenden Schutz gibt es insofern auch hier nicht.

Zweitens sollte man nie ohne Not personenbezogene Daten veröffentlichen. Und dazu gehört auch das Geburtsdatum. Außerdem sollte man stets kritisch hinterfragen, warum diese Angaben gerade benötigt werden und ob man bestimmte Daten an dieser Stelle wirklich preisgeben muss? Viele Dienste sammeln zwar gerne persönliche Daten wie das Geburtsdatum. Es ist aber gar nicht erforderlich. Dann gibt man eben ein falsches Geburtsdatum an. Macht sich zum Beispiel jünger oder älter.

Drittens kann es nicht schaden, sich regelmäßig über Phishing zu informieren. Dazu gehört, keine Links leichtfertig anzuklicken, keine Anhänge zu öffnen, wenn man den Absender nicht kennt, und Software nur von vertrauenswürdigen Websites herunterzuladen. Links kann man vor dem Öffnen erst einmal in der Browser-Betreffzeile überprüfen. Oder einfach selbst die URL eingeben, dann landet man auch nicht auf gefälschten Seiten – es sei denn, man gibt die Adresse dafür selbst ein.

Viertens sollte man regelmäßig die Passwörter wechseln, auch wenn es schwer fällt. Wichtig ist dabei, dass das Passwort kryptisch sein sollte, also mit Zahlen, Zeichen, Groß- und Kleinschreibung versehen. Dazu gehört auch, dass man verschiedene Passwörter für verschiedene Dienste benutzt und nicht dasselbe für alle möglichen Anwendungen.

Fünftens sollte man regelmäßig eine Selbstauskunft von Auskunfteien anfordern und die hier gespeicherten Daten überprüfen. Seit dem Jahr 2010 haben Verbraucher hierzulande einen Anspruch auf eine kostenlose Selbstauskunft. Sie kann Hinweise darauf liefern, ob falsche Daten im Umlauf sind oder nicht.

Augen auf im Netz

Und ansonsten gilt: Augen auf im Netz. Wer viel online einkauft, sollte sparsam mit seinen Daten sein und zum Beispiel darauf achten, nicht alles leichtfertig bei einem Bestellvorgang anzuklicken. Hilfreich ist es auch, eine oder mehrere Spammailadressen zu haben. Dann muss man im Missbrauchsfall nur eine neue Wegwerfadresse einrichten.

Übrigens: Es lohnt sich, einen Blick in die Datenbank des Hasso-Plattner-Instituts (HPI) zu werfen, in der gehackte Mailadressen hinterlegt sind (https://sec.hpi.uni-potsdam.de/leak-checker/search?). Im sogenannten HPI Identity Leak Checker kann man mit Hilfe seiner E-Mail-Adresse prüfen, ob die persönlichen Identitätsdaten bereits im Internet veröffentlicht wurden. Per Datenabgleich wird kontrolliert, ob die angegebene E-Mail-Adresse in Verbindung mit anderen persönlichen Daten (etwa Telefonnummer, Geburtsdatum oder Adresse) im Internet offengelegt wurden und missbraucht werden könnten. Die Liste ist nicht vollständig, gibt aber Anhaltspunkte. Einen ähnlichen Dienst bietet die englischsprachige Seite https://haveibeenpwned.com. Eine weitere Seite dieser Art ist https://hacked-emails.com.

Fazit: Man kann also einiges für die eigene Sicherheit im Netz tun. Nicht fehlen darf am Ende der Liste unser Buch „Die Cyber-Profis". Hier finden Verbraucher eine Reihe einfacher, leicht verständlicher und leicht umsetzbarer Tipps zum Schutz vor Internetkriminalität. Erschienen ist das Buch 2018 im Ariston-Verlag. Mehr Infos sind auch auf unseren Webseiten www.identitaetsdiebstahl.info und www.blackstone432.de zu finden.